Goldmann Sachbuch

Diese fundierte und doch höchst unterhaltsame und amüsante Einführung bringt insbesondere dem interessierten Laien die Welt der Musik näher, macht sie ihm begreiflich und zugänglich. Pahlen gewährt einen Einblick in die verschiedenen Bereiche der Musik: Er charakterisiert die einzelnen Instrumente und ihre Funktionen, er beschreibt und erklärt – anschaulich und leicht faßlich – die verschiedenen Tonsysteme und ihre Entstehung, die Gesetze der Harmonie sowie die Vielfalt der musikalischen Formen, ihre Entwicklung auseinander und ihren Stellenwert im Laufe der Jahrhunderte. Höchst aufschlußreich und lebendig sind auch die angeführten Äußerungen der großen Musiker übereinander.
Doch bei aller Vermittlung von Wissen regt Pahlen auch zum Nachdenken an – z. B. zum Nachdenken darüber, wie Musik verstanden und interpretiert werden kann, ja was der Mensch überhaupt in der Musik sucht.

»Pahlen zählt zu den wenigen Musikschriftstellern, denen es gelingt, zu belehren, ohne lehrhaft zu werden. Wenn der Stoff sich zuspitzt, macht eine witzige Anmerkung oder eine Anekdote ihn trotzdem ohne Anstrengung lesbar. Ein Nachschlagewerk ohne Lexikon-Charakter.«

Berliner Morgenpost

KURT PAHLEN

Musik hören, Musik verstehen

Eine Einführung in die Welt der Töne

WILHELM GOLDMANN VERLAG MÜNCHEN

Umschlagbild: Erste Seite aus der 1. Sonate »Sei Solo a Violino« von Johann Sebastian Bach.

7079 · Made in Germany · I · 1110
Genehmigte Taschenbuchausgabe. Die Originalausgabe ist im Schweizer Verlagshaus AG, Zürich 1976, erschienen. Umschlagentwurf: Ilsegard Reiner. Umschlagfoto: Bildarchiv Preußischer Kulturbesitz, Berlin. Druck: Presse-Druck Augsburg. Verlagsnummer: 11147 · Ag/er
ISBN 3-442-11147-1

Inhalt

Ouvertüre

Wie gefällt Ihnen unser Konzertsaal? Diese goldenen Figuren, diese Verzierungen ...

Er gefällt mir. Vielleicht, weil ich an ihn gewöhnt bin. Seit meiner Jugend habe ich hier Musik gehört, viel schöne und gute Musik. Einige meinen, er sei unmodern? Natürlich ist er das. Aber, kann man in einer Barockkirche nicht mehr beten? Kann man sie nur noch als Kunstwerk, als Zeugnis einer früheren Epoche betrachten? Übrigens: in einem mitteleuropäischen Konzertsaal – ich glaube, es war in Dresden – machte man vor nicht langer Zeit ein Experiment. Man spielte Rokokomusik – vor allem Mozart – und hing dazu Gemälde aus jener Zeit an die Wände: Watteau, Fragonard und ähnliches.

Das heißt also, man sollte jeder Musik ihren Rahmen geben: Beethoven unter Delacroix' wuchtigen Gemälden, Debussy zu den impressionistischen Bildern von Manet, Monet, Renoir, Sisley ...

... und Gregorianischen Gesang in romanischen Frühkirchen, Gotik zur ersten Polyphonie ... Erschrecken Sie nicht, das klingt nur so gelehrt, am Ende unserer Betrachtungen werden derartige Ausdrücke kein Geheimnis mehr enthalten.

In welchen Rahmen würden Sie heutige Musik stellen? Das interessiert mich besonders. Ich gestehe Ihnen nämlich ...

... daß Sie mit unserer zeitgenössischen Musik nicht viel anfangen können. Trösten Sie sich damit, daß das eine weitverbreitete Erscheinung ist. Wahrscheinlich würde das anders werden, wenn wir unsere eben entwickelte Idee weiter verfolgten –

und auch der Musik unserer Epoche einen Rahmen aus unserer Zeit gäben. Elektronische Musik bekäme sicherlich in einer Weltraumstation ihren wahren Sinn. Dissonanzenhäufende Tonstücke könnten von Verkehrsbildern moderner Städte begleitet werden. Und man könnte die innere Zerrissenheit des Menschen in unseren Tagen darstellen – sie kommt in unserer Malerei, in unserer Dichtung, im modernen, »absurden« Theater zum Ausdruck – und sie zum Rahmen zeitgenössischer Musik machen. Ich bin überzeugt, daß auf einmal alles viel klarer würde, viel logischer, viel packender.

Schade, daß das alles nicht gut möglich ist. Wir sitzen im Konzertsaal und erwarten musikalische Darbietungen aus verschiedensten Epochen abendländischer Kultur, und das ohne jede Veränderung des äußeren Rahmens, nur auf unser Ohr angewiesen und auf unsere Einbildungskraft.

Auf das Ohr angewiesen? Das stimmt unter allen Umständen. Einbildungskraft? Darüber ließe sich streiten. Sollen wir uns, wenn wir Musik hören, unter allen Umständen etwas vorstellen? Bilder empfangen? Irgendwelche Gedanken an uns vorüberziehen lassen?

Ich denke dabei an Richard Strauss' »Eulenspiegel«, an seinen »Don Juan«! An Smetanas »Moldau«, an Dukas' »Zauberlehrling«!

Nun, das sind Werke, die eindeutig zur »Programmusik« gehören, ja zu deren Höhepunkten. Aber vergessen Sie nicht, daß es neben dieser schildernden, beschreibenden, fast möchte ich sagen, malenden Musik noch eine andere gibt, ebenso wichtig, von ebenso großen Meistern vertreten: die »absolute« Musik. Wenn man diese hört, würde es uns wohl schwerfallen, uns außermusikalische Vorstellungen durch den Kopf gehen zu lassen. Gewiß, traurige, frohe, zärtliche Stimmungen durchziehen uns auch hier, weil die Komponisten solche Empfindungen durch ihre Musik auf uns übertragen, aber auch, weil wir es einfach gewöhnt sind, Musik auf unser Gefühl wirken zu lassen.

Strawinsky sagt dazu: »Alle Mißverständnisse entstehen dadurch, daß die Leute im Musikwerk immer etwas anderes als Musik finden wollen. Für sie ist es wichtig zu wissen, was die Musik ›ausdrückt‹, was der Komponist wohl gedacht hat, als er sie niederschrieb. Sie können nicht begreifen, daß die Musik eine Sache für sich ist und völlig unabhängig von den Gedanken, die sie in ihnen erweckt. Die meisten Leute lieben Musik, weil sie in ihr Gemütserregung finden wollen, Freude, Schmerz, Trauer, Begeisterung an der Natur, einen Anlaß zum Träumen oder das Vergessen prosaischen Lebens. Sie suchen in ihr ein Rauschmittel, ein Stimulans. Wenn diese Leute doch lernen wollten, die Musik um ihrer selbst willen zu lieben! Wenn sie sie mit anderen Ohren anhören würden, wäre ihr Genuß größer und sie wären imstande, ein Urteil abzugeben, das auf einer viel höheren Stufe steht: sie würden den wahren Wert der Musik erkennen. Zweifellos setzt eine solche Haltung einen gewissen Grad musikalischer Entwicklung und geistiger Kultur voraus, doch ist dieser Grad nicht so schwer zu erreichen ...«

Will Strawinsky mit diesen Worten der schildernden Musik ihren Wert absprechen?

Kaum. Vergessen Sie nicht, daß er selbst in seinen Anfängen Werke in ihrem Geist schuf: »Feuervogel«, »Petruschka«, ja sogar »Frühlingsweihe«, jenes grandiose »Sacre de printemps«, das einen der musikalischen Marksteine unseres Jahrhunderts bildet. Nein, er will wohl vor allem die Grenze ziehen zwischen »absoluter« und schildernder Musik.

»Absolut«, das ist Bach ...

Haydn und Mozart. Alle Barockmeister. Alles, was wir in der Musik »Klassik« nennen. Es ist also keine Frage der Schöpfernaturen, sondern – auch hier wieder – der Zeit. Es gibt Epochen, die zur »absoluten« Auffassung neigen, vielleicht könnte man sie »klassische« oder »klassizistische« nennen. Das betrifft dann stets alle Künste und keineswegs nur die Musik, darüber hinaus aber auch die Architektur, die Mode, die Politik, die Philosophie, kurz alles, was den Zeitströmungen unterworfen ist. Den klassizistischen Epochen stehen die romantischen gegenüber. Vielleicht können wir uns die Entwicklung wie eine Pendelbewegung vorstellen: Sie geht stets von einem Extrem zum anderen. Ein sehr kluger Gelehrter hat einmal eine Art Generationentheorie aufgestellt, in der er zu beweisen suchte, daß die Menschheit ungefähr alle dreihundert Jahre wieder auf den gleichen Platz gelangt. Wollten wir das in der Musikgeschichte nachprüfen, so kämen wir zu einem positiven Ergebnis: die großen Wendepunkte liegen um das Jahr 1000, dann um 1300, um 1600 und um 1900. Doch glauben Sie nicht, daß wir uns ein wenig von unserer selbstgewählten Aufgabe – Gespräche zur Einführung in das Musikverständnis – zu weit entfernen?

Jedes Zeitalter hat sein Publikum

Vorhin haben wir über den Saal gesprochen. Wir finden ihn heutzutage »unmodern« ...

Sagen wir lieber unzeitgemäß. Wie diesen hier gibt es eine Reihe berühmter Säle in vielen Städten der Welt. »Traditionell« nennt man sie wohl, denn seit Jahrzehnten, ja seit Jahrhunderten wird darin musiziert. Das Leipziger »Gewandhaus« ist längst kein Gebäude der Textilbranche mehr, sondern ein altberühmter Konzertsaal. Wiens »Musikvereinssaal« stammt aus Beethovens Zeiten, Schubert richtete vergebliche Briefe an seine Leiter, sie mögen eine seiner Sinfonien dort erklingen lassen; als Brahms dort Vorstandsmitglied war, gehörte das mit goldenen Karyatiden ausgestattete Haus bereits zu den historischen Musikstätten. Kölns »Gürzenich«, Stuttgarts »Liederhalle«, Münchens »Herkulessaal«, Amsterdams »Concertgebouw« (also einfach »Konzertgebäude«), Zürichs »Tonhalle« – nur ein winziger Ausschnitt aus Europas Konzertgeschichte, die übrigens gar nicht so alt ist wie man glauben könnte, denn die aristokratische, »absolutistische« Zeit kannte das Musizieren vor »Publikum« nicht. Man gab Konzerte im engen, sozial streng gehüteten Rahmen der Paläste.

Hat auch die Oper so begonnen?

Ja, am Ende des 16. Jahrhunderts. Doch vierzig Jahre später drängte das Musiktheater hinaus in die Welt, vor das vielschichtige Publikum der Lagunenstadt Venedig und faszinierte schnell alle Volksschichten. Um jene Zeit war das Konzert immer noch eine Angelegenheit der Höfe und fand in aristokratischen Palästen statt. Man mußte geladen sein, und man wurde nur geladen, wenn man standesgemäß »dazugehörte«. Damals müssen es die Komponisten wesentlich leichter gehabt haben als in heutiger Zeit.

Warum hatten sie es leichter?

Sie wußten, für wen sie schrieben. Man kann das ganz wörtlich nehmen. Corelli kannte nicht nur seinen Brotherrn, den Kardinal Ottoboni genau, er kannte wohl auch alle anderen Zuhörer im römischen Palast, er wußte um ihren Geschmack, ihre Kultur, ihre Vorliebe für diese oder jene Klänge.

Man kann also gewissermaßen nach Maß komponieren?

Das war während vieler Jahrhunderte der Fall. Und die Ergebnisse waren zum Teil Meisterwerke höchsten Ranges. Den »freischaffenden« Künstler gab es noch nicht, er ist erst ein Kind des 19. Jahrhunderts, des Liberalismus. Haydn kannte während seiner glorreichen dreißigjährigen Tätigkeit im Schlosse des Fürsten Esterházy – winters in Eisenstadt – während der Sommermonate auf dem Landsitz Esterházy, sein »Publikum« recht genau. Die Kaiserin, die gelegentlich aus Wien gereist kam und ihm ihre allerhöchste Zufriedenheit ausdrückte, die Großen des Reichs, die ferneren Gäste aus europäischen Königreichen, die der musikliebende Fürst stolz laden durfte, da er einen der führenden Musiker seiner Zeit bei sich hatte. Haydn kannte sie, komponierte, wie sie es verstehen und genießen konnten, ohne allerdings je eine Konzession zu machen. Das war ja wohl zu jenen Zeiten nicht notwendig, man gehörte der gleichen Kulturschicht an, man empfand gleich, ja man hörte gleich.

Das ist aber heute nicht mehr der Fall!

Die Millionen heutiger Hörer kommen aus ganz verschiedenen Kreisen. Rundfunk, Schallplatte, Fernsehen, diese drei neuesten Massenmedien unserer Epoche, haben das Musikleben völlig umgestaltet, umgeschichtet. Der heutige Komponist kennt sein Publikum nicht mehr. Doch wie war es damals?

Kultur für alle

Im Jahr 1725 beginnen in Paris die »Concerts spirituels« genannten Musikabende – beinahe müßte man eher von Musikvormittagen sprechen, denn lange Zeit hindurch fanden nicht wenige Konzerte an Sonntagvormittagen statt oder auch an frühen Nachmittagen; 1743 werden in Leipzig erstmals Konzerte im heutigen Sinn veranstaltet, 1764 ist Johann Sebastian Bachs jüngster Sohn, Johann Christian, Mitbegründer der berühmt gewordenen »Abel-Bach-Konzerte« in London. Das Prinzip ist überall das gleiche: den Musikkult öffentlich zu gestalten, allen Kreisen, die geistig interessiert und materiell vermögend waren, zugänglich zu machen. Nun strömte das Bürgertum in die Konzerte, das Mäzenatentum der Aristokratie erlosch nach und nach und wurde zuerst durch großzügige Unterstützung wohlhabender Bürger, später durch Zuwendung der öffentlichen Hand ersetzt. Konzertinstitutionen und mit ihnen die Orchester wurden städtisch oder staatlich. In unserer Zeit herrscht dieser Zustand vor, aber vergessen wir nicht, daß heute auch Rundfunkanstalten und ähnliche Einrichtungen die Nachfolge Kardinal Ottobonis, Fürst Esterházys oder König Ludwigs von Bayern – des so seltsamen wie großzügigen Mäzens Richard Wagners – antreten können.

Ist dies ein Zeichen der Zeit?

Selbstverständlich. Eines, das uns zu mancherlei Betrachtungen einlädt. Erwähnen wir noch, daß im Jahr 1895 mit der Einführung der »Promenadenkonzerte« in London ein wichtiger Schritt zur »Demokratisierung« des Musikwesens getan wurde:

Nun kamen auch die untersten Volksschichten in den Genuß guter Musik – eine Entwicklung, die uns heute selbstverständlich scheint, was sie aber wahrlich nicht immer war.

Heute gehören Rundfunk- und Fernsehgerät zu den »lebensnotwendigen« Einrichtungsgegenständen, was sie – in den meisten Ländern – unpfändbar gemacht hat und den Musikkonsum – ein schreckliches Wort – ins Gigantische gesteigert hat . . .

Gesegnet seien sie dafür!

Das sagen Sie, als Musiker? Ich hätte eher gedacht, Sie bedauerten diese Entwicklung oder hielten sie wenigstens für bedenklich?

Keineswegs. Ich halte sie für äußerst wertvoll, ja für wunderbar. Wir kommen einem Menschheitstraum näher: Kultur für alle. Geistesbildung, Gemütsbildung für alle Menschen. Daß wir von den neuen Erfindungen vorläufig noch lang nicht den idealen Gebrauch zu machen verstehen, wer wollte uns das verübeln? Wir sind in diesem Punkt wie Kinder, die plötzlich mit einer Fülle herrlichster Spielzeuge überschüttet werden: Wir benützen sie teilweise falsch im ersten Rausch der Freude, wir übersehen manchen tieferen Wert über dem Glanz des Äußeren. Die neue Entwicklung legt uns jedoch eine große Verantwortung auf, zeigt aber auch neue Möglichkeiten. So wie wir sie nützen, wird sich das kommende Musikleben gestalten.

Schauen Sie, das Podium vor uns scheint sich zu füllen, aus den Seitentüren treten die Musiker ein. Wie wäre es, wenn wir uns mit diesem Klangkörper und mit den wesentlichsten Dingen auf dem Gebiet der Musik etwas näher beschäftigen würden?

Diese Idee finde ich sehr gut. Nach dem Konzert wollen wir gleich damit beginnen.

Die Instrumente im Orchester

Das Orchester hat die technische Entwicklung unserer Epoche mitgemacht. Mit dem Anbruch des Maschinenzeitalters begann sein Aufstieg. Das vielfältiger werdende Leben des 19. Jahrhunderts schuf auch das Orchester zu einem vielfältigeren Klangkörper um, erhöhte die Zahl seiner Mitglieder, gab der so gewonnenen Klangmasse etwas – im besten Sinne – Maschinelles: die angestrebte und bald erreichte höchste Präzision des Zusammenspiels, die Möglichkeit ungeahnter Nuancen und Schattierungen. Und wenn wir unser Bild beibehalten wollen, hat unsere Epoche etwas erfunden, was noch über das vom Menschen gesteuerte Maschinenwesen hinausgeht, den Computer. Parallel dazu – es kann kein Zufall sein – hat die moderne Musik etwas Ungeahntes gefunden, das das reichhaltigste, bestorganisierte Orchester in den Möglichkeiten noch weit übertreffen kann: den elektronischen Klang. Doch lassen wir diese »Zukunftsmusik« noch beiseite und beschäftigen wir uns mit dem Orchester und seiner Aufstellung.

Hierbei gibt es einige feste Grundsätze:

Gruppen sollen nicht getrennt werden, stärkere Instrumente sollen im Hintergrund plaziert gebracht werden, große Instrumente werden am Rand aufgestellt, damit jeder Musiker den Dirigenten gut sehen kann.

Man gruppiert die Instrumente in drei Abteilungen:

Saiteninstrumente, Blasinstrumente, Schlaginstrumente.

Mehr als diese drei Gruppen hat es während der Jahrtausende, die uns vom Beginn der Instrumentalmusik in ihrer primitivsten Form trennen, wahrscheinlich nicht gegeben. Es begann mit dem Bambusrohr, das beim Anblasen einen Ton von sich gab, mit der wohl aus Tier- oder Menschendarm gefertigten Saite, der bei genügender Spannung ein Zupfen Klänge entlockte, und dem

hohlen Baumstamm oder dem Holz, vielleicht auch schon dem Metall, auf die man nur zu schlagen brauchte, um einen zwar unbestimmten, aber rhythmisch verwertbaren Laut hervorzubringen.
Erst unsere Zeit fand auch hier etwas Neues, Ungeahntes, den elektrisch oder elektronisch hervorgebrachten Klang, den vielleicht künftige Musiker ebenbürtig als vierte Gruppe neben die drei »alten« setzen werden.

Die Saiteninstrumente

Zu den Saiteninstrumenten gehören GEIGEN, BRATSCHEN (auch Violen genannt), VIOLONCELLI und KONTRABÄSSE, oft Celli und Bässe genannt. Sie bilden eine einzige Familie und sind in der Form gleich, nur in der Größe verschieden. Zwischen den etwa 58–59 cm großen Geigen oder Violinen und der um ungefähr 4–5 cm größeren Viola oder Bratsche besteht äußerlich kein wesentlicher Unterschied. Nur wollen wir gleich ein Prinzip feststellen, das für alle Instrumente gilt: Je größer das Instrument, desto tiefer sein Klang. Beim Violoncello wird das noch klarer; im Gegensatz zu Geige und Bratsche wird es auf den Boden gestellt und mit den Knien des sitzenden Spielers festgehalten. Noch viel größer ist der Kontrabaß, dessen Gesamtlänge die des Spielers überragt.
Neben der Geigenfamilie treten im Orchester noch weitere Saiteninstrumente auf: die HARFE (die ihren Einzug in das sinfonische Ensemble erst um die Mitte des letzten Jahrhunderts feierte, nachdem sie längst beliebtes Soloinstrument gewesen war) und das KLAVIER (das im Sinfonieorchester bis zum Beginn unseres Jahrhunderts nur als Soloinstrument – im »Klavierkonzert« also – vorkommt und erst dann als Orchesterinstrument ausschließlich bei sehr großen Werken verwendet wird. Es ist im Klang zu stark, um sich einem kleineren Ensemble anzupassen). Natürlich ist damit die Reihe der Instrumente mit Saiten nicht erschöpft. Eines der meistverwendeten ist die GITARRE – wohl mit dem Arabereinfall des 8. Jahrhunderts nach Europa gekom-

men – und die klangvolle LAUTE. Nicht vergessen seien BALALAIKA und TAMBURITZA – aus der slawischen Musikwelt – BANJO und UKULELE, die mit dem Jazz aus ihrem heimischen, Neger- bzw. Hawaiimilieu herausgenommen und weltweit bekannt wurden; auch die ZITHER der Alpenländer, die gezupft wird.

Saiten können in verschiedenster Art zum Klingen gebracht werden. Das Zupfen dürfte die ursprünglichste sein. Gezupft wird auf zweierlei Art: mit dem Finger oder mit einem Metallstückchen, einer Art von künstlichem Nagel. Die Gitarre zupft man mit dem Finger, bei der Zither wird mit der linken Hand gezupft, mit der rechten mit dem sogenannten Schlagring die Saite angeschlagen. Die zweite Art der Klangerzeugung bei Saiteninstrumenten ist das Schlagen: Es wird auch beim Klavier angewendet. Durch den Fingerdruck auf die Tasten werden Filzhämmerchen in Bewegung gesetzt, die die Saiten anschlagen. Dieser Gruppe kann man noch das Zimbal der Zigeuner hinzufügen, auf dem diese hochinteressanten Musikanten mit Hilfe zweier Klöppel wahre Meisterleistungen vollbringen. Die dritte Art, eine Saite in Schwingung und damit zum Klingen zu bringen, geschieht durch das Streichen der Saiten wie bei Geige, Bratsche, Cello, Baß mit Hilfe eines Bogens, der früher bei manchen primitiven Völkern ein selbständiges Instrument war. Der anfangs stark gekrümmte, dann immer flacher werdende Bogen kam ungefähr im 8. Jahrhundert aus exotischen Ländern über den Orient nach Europa. In der internationalen Musiksprache, dem Italienischen, heißt er »arco«.

Wenn die Geige gezupft werden soll, so steht an der Stelle ein »pizzicato«, abgekürzt: »pizz.« Soll der Bogen wieder zum Streichen verwendet werden, so steht an der Stelle »arco«.

Die Anzahl der Instrumente, die mit einem Bogen gestrichen werden, Violine, Viola, Violoncello und Kontrabaß, hängt von verschiedenen Faktoren ab: von den aufzuführenden Werken, von der Größe des Saals und von dessen Akustik. In der Blütezeit der Barockmusik gab es gut besetzte Streichorchester, von nur wenig anderen Instrumenten unterstützt. In der Klassik – bei Haydn und Mozart – waren die Orchester ebenfalls nicht

groß: Dreißig Mann galten bereits als sehr respektables Ensemble. Ein Drittel oder ein Viertel bestand aus Bläsern und Schlaginstrumenten, der Rest aus Streichern. Es konnten z. B. zehn Geigen – geteilt in sogenannte erste und zweite Geigen – auftreten, sowie vier Bratschen, vier Celli und zwei bis drei Bässe. Zu Beethovens Zeit, und mit seinen Werken, begannen die Orchester zu wachsen. Sein Nachfolger Berlioz stellte schon wesentlich höhere Ansprüche, ein Zeichen dafür, daß es im damaligen Paris bereits stärkere Orchester gab. Während der ganzen Romantik wächst mit den Sälen, mit dem Publikum, mit den neuen, klangvolleren Werken auch das Orchester. Neue Instrumente treten hinzu. Der starke Klang der Trompeten oder der nun immer regelmäßiger verwendeten Posaunen zwingt zu einer Verstärkung des Streicherapparats. Richard Wagner stellt für seine Werke eine »Idealforderung« auf: sechzehn erste, sechzehn zweite Geigen, dazu vierzehn Bratschen, zehn bis zwölf Violoncelli, mindestens acht Kontrabässe.
Das gilt zwar in erster Linie für die Oper. Die Identität zwischen Opernorchester und Konzertorchester, also Sinfonieorchester ist jedoch längst erreicht. Franz Liszts große sinfonische Dichtungen, die Sinfonien von Bruckner und Brahms verlangen ebensolche Klangmassen wie die Musikdramen Wagners. Die Entwicklung geht sogar noch weiter: Bei Mahler, bei Richard Strauss, bei Debussy sind dem rauschenden Orchesterklang nur noch durch die Größe des Saals und seine Akustik Grenzen gesetzt.
Wenn wir heute an die Aufführung eines Werkes gehen, so versuchen wir nach Möglichkeit, es innerhalb seines Stils und seiner musikalischen Urbedingungen zu lassen. Es wäre sicherlich ein Irrtum, eine Haydnsinfonie, eine Mozartserenade, eine Bachsuite mit mehr als hundert Musikern zu spielen. Folgt im Programm hingegen darauf ein Werk von Ravel, von Rimskij-Korsakow, von Respighi, Rachmaninow oder einem der anderen früher genannten Meister der Jahrhundertwende, dann ist die »volle Besetzung« am Platz, da ja die vom Komponisten gewünschte Wirkung mit einem kleinen Orchester gar nicht erzielt werden kann. So hängt also die Stärke des Sinfonieorchesters grundlegend mit den aufgeführten Werken zusammen.

Sie werden traditionsgemäß in zwei große Gruppen geteilt: in Holzbläser und Blechbläser. Zu den ersteren rechnet man die Querflöte und die kleinere und darum höher klingende Piccoloflöte; die Oboe und das ihr nah verwandte Englisch-Horn; die Klarinette mit ihrer großen Schwester, der Bassklarinette – die nur in ungewöhnlich klangdifferenzierten Werken verlangt wird – und ihren anderen Verwandten, das Saxophon, das im Sinfonieorchester lediglich in Ausnahmefällen, im Jazzorchester hingegen immer und führend zu hören ist; das Fagott, zu dem sich, ebenfalls nur in seltenen Werken, das sehr tiefe Kontrafagott gesellt. Diese Instrumente kann man nach ihrem Aussehen und ihrem Klang unterscheiden.
Die Flöte ist leicht zu erkennen: Sie hat einen silbernen Metallglanz und ist das einzige Blasinstrument, das quer geblasen wird, das heißt, sie wird in waagrechter Lage gehalten. Ebenso ist das Fagott leicht zu sehen. Seine Größe hebt es aus den Holzbläsern hervor, seine zumeist braune Röhre ragt über die Köpfe der Musiker hinaus und ist völlig gerade, einem aufrechten Fernrohr nicht unähnlich. Schwieriger dürfte dem Laien die Unterscheidung zwischen Oboe und Klarinette fallen, da beide annähernd gleich groß sind und vom Spieler direkt vor dem Körper gehalten werden. Wenn man nahe genug sitzt, kann man den grundlegenden Unterschied erkennen: Die Oboe besitzt vorne, oben, ein sehr schmales Rohrblatt, das an den Mund angesetzt wird und das erst nach einigen Zentimetern in das eigentliche Instrument übergeht. Die Klarinette hat das nicht: Ihr Mundstück ist lediglich ein zurechtgeschnitzter Schnabel, der einen festen Bestandteil des Instruments bildet.
Leicht ist es wiederum, die Piccoloflöte zu erkennen: Sie ist sehr klein, eine Flöte »en miniature«. Nicht anders ergeht es uns mit dem Kontrafagott, das das entgegengesetzte Extrem bildet: Es ist ein Rieseninstrument mit mehreren braunen zylindrischen, gebogenen Röhren und kommt nur selten vor. Das ebenfalls seltene Englisch-Horn ist länger als seine Schwester, die Oboe – es mißt etwa einen Meter – sein Ansatzblättchen

ist, zum Unterschied von der Oboe, gebogen und sein Körper läuft nicht in ein becherförmiges Schallstück aus wie der der Oboe, sondern endet birnenförmig. Ein SAXOPHON zu erkennen, dürfte nicht schwerfallen. Es hat ebenfalls ein geschwungenes Anblasestück und fast immer helle Metallfarbe, im Sinfonieorchester zumeist silberne, im Jazzorchester zuweilen goldene.

Die Klänge lassen sich auch beim bloßen Hören unterscheiden. Es gehört allerdings viel Übung dazu. Der »süße«, schwellende Klang der FLÖTE bietet kaum eine Schwierigkeit, der etwas näselnde Ton des FAGOTTS in seiner hohen Lage, das heißt seinen hohen Tönen – die manchmal so etwas wie einen komischen Anflug erhalten – ebensowenig; aber die Schönheit seiner tiefen Töne kann uns vielleicht irreführen. OBOE und vor allem ENGLISCH-HORN klingen melancholischer, vielleicht erscheinen sie Ihnen ein wenig nasal (was manchmal den Eindruck unterdrückter Tränen hervorrufen kann), wehmütig. Das trifft vor allem auf das Englisch-Horn zu. Wagner verwendet es im letzten Akt seines »Tristan«, wo es die »traurige Weise« des Hirten zu blasen hat; Dvořák in der herrlichen Hauptmelodie des langsamen Satzes seiner Sinfonie »Aus der neuen Welt«. Hat man sie einmal gehört, so wird man den Klang stets wiedererkennen.

Die KLARINETTE hat einen beweglichen, frohen Ton – wie schwer ist es, Klang in Worte zu fassen! Zudem möchte ich wiederholen: viele Holzblasinstrumente klingen verschieden, je nachdem ob sie in hoher oder tiefer Lage verwendet werden. Nur viel Übung im Hören kann uns mit diesen Problemen vertraut machen.

Nun weiter zu den Blechbläsern. Da wären in erster Linie die HÖRNER, bronzefarbene – seltener silberfarbene – Instrumente, deren Form man am besten mit »rund« bezeichnet: Ihre Röhren sind kreisrund gewunden, haben auf der einen Seite ein Ansatzstück mit verbreitertem Rand und auf der anderen den großen offenen Schalltrichter. Des Hornes Klang ist edel, manchmal majestätisch, oft romantisch wie aus Postkutschenzeiten.

Wird er heller, offener und beweglicher, dann haben wir es mit der TROMPETE zu tun. Sie kann heroisch sein, schmetternd, siegverkündend – z. B. in dem Schlußsatz von Tschaikowskys »Fünfter«! Aber auch Beethoven hat sich diesen triumphalen

Klang zunutze gemacht: gegen Ende der »Egmont«-Ouvertüre und im letzten Satz der Fünften Sinfonie. Die Trompete hat die gleiche Farbe wie das Horn, aber sie ist nicht rund gebogen, sondern gerade.

Die wuchtigen POSAUNEN sind größer als Horn und Trompete, man erkennt sie leicht. Während des Spiels zieht plötzlich die Hand des Spielers einen Teil des Instruments ruckartig in die Länge oder verkürzt es. Bei sehr stark besetzten Werken – so nennt man Musikstücke, die ein besonders großes Orchester erfordern – ist auch noch eine TUBA zu finden, auch KONTRABASSTUBA genannt, um sie von den »Wagnertuben« zu unterscheiden, die dieser Meister, als neue Art des Hornes, eigens für seinen »Ring des Nibelungen« konstruieren ließ und die sonst von sehr wenigen Komponisten verwendet wurden. Bei Bruckner, der Wagner über alles verehrte, sind sie auch vertreten. Die Kontrabaßtuba ist das größte Instrument des Orchesters, wenn man von den Kontrabässen und dem Kontrafagott absieht. Zum Unterschied von allen anderen ist ihr niemals ein Solo anvertraut, sie bildet vor allem das klangliche Fundament des großen Orchesters.

Die Anzahl der Bläser im Sinfonieorchester ist sehr verschieden. Haydn und Mozart begannen mit recht wenigen: Zwei Oboen, zwei Fagotte, zwei Hörner, manchmal eine oder zwei Flöten. Kurz vor seinem Tod führt Mozart ins Orchester die Klarinette ein. Beethoven verwendet schon fast ständig acht Holzbläser – je zwei Flöten, Oboen, Klarinetten, Fagotte – sowie zwei Hörner und zwei Trompeten. Im Lauf seines Lebens nimmt er auch die Posaunen auf (die bei Mozart nur ausnahmsweise vorkamen) und diese beträchtliche Klangverstärkung erfordert ihren Ausgleich durch Erhöhung der Zahl der Streichinstrumente. Die Piccoloflöte erlangt ebenfalls durch Beethoven Geltung im Orchester. Dagegen sind Englisch-Horn, Baßklarinette, Kontrafagott und Kontrabaßtuba spätere Zutaten, Klangdifferenzierungen des romantischen Zeitalters. Übrigens stets als Einzelinstrument verwendet. Das Saxophon kommt äußerst selten vor, obwohl Sax, sein (belgischer) Erfinder es ursprünglich für das Sinfonieorchester erdacht hatte und Berlioz heftig dafür eintrat.

Bizet verwendet es in der »Arlésienne«-Suite und Ravel in seiner meisterhaften Instrumentation von Mussorgskys »Bilder einer Ausstellung« (für »Das alte Schloß«).

Die Schlaginstrumente

Auch sie begannen recht bescheiden im Orchester, mit einem Paar PAUKEN, die wie Metallkessel aussehen. Sie sind oben mit einem starken Kalbsfell bespannt, nach unten sind sie abgerundet und geschlossen. Man schlägt sie mit zwei starken Schlegeln, die übrigens nicht für alle Stücke gleich sein müssen: Hie und da verlangt ein Komponist weichere Schlegel, um gedämpftere Effekte hervorzubringen. Mit harten Schlegeln hingegen und in voller Kraft gespielt, gleichen die Paukenschläge wahren Schüssen. Die Mindestzahl der Pauken ist zwei. Sie werden niemals auf den gleichen Ton gestimmt. Bis zu drei Pauken kann ein einziger Musiker spielen; werden – in modernen Werken – mehr verlangt, so müssen eben mehr Paukenschläger herangezogen werden.
In der Zeit der Klassik genügte ein einziger Musiker für die Gruppe des Schlagwerks, das damals nur aus Pauken bestand. Beethoven fügt in seiner »Neunten« drei weitere Schlaginstrumente – wenn auch nur vorübergehend – hinzu, die damals moderne, sogenannte »türkische Musik«: ein Triangel, ein kleines Becken, eine Trommel. Bald danach aber werden diese und noch andere Schlaginstrumente als fester Bestand in das Sinfonieorchester aufgenommen. Genaugenommen müßte man sie in zwei Gruppen teilen: Instrumente mit bestimmbarer Tonhöhe und Instrumente von unbestimmtem Klang, das heißt Rhythmusinstrumente.
Zu den Instrumenten mit fester Klanghöhe gehören, neben der Pauke (die vor dem Spielen gestimmt werden muß wie andere Instrumente auch) die GLOCKEN (lange Metallstäbe, die in einem hohen Gerüst aufgehängt sind und mit einem Hammer angeschlagen werden, worauf sie lange nachzuhallen imstande sind), das GLOCKENSPIEL (kleine Metallplättchen, der Tonhöhe nach

auf hölzernem Grund freischwingend befestigt), das Xylophon (eine Art Klaviatur aus Holzplättchen, wie das Glockenspiel mit kleinen Hämmern geschlagen).

Unbestimmten Klang hingegen besitzen alle Trommelarten (die stets zwei Felle haben zum Unterschied von der einfelligen Pauke), das Triangel (ein kleines, an einer Stelle offenes Metalldreieck, von einem kleinen Metallstäbchen geschlagen), das Becken (zwei große Metallteller, die in der Luft gegeneinander geschlagen werden und ein das gesamte Orchester übertönendes Tosen hervorbringen; man kann aber auch einen dieser Teller mit einem Schlegel anschlagen und diesen zischenden oder donnerähnlichen Effekt längere Zeit hindurch anhalten lassen), das Tamburin (ein über einen schellenbesetzten Holzreifen gespanntes, mit der Hand geschlagenes Fell), die Kastagnetten (zwei ein wenig muschelartig geformte Holzklappern, die mit den Fingern gespielt werden und in spanischer Musik Verwendung finden), das Tam-Tam oder Gong (ein sehr großer Kupferteller, der, von einem schweren Schlegel angeschlagen, einen tiefen, geheimnisvollen, lang nachhallenden Klang gibt). Gelegentlich werden auch noch andere Instrumente verwendet – soweit man ihnen diesen Namen geben kann: Richard Strauss verwendet in »Till Eulenspiegels lustige Streiche« eine Kinderratsche, wie man sie auf Jahrmärkten hört, in der »Alpensinfonie« Kuhglocken (um den Zuhörer in die hohe Bergwelt zu versetzen), ja sogar eine Windmaschine (wie sie im Theater oder Rundfunk zur Nachahmung des Sturms Verwendung findet).

Die Anzahl der Schlagzeuger in einem Orchester hängt von den Werken ab. In klassischen Zeiten war es ein Einziger, auf dem Höhepunkt der Spätromantik konnten es vier oder fünf sein, etwa bei Mahler-Sinfonien, bei einigen Debussystücken, bei Ravel, Richard Strauss. In zeitgenössischen Werken ist ihrer Zahl keine Grenze gesetzt. Erwähnen möchte ich das interessante Werk des argentinischen Komponisten Alberto Ginastera »Cantata para América mágica«, dessen Orchester nahezu vollständig aus Schlaginstrumenten besteht: es sind insgesamt beinahe sechzig; die Mehrzahl ist indianischen Ursprungs.

Die Besetzung des modernen Sinfonieorchesters

Die heutigen großen Orchester der Welt pflegen romantische, spätromantische, impressionistische und zeitgenössische Werke, wenn ihr Klang es verlangt, mit neunzig bis einhundertzehn Musikern zu spielen. Sowjetische Orchester überraschen manchmal mit der niederwerfenden Klangfülle von etwa einhundertfünfzig Musikern, was z. B. den Werken Tschaikowskys zu überwältigender Wirkung verhilft. Die folgende Aufstellung zeigt die Zusammensetzung unserer Spitzenorchester:

16 erste Geigen	4 Klarinetten (evtl. mit Baßklarinette)
14 zweite Geigen	4 Fagotte (evtl. mit Kontrafagott)
12 Bratschen	8 Hörner
10 Violoncelli	6 Trompeten
8 Kontrabässe	3 Posaunen
4 Flöten (mit Piccolo)	1 Kontrabaßtuba
4 Oboen (mit Englisch-Horn)	2 Harfen
	5 Schlagzeuger

Das ergibt 101 Musiker, zu denen im Bedarfsfall noch 1 Pianist und 1 Organist kommen.

Was tut der Dirigent?

Aufstellung der Instrumente

Die Sitzordnung des sinfonischen Orchesters ist heute ziemlich weitgehend dem Ermessen des Dirigenten überlassen. Früher hatte er die ersten Geigen ausnahmslos zu seiner Linken, die zweiten zu seiner Rechten. Heute hingegen zieht es der Dirigent meistens vor, alle Geigen auf der gleichen, der linken Seite im Vordergrund zu haben. Die ersten an der Rampe, die zweiten nach innen zu anschließend; so mischt sich der Klang der Geigen dadurch besser.

Nun bleibt die Frage, welche Gruppe den Platz im Vordergrund zur Rechten des Dirigenten einnehmen soll. Manche geben ihn den Bratschen (die früher vor dem Dirigenten, also ein wenig weiter im Hintergrund des Podiums saßen), andere den Celli, deren warmer Klang dort besonders schön zur Geltung kommt. Doch gibt es auch Kapellmeister, die eine ganz andere Aufstellung bevorzugen: alle Streicher zur Linken, alle Bläser zur Rechten. Den Hintergrund nehmen auf jeden Fall die Schlagzeuger ein, auch die Kontrabässe können dort plaziert sein, wenn sie nicht den seitlichen Abschluß bilden, links oder rechts, aber möglichst nahe den Violoncelli, mit denen sie in vielen Werken zusammenspielen.

Seitlich setzt man gerne die Harfe oder – in manchen Werken – die beiden Harfen, das selten vorkommende Klavier (ich spreche hier natürlich nicht vom Klavier als Soloinstrument, sondern von seiner Verwendung als Bestandteil des Sinfonieorchesters, in dem es erst in unserem Jahrhundert und nur bei sehr stark besetzten Werken Platz genommen hat). So wie der Zuschauerraum bei den modernen Bauten, so wird auch das Orchesterpodium heute gerne mit ansteigendem Boden gebaut, so daß also die Musiker »amphitheatralisch« sitzen, besser gehört werden und auch selbst für das Zusammenspiel besser hören. Es liegt darin gewissermaßen eine Umkehrung des früheren Konzepts: Da »thronte« der Dirigent hoch über den Musikern. Heute steht er, manchmal kaum noch wesentlich erhöht, direkt vor den Reihen der Musiker. Man kann dies als ein, wenn auch unbewußtes, Symbol werten.

Vielerorts erhebt sich das Orchester von seinen Sitzen, wenn der Dirigent eintritt, um ihm gewissermaßen seine Ehrfurcht zu erweisen. Früher nahm dieser den Applaus allein entgegen; nur wenn dieser lang anhielt, ließ er die Musiker ein- oder zweimal aufstehen und daran teilnehmen. Heute hingegen nehmen die meisten Dirigenten den Beifall überhaupt nicht mehr allein entgegen: Sie laden durch eine Geste das Orchester zum Erheben ein, bevor sie selbst sich dem Publikum zuwenden, um für den Applaus zu danken. Das könnte wirklich eine Art Demokratisierung bedeuten.

Der Dirigent ist die höchste Autorität, aber er muß stets beweisen, daß er zu diesem Amt befähigt ist. Heute, da die Orchester einen technisch nahezu unüberbietbaren Stand erreicht haben, muß ihr Leiter ein wahrer Meister sein. Nach dem Ersten Weltkrieg war Österreich und damit auch sein Kunstleben klein und arm geworden, die weltberühmten Philharmoniker Wiens mußten Gastdirigenten akzeptieren, die ihnen ein gutes Honorar sicherten. Und so kam eines Tages ein reicher Engländer und mietete das Orchester. Eines seiner Mitglieder antwortete auf die Frage, was der Gast im Konzert dirigieren werde: »Was er dirigiert, wissen wir nicht, wir spielen auf jeden Fall die Fünfte von Beethoven ...«

Und wer hat nicht schon gedacht, daß es ohne Dirigenten gerade so gut gehen müßte?

Man hat es versucht. In verschiedenen Teilen der Welt, am nachhaltigsten in der Sowjetunion. Aber es gelang nirgends. Natürlich kann ein gutes Orchester (und es gibt ihrer Hunderte in der heutigen Welt) auch ohne Kapellmeister fehlerfrei konzertieren und Werke, die bis etwa gegen Ende des 18. Jahrhunderts entstanden sind, einwandfrei wiedergeben. In jenen Zeiten gab es ja kaum noch Dirigenten; es gab den »maestro di cappella« – woraus unser »Kapellmeister« wurde – aber er saß am Cembalo, gab mit der Hand oder dem Kopf den »Einsatz«, das Zeichen zum Beginn und spielte dann einfach mit, wobei seinem Instrument allerdings die Aufgabe zufiel, die 20 oder 30 Musiker gut im Takt zusammenzuhalten. Mehr war kaum zu tun, denn die Kompositionsweise war so, daß die »Melodie« von selbst »durchkam«. Der Klang war noch »durchsichtig«. Plötzliche Temposprünge gab es nicht, hie und da ein »Ritardando«, ein Langsamerwerden vor dem Schluß oder einem Einschnitt, aber dafür gab es traditionelle Ausführungsregeln, die jedem Musiker im Blut lagen. Also war auch da die Hand des Dirigierenden kaum mehr als eine kleine Nachhilfe.

Je größer aber die Orchester wurden und vor allem, je komplizierter die Kompositionsweise, desto wichtiger wurde die Aufgabe des Dirigenten. Nicht etwa, daß er heute noch Takt schlagen müßte – kein gutes Orchester käme je aus dem Takt. Auch das Geben der Einsätze – das Zeichen, wann einzelne Instrumente zu spielen haben, oft mitten im Stück oder nach langer Pause, die in der Stimme vielleicht nur mit »108 Takte« bezeichnet ist – darf heute als ziemlich unwichtige Aufgabe des Kapellmeisters bezeichnet werden.

Im Dienste des Werkes

Die Aufgabe des Dirigenten liegt heute vorwiegend im Geistigen. Er muß sich, wie der Regisseur eines Theaterstückes oder einer Oper, mit dem Werk auseinandersetzen und es so getreu wie möglich wiedergeben. Er wird ein Stück der Barockzeit anders anlegen als ein romantisches. Ja, er wird sogar die in alten Werken vorgeschriebene Dynamik kontrollieren und danach einrichten, ob sie dem Zeitgeist der Komposition entspricht: ein Fortissimo Mozarts z. B. ist etwas anderes als ein Fortissimo von Brahms. Die gewissermaßen »Schwarz-Weiß-Malerei« eines schnellen Satzes bei Bach verlangt blockartiges Nebeneinanderlegen von starken und zarten Partien, ohne jeden Übergang;

das herauszuarbeiten, sei es durch Schattierung der Tongebung aller oder durch Weglassen eines Teils der Musiker im zarten Teil: darin liegt seine Aufgabe. Auch in der rein akustischen Interpretation kann es Probleme geben: Da soll eine Oboe ein weiches Solo blasen, während gleichzeitig alle Streicher – sechzig an der Zahl, wie wir sahen – Vielklänge, Harmonien zu spielen haben und möglicherweise noch vier Hörner eine Gegenstimme vernehmen lassen. Die »Klangebenen« (wie man das heute nennt) so festzulegen, daß das Oboesolo deutlich und doch weich und zart bis zum letzten Zuhörer dringt, das ist eine Aufgabe des Dirigenten. Doch abgesehen davon muß der Dirigent eine starke Persönlichkeit besitzen und sie ausstrahlen. Orchester wie Publikum sollen in seinen Bann gezogen werden. Wenn er uns teilnehmen läßt am Aufbau eines großräumigen Werkes – einer Sinfonie von Beethoven, von Brahms, Bruckner, Mahler, eines Oratoriums von Bach, eines Musikdramas von Wagner – so sollen wir das Gefühl haben, vor seinem geistigen Auge stehe wirklich das gesamte Werk, nicht nur ein Bruchteil, und er verstehe es, aus innerer Kraft weite Bögen zu spannen, zu steigern ohne Ermatten und Nachlassen, aufzutürmen, ohne ins Bombastische zu verfallen, nach einem Höhepunkt zur Ruhe zurückzukehren, ohne die Spannung zu verlieren. Er soll – mit einem alten, aber wohl nie veraltenden Wort – »Stimmung schaffen«, genau die Stimmung, die jedem einzelnen Werk zukommt, Atmosphäre, Ambiente.

Natürlich steht die Person des Dirigenten oft stark im Vordergrund. In welcher Art dies geschieht, hängt von seiner Persönlichkeit ab. Er muß stark genug sein, seine Auffassung des Werks zwingend herauszuarbeiten, selbst wenn sie nicht von allen Zuhörern, ja vielleicht nicht einmal von allen Musikern im Orchester geteilt wird. Dirigieren ist, wie so viele Dinge im Leben, eine Frage der wahren Persönlichkeit. Sie muß überzeugen und wahre Überlegenheit ausstrahlen. Der Wille des Komponisten bleibt jedoch oberstes Gesetz. Die Persönlichkeit des Dirigenten steht im Dienst des Komponisten. Aber: würde einem Meisterwerk ein schwacher Diener gerecht?

Des Komponisten anderes Ich

Manchmal geschieht es, daß zwischen dem Dirigenten und dem Werk eines Komponisten die erforderliche Übereinstimmung nicht herrscht. Bei jedem Künstler wird es so sein, daß ihm die Interpretation eines Komponisten oder einer Gruppe von Komponisten näher liegt als die anderer. Da spielt dann die Affinität, die innere Verwandtschaft der Charaktere und Temperamente eine große Rolle. Es gibt Pianisten, die besonders Chopin oder die Impressionisten gut spielen und vielleicht bei dem so ganz anders gearteten Beethoven oder dem ebenfalls auf einem anderen Pol liegenden Bach keine so überzeugende Wiedergabe erzielen. Es gibt Sänger, denen Mozart näher liegt als Wagner; Dirigenten, die ihre Persönlichkeit vielleicht bei Tschaikowsky ganz entfalten können, aber mit Rossini nicht viel anzufangen wissen. Bei der Beschäftigung mit dem Werk und der Meditation darüber, sie müssen von jedem Interpreten von vorneherein verlangt werden, paßt sich die notwendigerweise vielseitige Persönlichkeit des Dirigenten, Geigers, Pianisten, Sängers dem Komponisten weitgehend an, wird – in einem beinahe mystischen Akt von Wesensumwandlung – zu seinem Willensvollstrecker, ohne etwas von der eigenen Persönlichkeit aufzugeben.

Muß nun ein Dirigent alle Instrumente beherrschen? Jede Kapellmeisterlaufbahn beginnt am Klavier. Das ist vor allem aus praktischen Gründen so: Im Theater, in dem der junge Dirigent – noch weit entfernt vom ersehnten Platz vor dem Orchester – Sänger und Chor einstudieren muß, bedeutet das Klavier sein Element. Aber er muß seine Studien auf zumindest ein Instrument jeder anderen Gruppe ausdehnen: Er sollte vom Geigenspiel mehr als eine bloße Ahnung haben, sollte dem Klarinettisten oder Trompeter nicht nur falsche Noten verweisen, sondern Anleitungen für Griffe und Toneffekte geben können und gelegentlich einmal im Orchester an der Pauke oder einem anderen Schlaginstrument sitzen. Was für jede menschliche Laufbahn gilt, ist beim Dirigenten besonders wichtig: von der Pike auf dienen . . .

Der Konzertmeister

Unter dem Namen »Konzertmeister« versteht man den ersten Geiger. Er nimmt eine Art Sonderstellung im Orchester ein, nicht nur durch seinen Platz ganz im Vordergrund, auf der Außenseite des ersten Geigenpults. Ihm obliegt es, die »Stimmung« der Instrumente zu überwachen. Er tut dies zuerst im Orchesterraum oder Stimmsaal, bevor die Musiker das Podium betreten. Hernach kontrolliert er nochmals, kurz bevor der Dirigent eintritt. Befindet sich ein Klavier auf dem Podium, so dient seine Stimmung zur Erfüllung dieser Aufgabe: Man schlägt ein »A« an, manchmal ergänzt und umrahmt von einem d-Moll- oder D-Dur-Dreiklang. Auf dieses A stimmen nun alle Musiker ein, indem sie den Klang ihres eigenen Instruments mit dem des Klaviers in Übereinstimmung bringen. Bei dieser Beschäftigung liegt der charakteristische Stimmlärm – wenn auch gedämpft – über dem Orchester, den übrigens einmal ein exotischer Monarch, zu einem Konzert in Mitteleuropa geladen, als das Beste des Abends bezeichnete. Ist kein Klavier auf dem Podium, so übernimmt die Oboe die Rolle des Tonangebens. Dem Konzertmeister ist die Pflicht übertragen, dieses Stimmen systematisch vornehmen zu lassen und mit feinstem Gehör zu überprüfen. Doch hat er neben dieser mehr technisch-akustischen Aufgabe auch noch eine wichtige künstlerische: Wo ein Komponist ein Geigensolo in einem Orchesterwerk vorschreibt, ist der Konzertmeister der Ausführende. Er gilt dem Orchester in vieler Beziehung als sein natürlicher Exponent; der Dirigent begrüßt ihn mit Handschlag, wenn er den Saal betritt, dankt ihm auch ebenso nach jedem Werk; in jüngster Zeit ist es gelegentlich zu beobachten, daß Dirigenten allen nahesitzenden Orchestermitgliedern die Hand geben, zuerst jedoch immer dem Konzertmeister. Doch dieser hat noch eine weitere Funktion zu erfüllen: Es kann auch in einem Orchesterkonzert Gefahrenmomente geben, selbst ein routiniertes Orchester ist nicht restlos gegen Unstimmigkeiten gefeit. Ergibt sich so eine Diskrepanz – rhythmischer Natur vor allem –, so hat der Konzertmeister mit energischem Bogenstrich die Sache wieder einzurenken, zumeist bevor das Publikum etwas bemerkt hat.

Der Gastdirigent

Viele Orchester haben feste Dirigenten und die Präsenz eines ständigen künstlerischen Leiters tut jedem Ensemble gut, wenn er ein wahrhafter Künstler und Erzieher gleichzeitig ist. Aber für einen großen Teil der Konzerte werden trotzdem Gastdirigenten engagiert; inzwischen gastiert der eigene Dirigent in einer anderen Stadt, einem anderen Land oder Erdteil. Kaum eine Berufsgruppe reist heute so viel wie die Dirigenten.
Dem Gastdirigenten stehen im allgemeinen vier bis sechs Proben zu durchschnittlich zweieinhalb bis drei Stunden zur Verfügung, um sein Konzert vorzubereiten. Das ist wenig, wenn der Dirigent nicht leicht Kontakt findet, um seine Auffassungen deutlich zu machen, genug dagegen, wenn er klar seine Absichten zeigen kann.
Den Musikern des Orchesters kann man nichts vormachen. Die wissen immer, und bereits nach wenigen Augenblicken, woran sie mit einem Dirigenten sind. Bei Engagements von Dirigenten sollte man in erster Linie jene Orchester fragen, die sie dirigiert haben.
Es kommt heute oft vor, daß Dirigent und Orchester – im wahrsten Sinne des Wortes – verschiedene Sprachen sprechen. Daß ein Pole ein holländisches, ein Nordamerikaner ein portugiesisches, ein Chinese ein englisches Orchester leitet. Gewiß, italienisch ist als »Musiksprache« immer noch ein vielgebrauchtes Verständigungsmittel für solche Fälle – aber seine Kenntnis geht bei Nichtitalienern selten so weit, daß sie mehr als die einfachsten Ausdrücke beherrschen. Und was der Dirigent will, haben wir früher besprochen. Da helfen ihm in erster Linie seine Hände – deren Gestik tatsächlich eine eigene Sprache sein kann, die instinktiv von allen verstanden wird – in zweiter erst das Wort. Und wenn Sie wollen: eine Art von Suggestion, von Willensübertragung, die seine Persönlichkeit auf die Musik ausstrahlt. Oder ausstrahlen sollte . . . Die völlig selbstverständliche Übereinstimmung der hundert Individualitäten des großen Orchesters allerdings erzielt wohl doch nur der ständige Dirigent in langem persönlichem Kontakt. Haben Sie einmal Karajan mit den Berliner Philhar-

monikern musizieren sehen, oder Bernstein mit den New Yorkern? Szell mit dem Cleveland-Orchester, Stokowski mit jenem von Philadelphia, van Beinum mit dem Concertgebouw? Da erübrigen sich viele Bewegungen und Zeichen, man »versteht« sich von selbst; so kann die Leistung ganz auf höhere Dinge konzentriert werden, die längst nicht mehr Melodie, Harmonie, Kontrapunkt, Rhythmik, Tonfarbe heißen.

Reichtum der Konzerte

Wir sprechen hier von »sinfonischem Orchester«. Das ist ein feststehender technischer Ausdruck.
Die Namen der einzelnen Orchester mögen ganz verschieden sein: »Philharmonisch«, »Staatskapelle«, »Landesorchester«, »Sinfoniker«, »Konzertorchester« (ein berühmtes Budapester Ensemble), »Tonkünstler« (ein namhaftes Wiener Orchester). Technisch gesehen aber sind sie alle gleich, nämlich durchwegs »sinfonische« Orchester. Mehr noch, auch die Opernorchester sind sinfonische Orchester und von ihren Kollegen auf dem Konzertpodium nicht zu unterscheiden. Ebenso sind die Orchester, die Ballette begleiten, sinfonische Orchester. Sinfonische Orchester gehören heute zu jeder Stadt. Die größten Städte haben mehrere Orchester wie z. B. New York, London, Tokio, Buenos Aires, Paris, Wien, München, Hamburg und viele Metropolen des europäischen Ostens. Eine Stadt wie Buenos Aires, um nur ein Beispiel aus einer Welt zu nehmen, die der Mitteleuropäer so gut wie nicht kennt, veranstaltet in jeder Saison hundert bis einhundertdreißig sinfonische Konzerte und mehr als zweihundert Opernvorstellungen, etwa sechzig Ballettabende, ganz abgesehen von der Arbeit sinfonischer Orchester in Rundfunk und Fernsehen. Die Aufnahme von Orchesterwerken stellt auch im Schallplattengeschäft einen wesentlichen Bestandteil der »ernsten« Musik.

»E-Musik« und »U-Musik«

Obwohl diese Aufteilung der Musik sehr unglücklich ist, müssen die Rundfunkanstalten ihres gewaltigen Betriebes wegen, die musikalischen Bereiche unterteilen. »E-Musik« und »U-Musik«

bedeuten »ernste Musik« und »unterhaltende Musik«. An der Grenze dieser beiden gibt es, wie es an Grenzen manchmal vorkommt, Geplänkel und Streit. Darf ein Stück, das zur E-Musik gehört, nicht unterhaltend sein? Ist ein Komponist von U-Musik kein »ernster« Komponist? Zu den letzteren gehören unter anderen auch Johann Strauß und Jacques Offenbach, der Schöpfer einer prächtigen, tief romantischen, ja tragischen Oper, »Hoffmanns Erzählungen«.
Mozart wäre es sicher sehr komisch vorgekommen, wäre ihm diese Zweiteilung der Musik begegnet! Sind seine »Divertimenti« (zu deutsch: Unterhaltungen), seine Serenaden, Kassationen, ja selbst seine Konzerte und Sinfonien nicht zur »Unterhaltung« geschrieben worden? Zur »Ergötzung«, wie es damals hieß? Gab es einen anderen Zweck der Musik, als edlen Zeitvertreib? Beethoven allerdings hätte Mozarts Lachen wohl mißbilligt, ja vielleicht wäre er heftig geworden, wie immer, wenn es um Dinge der ihm heiligen Kunstauffassung ging. Für ihn war Musik nicht mehr Frage der Unterhaltung (obwohl auch er Tänze und andere »leichte« Stücke geschrieben hat), sondern Verkündung von Idealen, Aufruf an die Menschlichkeit.
Kann und soll man die Musik denn überhaupt einteilen? Nun, es gibt innerhalb ihres weiten Reiches sehr verschiedene Gebiete. Etwa die »Zweckmusik«, also Tanzmusik, Militärmusik. Religiöse Musik (die in ihrem reinsten Zustand eine Art Zweckmusik – höchster Art – darstellt). Kunstmusik, das heißt Musik, die nur aus künstlerischem Impuls geschaffen wird und im wahrsten Sinne »zwecklos« sein will. Vielleicht gibt es aber im tiefsten nur zwei Arten von Musik, nämlich gute und schlechte.
Dies zu unterscheiden ist oft sehr schwer.

Das Solokonzert

Doch betrachten wir vorläufig einige technische Formen der Musik, etwa das Solokonzert. Dieses spielt seit anderthalb Jahrhunderten eine gewaltige Rolle. Heute besteht die überwiegende Zahl der Solistenkonzerte aus einem Klavierabend. Wohl noch

nie hat es eine solche Fülle hervorragender Pianisten gegeben wie gegenwärtig.
Das ist vor allem auf zwei Faktoren zurückzuführen: auf die enorme Steigerung der Technik – die mit dem technischen Zeitalter, in dem wir leben, eng zusammenhängt – und auf die nicht minder große Steigerung der Auftrittsmöglichkeiten. Was in den dreißiger- und vierziger Jahren des vorigen Jahrhunderts nur Liszt, Chopin und wenige andere bewältigen konnten, das lernen heute die Schüler der Ausbildungsklassen aller Konservatorien. Wie staunten die verblüfften Zuhörer, wenn Liszt etwa in den »Funerailles« seine Linke in rasenden Oktaven über die Klaviatur donnern ließ – niemand tat es ihm gleich. Heute dürfte es mehrere Hundert geben, die das rein technisch bewältigen. Womit nicht gesagt sein soll, daß sie ebensogut oder besser spielen als Liszt! Er war eine wahrhaft faszinierende Persönlichkeit und er war der erste Pianist mit einer solchen Technik. Technische Fortschritte auf allen Gebieten sind ja seit jenen Tagen die Regel geworden. Die ersten Luftballons und Flugmaschinen kamen ein paar Meter weit, und jetzt fliegen wir in den Weltraum hinaus. Vom Öllämpchen zur Atomkraft! Sollte da der technische Aspekt der Musik zurückstehen? So reisen heute viele ausgezeichnete Klaviervirtuosen durch die ganze Welt – ausgezeichnete, im doppelten Sinn: Auf Ankündigungen und Programmen liest man bei vielen von ihnen, daß sie bei Wettbewerben Preise gewannen. Im vergangenen Jahrhundert gab es das noch nicht. Diese Erscheinung ist eine Errungenschaft unserer Zeit. Das soll keineswegs ironisch klingen. Die Chancen, die man den jungen Musikern unserer Zeit bei internationalen Treffen und Wettbewerben gibt, sind äußerst interessant und nützlich. Es sind allerdings sehr harte Turniere, bei denen die psychische und physische Verfassung des Augenblicks oft – zu oft! – entscheidend wirken kann. Zu Liszts und Chopins Zeiten kannte man etwas Ähnliches, das Wettspielen. Es wurde zwischen zwei berühmten Virtuosen vereinbart, aber von keiner Jury entschieden. Damals verstand man unter einem Klaviervirtuosen nicht ganz das gleiche wie heute; gewiß, er mußte auch damals Werke der Musikliteratur tadellos wiedergeben, aber der interessanteste Konzertteil bestand aus

einer Kunstprobe, die heute völlig verlorengegangen ist: der Improvisation. Bach und Händel waren großartige Improvisatoren (auch auf der Orgel), Mozart und Beethoven nicht minder und ebenso noch Liszt und Chopin.

Die Improvisation

Um in einem Konzert zu improvisieren, gab es verschiedene Möglichkeiten. Eine davon war, daß sich der Künstler vornahm, über ein bestimmtes, von ihm gewähltes Thema zu phantasieren. Dies kündigte er im Programm an und begann dann das Thema, das meist eine bekannte Melodie war, auszuführen. Liszt zum Beispiel nahm die Hauptmelodie des Quartetts aus der eben uraufgeführten Oper »Rigoletto« von Giuseppe Verdi und wandelte sie vielfach ab. – Später einmal schrieb er die Phantasie nieder und so besitzen wir dieses Stück. Geradeso liebte er es, über Schuberts Melodien zu phantasieren, die er auf diese Art erst einem größeren Publikum bekanntmachte – freilich in einer Form, die spätere Zeiten als sehr anfechtbar empfanden. Eine andere Art der Improvisation – und es war die beliebtere – bestand darin, daß das Publikum dem Pianisten oder auch Organisten während des Konzerts ein Thema zurief; und sofort begann er mit einem wahren Feuerwerk an Einfällen und technischer Brillanz, das Thema zu variieren, zu umspielen, zu zerlegen und neu zusammenzufügen, umzukehren, in neue Rhythmen zu zwingen, kurz, alle nur erdenklichen Veränderungen mit ihm vorzunehmen, vom Augenblick inspiriert. Und oftmals wahrscheinlich so großartig, wie in Ruhe geborene Kompositionen kaum werden konnten. Schade, daß es damals kein Tonband gab, das bei solchen Improvisationen mitlief!
Heute wird diese Kunst kaum mehr ausgeübt. Bei den gegenwärtigen Künstlern wären wohl nur wenige dazu imstande, augenblicklich eine großangelegte Phantasie zu entwerfen und auf dem Instrument auszuführen. Besser steht es damit allerdings bei den Organisten, unter denen diese alte Kunst noch in Ehren steht.

Werktreue ist das höchste Gebot

Heute ist jedoch bei den Pianisten und allen anderen Musikinterpreten »Werktreue« oberstes Gebot. Das Repertoire ist ausgedehnt und anspruchsvoll. Sie sind imstande, Hunderte oder Tausende von Seiten Bach, Beethoven, Mozart, Schubert, Chopin, Schumann, Liszt, Brahms, Debussy, Ravel, Rachmaninow, vielleicht auch Reger, Skriabin, und noch manches andere auswendig und ohne jeden Fehler zu spielen, dazu vielleicht noch einiges Schwierige der modernen Literatur: Bartók vor allem, Hindemith, Schönberg. Improvisieren aber ist ihre Sache nicht. Weniger durch eigene Schuld, als durch die Entwicklung, die das Musikleben genommen hat, das auch nur dem allgemeinen Zug der Zeit folgt: der Überbewertung der Genauigkeit zum Schaden der Phantasie. Man lernt auswendig, aber man erfindet nicht mehr; man gibt wieder, aber man improvisiert nicht. Reden werden gelesen statt gehalten, alle Straßen genau vorgezeichnet, es gibt Autobahnen anstelle von Wanderwegen oder einem Dahinschreiten ohne Pfad und Ziel. Doch auch das hat sein Gutes.
Die beinahe wissenschaftliche Werktreue hat uns dazu verholfen, das gesamte, gewaltige Werk unzähliger großer Meister der Vergangenheit in einwandfreien Ausgaben kennenzulernen, es in technisch und geistig glänzenden Wiedergaben zu hören, ja auf erstklassigen Schallplatten daheim zu besitzen. Die Welt ist heute an Musik viel reicher als je zu einer anderen Zeit zuvor. Es ist kaum mehr erfaßbar, was eines der bedeutenden Schallarchive enthält! Zu bedauern ist nur, daß ein immer geringerer Teil der Menschheit schöpferisch, ein immer größerer »nachschaffend« tätig ist; ist doch das freie, Neues gebärende Schaffen des Geistes und der Phantasie des Menschen höchste, gottähnlichste Gabe . . .

Das Fremdwort in der Musik

Bei genauer Betrachtung der Fachausdrücke im Bereich der Musik fällt es auf, daß die meisten Ausdrücke Fremdwörter, meist aus dem lateinisch-italienischen Kulturbereich, sind.

Die Sprache der Musik war jedoch von jeher eine internationale Sprache. Wir sprechen vom Dirigenten – ein Fremdwort, vom Opernregisseur – ein Fremdwort, ja von der Oper, die zwar längst in unseren Sprachgebrauch überging, aber doch ein Wort aus dem italienischen Bereich ist. Weder Violine noch Viola noch Violoncello, weder Klarinette noch Oboe noch Saxophon waren ursprünglich deutsche Worte, obwohl wir sie längst als solche verwenden. Auch das Wort »Programm« stammt aus anderen Breitengraden. Was tut's! Musik ist Weltsprache, genaugenommen die einzige, die es gibt. Warum sollen ihre Fachausdrücke nicht überall zu Hause sein? Auch Melodie – dieses Wort, das selbst voll von Musik ist – stammt nicht aus dem Deutschen, ebensowenig Harmonie, Kontrapunkt und Rhythmus. Aber es sind Worte, die heute auf der ganzen Welt verstanden werden. So wie die Kunst der Dirigenten, Pianisten, Geiger, Cellisten, Sänger heute weltweit ist. Die großen Künstler füllen heute die Säle in London wie in Sydney, in Tokio wie in Rio de Janeiro, in Hunderten von europäischen Städten.

Das Klavier – das populärste Instrument

Von zehn konzertierenden Künstlern sind heute mindestens fünf Pianisten. Die andere Hälfte verteilt sich auf Geiger, Cellisten, Sänger – und sehr wenig andere Instrumentalisten. Leider ist der Kreis der Instrumente, auf denen heute konzertiert wird, klein geworden. Harfenkonzerte, einst so beliebt, gibt es kaum noch; Flötisten hört man relativ selten; die Laute, nahezu verschwunden, erregt jetzt wieder, seit einige zeitgenössische Komponisten sie wieder pflegen, die Aufmerksamkeit weiterer Kreise. Die Gitarre ist ebenfalls stark im Kommen. Als Volksinstrument unserer Tage sehr beliebt, treten ihre besten Vertreter auch öfters in dem Konzertsaal auf, obwohl ein Raum mit tausend oder zweitausend Plätzen für dieses eher intime Instrument nicht recht geeignet ist.
Bleiben vor allem noch Geiger und Cellisten. Beide konzertieren nahezu ausnahmslos mit Begleitung von Klavier oder Cembalo.

Doch ist dies viel mehr als ein »Begleiten«, der Pianist muß ein vollwertiger Partner sein, Mitarbeiter, aus dessen restloser Anpassung, die in vielen Passagen zum völlig gleichberechtigten »Duettieren« wird, das Kunstwerk in ganzer Vollendung erstehen soll. Bei zwei Instrumentalisten spricht man von »Duo«, das Wort »Duett« bleibt für die Sänger reserviert. Drei Instrumentalisten bilden ein »Trio«, drei Sänger ein »Terzett«. Erst beim »Quartett«, womit das Wirken von vier Musikern oder ein Stück für vier Instrumente oder Sänger bezeichnet wird, fällt der sprachliche Unterschied fort.
Zu den Duos gehört auch eine Kombination, die man nicht vergessen sollte: das Spiel auf zwei Klavieren. Es findet in unserer Zeit immer wieder Vertreter, die eine schöne, wertvolle Literatur für diese Kombination am Leben erhalten und auch dafür sorgen, daß sich zeitgenössische Komponisten immer wieder dafür interessieren, Neues für diese Art des Zusammenspiels zu schaffen. Es stellt in gewissem Sinn eine Fortentwicklung des früher so beliebten Spiels zu vier Händen auf einem Klavier dar, das allerdings eine Form des häuslichen Musizierens war, und nicht des öffentlichen. Auch die Geige fungiert als Soloinstrument, aber sie verfügt über ein viel geringeres Repertoire als das Klavier. Namentlich von Bach gibt es einige prächtige Stücke für Violine allein. Nur große Geiger dürfen sich daran wagen, mit ihnen einen ganzen Konzertabend zu füllen. Das gleiche läßt sich auch vom Cello sagen, das als Soloinstrument herrliche Wirkungen erzielen kann, ebenso die Bratsche, die wir bisher nicht nannten, weil die Zahl ihrer konzertierenden Virtuosen leider recht gering ist. Die Viola ist in der Hand eines Meisters ein prächtiges Instrument, das die Geläufigkeit der Geige mit der Klangfülle des Cellos zu verbinden weiß. In früheren Epochen nahm die Kammermusik einen hohen Rang im häuslichen Musizieren ein. Sie stammt, wie Oper und Konzert, aus dem Palast, setzte ihre Blütezeit aber bis weit ins bürgerliche Zeitalter fort. Schade, daß heute nur noch vereinzelte Amateure Zeit und Verständnis dafür aufbringen.

Der Amateur und der Berufsmusiker

Der Amateur – darüber wären zwei Worte zu sagen. Der »Dilettant«, mit einem gleichbedeutenden (aus dem Italienischen stammenden) Wort, dem bei uns – ungerechterweise – ein abschätziger Beiklang innewohnt. Beide Ausdrücke haben mit »lieben« zu tun: Amateur und Dilettant tun etwas aus Neigung, was der »Professional« zu seinem Lebensunterhalt erkoren hat. Vom Professional erwarten wir Höchstleistungen, die nur mit vollem Einsatz zu erzielen sind: im Sport wie in der Kunst. Leistungen, wie der Amateur sie aus begreiflichen Gründen nicht vollbringen kann. Da nun unsere Epoche die Zeit der Höchstleistungen auf allen Gebieten bedeutet, taucht die Frage auf, ob damit das Todesurteil für den Amateur gesprochen ist.
Weniger kraß ausgedrückt kommen wir der Wahrheit näher: Von einem Aussterben des Amateurismus kann glücklicherweise keine Rede sein. Der Materialismus, der ein früher nie geahntes Ausmaß erreicht hat, ruft den Idealismus als dem Menschen eingeborene Abwehrkraft in einem selten beobachteten Grad hervor. Und der Amateur ist ein Idealist. Schon darum verdient er unsere Wertschätzung und Achtung.
Im Musikleben – wie im Sport – kann der Amateur mit dem Professional rein leistungsmäßig natürlich nicht Schritt halten. Aber wir möchten die Laienchöre, die Liebhaberorchester, die Musikgruppen aller Art nicht missen, die heute überall auf der ganzen Welt Millionen von Menschen in Geist und Seele anregender Tätigkeit vereinen, wahre Musikliebe fördern und ihr Hauptaugenmerk nicht – wie sonst überall üblich – auf die Höchstleistung richten.
Der Musiker von heute allerdings ist ein Professional. Seine technische Ausbildung hat einen Grad erreicht, der nur mit schärfstem Training zu halten ist. Wer konzertiert, muß Höchstleistungen bieten. Ob es sich um Solisten oder Ensembles handelt.

Auch die konzertierenden Kammermusiker unserer Zeit – früher wahres Symbol des Musikliebhabers – müssen Berufsmusiker sein, ob sie nun Trio spielen, Quartett oder Quintett. Die Kombinationsmöglichkeiten sind heute viel reichhaltiger geworden als sie es vor einigen Jahrzehnten waren. Trio bedeutet heute nicht nur Klavier, Geige und Cello; es kann sich auch aus Flöte, Oboe, Klarinette zusammensetzen oder aus irgendwelchen anderen Kombinationen bestehen. Das klassische Quartett war ein Streichquartett: zwei Geigen, Bratsche und Cello. Haydn und Mozart schrieben die ersten Meisterstücke dafür, Beethoven widmete ihm viele seiner edelsten Inspirationen, ja vertraute ihm seine letzten, innersten und problematischsten Gedanken an. Selbst zwei »Nicht-Kammermusiker« wie Verdi und Smetana suchten ihre Zuflucht bei ihm, als sie an eine Art tönender Selbstbiographie dachten, an intimsten Gedankenaustausch mit sich selbst gewissermaßen. Heute bereisen viele berühmte Quartettvereinigungen die Welt; sie haben den früher begrenzten – freiwillig begrenzten – Wirkungskreis der Kammermusik aus den Heimen in die großen Konzertsäle verlegt.
Viele ernste Beobachter waren natürlich dagegen, aber es setzte sich, wie so vieles Anfechtbare, durch und bewies zuletzt, daß die Reinheit der Idee, ja selbst die seelische Wirkung – die bei der Kammermusik stets besonders ausgeprägt ist – keineswegs leiden müsse. Ich habe oft viertausend Menschen andächtig der Wiedergabe von Beethoven-Quartetten lauschen sehen, und mich im Tiefsten gefreut, trotz aller möglichen Einwände. Mit welchem Recht könnten wir eine so tiefe innere, wahre Freude heute auf die paar Dutzend Menschen beschränken, die in einer ganz anders gearteten Welt das Privileg solchen Hörens und Genießens besaßen?
In dieser Frage steckt ein tiefes Problem. Musik für die Massen oder Musik für eine kleine, aber wirklich verständige Elite? Darauf kann man nur mit einer Gegenfrage antworten: Sollten Kunst und Musik sich heute – selbst wenn sie es könnten – in den »Elfenbeinturm« der Weltferne, der Wirklichkeitsfeindlich-

keit zurückziehen, in einer Zeit, in der das Überleben unserer Welt als geistiger Faktor, als humanistische Kraft wesentlich von der Verbreitung der Kultur und der Kunst abhängt? Ob die Massen zu ihrer Aufnahme fähig oder auch nur bereit sind? Das ist eine grundlegende Frage, die wir im Laufe unserer Plaudereien noch öfter stellen werden. Daß wir gerade bei der Kammermusik – und der Liedkunst – darauf kommen, ist kein Zufall. Beides sind Kunstäußerungen, die für eine ganz anders geschichtete Gesellschaft geschaffen wurden, sich aber über diese hinaus behaupten können.

Auch die Klangkombinationen des Quartetts haben sich vervielfacht, Bläserquartette neben Streichquartetten, gemischte Quartette, alle erdenklichen Kombinationen mit Klavier.

Das gleiche gilt für die größeren Formen der Kammermusik: Quintett, Sextett, Septett, Oktett, ein Gebiet, auf dem übrigens schon die Klassiker wertvollste Beiträge geliefert haben. Was das Oktett überschreitet, gehört wohl schon in den Bereich des Kammerorchesters. Gerade diese kleine, selten 16–20 Musiker überschreitende Formation hat in unserer Zeit glänzende Auferstehung gefeiert. Das 19. Jahrhundert mit seiner Sehnsucht nach »berauschenden« Klängen, mit seiner romantischen Steigerung der Orchesterfarben konnte diesem ursprünglich wohl barocken Ensemble nicht hold sein. Wir aber scheinen uns heute zu jener »Klarheit« des 17. und 18. Jahrhunderts zurückzusehnen und so kommt das Kammerorchester zu hohen Ehren. Dabei versorgen es auch die Komponisten unseres Jahrhunderts mit zeitgenössischen, zeitgemäßen Werken. Das Kammerorchester kann ein reines Streicherensemble sein (obwohl das, genaugenommen, der Bezeichnung »Kammerorchester« zuwiderläuft), es kann aber auch, seinem wahren Sinn gemäß, ein Klangkörper sein, in dem die wichtigsten Instrumente mit je einem Ausführenden vertreten sind: 1 Geige, 1 Bratsche, 1 Cello, 1 Kontrabaß, 1 Flöte, 1 Oboe usw., mit möglicher kleiner Verstärkung aus Gleichgewichtsgründen auf dem Streichersektor. Die Kammerorchester könnten – um auf eine früher angeschnittene Frage zurückzukommen – ohne Dirigenten spielen, aber sie sind darüber geteilter Meinung.

Im Chor der Stimmen

Für gewöhnlich unterscheidet man zwischen Instrumentalmusik und Vokalmusik. Dabei rechnet man Musik, bei der auch nur eine einzige menschliche Stimme vorkommt, auch dann zur Vokalmusik, wenn zu ihrer Begleitung ein Sinfonieorchester von 80 Musikern mitwirkt. Wollen wir eine zutreffendere Einteilung vornehmen, so müßte diese eher in drei Gruppen erfolgen: Instrumentalmusik (wenn nur Instrumente mitwirken, vom Solisten bis zum großen Orchester), Vokalmusik (wenn nur Stimmen mitwirken, vom unbegleiteten Sologesang bis zum großen A-cappella-Chor und die gemischte Musik, bei der beide Gruppen in irgendeinem Verhältnis zusammenwirken.
Die reine Vokalmusik ist relativ selten, wenngleich sich eine bestimmte Form in starkem Aufstieg befindet: der unbegleitete Chor, A-cappella-Chor genannt. Doch beginnen wir mit der (theoretischen) Möglichkeit unbegleiteten Sologesangs im Konzert: Er kommt nicht vor. Auch Duette ohne Begleitung gibt es kaum. Die Möglichkeit von Vokalquartetten besteht: als Männerquartett wie als gemischtes Quartett; aber auch sie ist im heutigen Musikleben kaum von Bedeutung; erst verschiedene Arten instrumentaler Begleitung werden ihr Gewicht verleihen.

Der Kammerchor

Dem großen Aufschwung entsprechend, den das Kammerorchester in unserer Zeit genommen hat, ist es auch zu einer interessanten Renaissance des Kammerchors gekommen. Ensembles dieser Art schießen überall förmlich aus dem Boden – eine überaus erfreuliche Entwicklung, die sich auch begründen läßt.
Durch die Tätigkeit der Kammerchöre werden Werke aus ver-

gangenen Jahrhunderten wieder ins Leben zurückgerufen werden, die man beinahe schon für immer in die Archive verbannt wähnte. Es ist eigentlich eine eigenartige Erscheinung, daß mitten im 20. Jahrhundert, mitten im Maschinen- und Atomzeitalter, Musik aus fernen Barocktagen wieder aufersteht. Nicht aus Snobismus, aus Originalitätssucht, sondern in echtem, ehrlichem Bestreben, uns diese relativ unbekannten Schätze zu vermitteln. Dabei zeigt es sich, daß Musikwerke aus der Zeit des Barock und weiter zurück noch, aus der Renaissance, der Madrigalzeit, der Zeit der Polyphonie uns etwas zu sagen haben; nicht anders als diese bei den gleichzeitigen Meisterwerken aus Malerei und Bildhauerei oder bei der Architektur und teilweise beim Schrifttum der Fall ist.

Am besten ist es vielleicht, die Merkmale der Musik in jeder Zeit europäischer Kulturentwicklung festzustellen. Unter einem Kammerchor versteht man ein relativ kleines Vokalensemble, das nahezu stets aus »gemischten« Stimmen, das heißt Frauen- und Männerstimmen, besteht. Selten übersteigt es sechzehn bis zwanzig Mitwirkende, unter denen alle Stimmgattungen vertreten sind. Anders als beim üblichen »großen« Chor werden an jeden Sänger eines solchen Kammerensembles hohe und höchste Ansprüche gestellt, gerade wie im Kammerorchester. Doch kenne ich – und das ist vielleicht der zweite Punkt unter den erfreulichen Gründen dieser Entwicklung – Kammerchöre, die es durch fleißige Arbeit so weit gebracht haben, auch Amateuren zu hervorragenden Leistungen zu verhelfen. Der Kammerchor muß (und hier unterscheidet er sich allerdings von den weitaus meisten Kammerorchestern) keineswegs ein Ensemble aus Berufssängern sein. Hier und im großen Chor finden wir die letzten Betätigungsmöglichkeiten des Liebhabers, des Amateurs in unserem heutigen Musikleben. Und das halte ich für äußerst positiv. Nicht um der Berufsmusiker willen ist die Musik vorhanden, sondern ihrer Liebhaber wegen.

Individualist und Chorklang

Selbstverständlich sind die Berufsmusiker seit den letzten zweihundert Jahren unentbehrlich. Je komplizierter die Dinge werden, desto mehr bedarf es des Spezialisten, und je mehr Spezialisten es gibt, desto komplizierter werden die Dinge, das ist in der Musik nicht anders als auf allen anderen Gebieten des Lebens. Im Kammerchor findet der gehobene Amateur ein dankbares Betätigungsfeld. Allerdings muß er dafür eine gut geschulte, anpassungsfähige Stimme haben, weil man in einem kleinen Ensemble natürlich die einzelnen Stimmen zwar nicht heraushört, aber doch wahrnehmen kann. Der Chorklang muß so einheitlich wie möglich gestaltet werden. Stimmen von zu starker Individualität – oder zu großer Stärke – sind hierfür nicht recht geeignet. Die Musikalität muß ebenfalls sehr gut entwickelt sein, denn die aufzuführenden Werke sind oft sehr schwierig; sei es ein Madrigal oder die vielstimmige Polyphonie des Mittelalters, seien es Kompositionen unserer Tage, die in Kammerchorkonzerten gesungen werden. Anderen Prinzipien unterliegt der große Chor. Hier müssen wir verschiedene Gattungen unterscheiden: den Männerchor, den Frauenchor und, aus beiden zusammengestellt, den gemischten Chor. Auch über den Kinderchor sollten ein paar Worte gesagt werden. Das 19. Jahrhundert war besonders dem Männerchor gewogen, oft aus politischen ebenso wie künstlerischen Gründen.

Politik und Kunst

Die liberalen Strömungen, die zu den europäischen Revolutionen der Jahre 1848 und 49 führten, drückten sich manchmal im Lied aus. Auch in den folgenden Jahren waren die Zusammenkünfte der Männerchöre oft Gefühlsventil fortschrittlicher Kreise. Was im Wort nicht gesagt werden durfte, im Gesang konnte man es verkünden, konnte der Freiheit und der Gleichheit der Menschen ein mitreißendes Lied widmen. Aber natürlich nicht nur solche Themen bildeten den Inhalt der Männerchöre; ihre Lieder waren echt romantisch. Große Komponisten schufen ihm wertvolle Melodien, von Schubert bis Brahms und Bruckner. Neben dem künstlerisch Wertvollen stand jedoch auch Niedrigeres: Die »Liedertafeln« arteten oft genug in Schwulst, Rührseligkeit und Verkennung des wahren Volkslieds aus.

Der Frauenchor ist späteren Datums; sein Auftreten hängt eng mit der Emanzipierung der Frau zusammen.

Kunst und gesellschaftliche Entwicklung können nicht aneinander vorbeigehen. Das ist völlig undenkbar. Wie hätte es Frauenchöre geben können, solange das einzige Reich der Frau ihr Heim war? Nur im Theater war es anders, da sangen Frauen bereits seit Jahrhunderten – Solistinnen und Chorsängerinnen. Aber das Theater stand ja »außerhalb« der Gesellschaft! Wenn man bedenkt, was es damals für ein Mädchen bedeutete, zum Theater zu gehen: ein Ausscheiden aus der bürgerlichen Gesellschaft! Nur Ruhm und Ehren konnten das wettmachen, aber nicht sehr viele gelangten so weit. Es wäre einer Frau im Biedermeier schwergefallen, die Proben eines Chores zu besuchen. Erst nach der Mitte des Jahrhunderts zeigen sich Möglichkeiten dazu. Brahms leitet einen Frauenchor – in Hamburg – und komponiert sogar schöne Werke für ihn. In Wien tritt er an die Spitze eines gemischten Chors, der in erster Linie als Ergänzung eines sinfonischen Orchesters zur Aufführung von Oratorien ins Leben gerufen wurde. Doch das gehört zu unserem nächsten Kapitel, in die gemischt vokal-instrumentale Musik.

Es gibt eine bedeutende A-cappella-Literatur für gemischte Chöre, von denen es heute außerordentlich leistungsfähige in vielen Teilen der Welt gibt. Chöre von mehreren hundert Mitgliedern sind nicht selten: im deutschen Sprachgebiet, im sangesfreudigen England, in Katalonien, in den USA, wo die Gesamtzahl der Chöre wie auch die der Orchester in die Tausende geht! Die Zusammensetzung der Chöre ist, wie die der Orchester, überall gleich; das ist selbstverständlich, denn sie wird durch die aufzuführenden Werke bestimmt. Alle menschlichen Stimmlagen sind hier vertreten: die hohe und die tiefe Frauenstimme sowie die hohe und die tiefe Männerstimme. Der »klassische« Chor ist vierstimmig: Sopran, Alt, Tenor und Baß heißen seine Gruppen.

Bei komplizierteren Werken gibt es differenziertere Teilungen, etwa erste und zweite Soprane oder erste und zweite Tenöre und Bässe. In älteren Kompositionen kommen weder Mezzosoprane noch Baritone in eigenen Gruppen vor. Selbstverständlich bleiben auch sie nicht vom Chor ausgeschlossen. Bei den Mezzosopranistinnen muß darauf geachtet werden, ob ihr »hohes Register« besser ist oder das tiefe; dementsprechend werden sie unter Soprane und Altistinnen aufgeteilt, was allerdings nicht immer reibungslos vor sich geht. Genau so geschieht es mit den Baritonen, die man meist den Bassisten zuordnet, was in tiefen Lagen manchmal zu Schwierigkeiten führen kann. Aber die Vierstimmigkeit ist ein altes musikalisches Prinzip, dem sich die Stimmen anpassen müssen. Viel liegt hier an der Geschicklichkeit des Chorleiters, die bestmögliche Einteilung vorzunehmen.

Der Kinderchor

Der Chor der »weißen« Stimmen, so wird er manchmal – vor allem in lateinischen Ländern – genannt. Weiß, wohl im Sinne der »Unschuld«, ist die Kinderstimme vor der Pubertät, eine Stimme ohne sinnlichen Klang. Die katholische Kirche verwendet sie darum seit frühen Zeiten und ersetzt mit ihr die Frauenstimme. Sie bildet sozusagen gemischte Chöre aus Männer- und Knabenstimmen. Heute noch sind viele der bekanntesten Kinderchöre aus Knabenstimmen gebildet. Sie treten dann mit Männerstimmen im Kirchengesang zu geistlicher Musik zusammen auf, wo die Tradition des Ortes die Mitwirkung von Frauenstimmen nicht zuläßt. So unter anderem in Wiens berühmter Burgkapelle, in der die Sängerknaben den Mittelpunkt der Kirchenmusik bilden. Ebenso war es ursprünglich bei den Regensburger Domspatzen, beim Dresdner Kreuzchor, den Leipziger Thomanern – den Nachfolgern jener Knaben, mit denen schon Bach sang – aber auch bei den Chören des englischen King's College, bei manchem namhaften holländischen Kinderchor, also bei den verschiedensten Glaubensbekenntnissen.
Der Kinderchor ist nur nach hohen und tiefen Stimmen geglie-

dert, wobei alle Stimmen, ohne Ausnahme, im Bereich der Frauenstimme liegen, wenn auch mit etwas geringerem Umfang. Alle Kinderstimmen sind einander gleich, Unterschiede nach Geschlecht gibt es nicht. Diese bilden sich erst gegen Ende der Kindheit langsam heraus. Der Stimmbruch macht der Kinderstimme des Knaben ein mehr oder weniger jähes Ende und damit seiner Betätigung im Kinderchor. Später werden wir noch ausführlicher davon sprechen. Das Mädchen macht keinen Stimmbruch, keinen Stimmwechsel durch, und das ist wesentlich. Seine Stimme geht nahezu unmerklich von der Kinder- zur Frauenstimme über. Der Klang eines guten Kinderchors besitzt einen ganz eigenen Reiz, und die angeborene Musikalität des Kindes läßt diese Gruppen in den Händen guter Musiker und Pädagogen oft zu den erstaunlichsten Ergebnissen kommen. Doch gehen wir nun zur dritten Gruppe unserer Einteilung über, zu dem Zusammenwirken von Stimmen und Instrumenten.

Das Glück der Lieder

Applaus zur Unzeit?

Man sitzt in einem kleinen, intimen Saal. Hundert Menschen, vielleicht zweihundert. Oben auf dem Podium ein Sänger und ein Pianist. Aus ihrem Musizieren entsteht ein wundervolles Kunstwerk. Es dauert nur Minuten lang, zwei, drei, selten vier. Als könne sich der Zauber nicht lange halten, wie eine bunte Seifenblase vielleicht, wie eine Fata Morgana. Behutsam soll er sich lösen, soll entschweben, vielleicht in ein paar duftigen Akkorden, wenn das Klavier das letzte Wort hat, vielleicht in einem lange verklingenden Schlußton der Stimme. Nein, nicht wie in der Oper, mit höchster Kraft über die Rampe hinaus geschmettert, applausheischend, Begeisterung zündend. Manchmal dürfte es überhaupt keinen Applaus geben nach einem Liede. Was soll das Händeklatschen nach dem Entschweben der Seele in Brahms' »Feldeinsamkeit«, was nach Schuberts erschütterndem »Du fändest Ruhe dort ...« im »Lindenbaum«, oder nach seinem »Dort wo du nicht bist, dort ist das Glück« (das er wohl sich selbst sang), was nach der zauberhaften »Morgen«-Stimmung Richard Strauss'? Muß der erschütterte Zuhörer sich gleichsam in die Welt zurückreißen, wenn er nach dem Tod des Kindes im »Erlkönig« die Hände rührt, will er den Zauber abstreifen, wenn »Orplid, mein Land«, in den Tönen Hugo Wolfs verklingt, wenn Schumann und Heine ihre »Dichterliebe« zu Ende gesungen haben? Hat nicht gerade Schumann an den Schluß vieler seiner Lieder ein langes verschwebendes Nachspiel des Klaviers gesetzt. Sogar in den »Beiden Grenadieren«, nach den trotzig herausgeschrienen Worten des alten Soldaten über dem stolzen Hintergrund der Marseillaise, klingt die Musik nicht triumphierend aus, sondern gedankenschwer, gefühlsbetont.

Sie meinen, daß es solche Schlüsse bei allen Musikwerken geben kann, nicht nur beim Lied, und daß der Applaus oftmals den Zauber zu zerreißen droht, der sich über den Hörer gelegt hat? Das rührt an tiefste Probleme. Denn der Applaus rückt das Kunstwerk, das eben noch in unserem Fühlen, unserem Leben drin war, wieder in die Distanz, die zwischen Schein und Sein besteht. Gewiß, es gibt auch Gegenbeispiele, in denen unsere innere Freude so übermächtig wird, daß wir nicht an uns halten können, daß wir sie laut hinausrufen, bezeugen möchten. Wahre Liedkunst kann jedenfalls – und das zu zeigen war die Absicht – zum reinsten Glück werden, das Kunst gewähren kann. Hier wie nirgends sind zwei Schwesterkünste, Musik und Poesie, aufs innigste miteinander verflochten, eins geworden.

Poesie und Musik

Dafür, wie ein Gedicht zum Lied vertont wird, gibt es keine Regeln. Ein Musiker liest Verse und fühlt sich plötzlich von einem Gedicht angesprochen. Ob sein Verfasser noch lebt, ob er längst tot ist und über lange Zeiten hinweg noch seltsam eindringlich oder packend zur Nachwelt zu sprechen vermag, ist gleichgültig. Es mag ein großer Name unter den Gedichten stehen: Heine, Eichendorff, Mörike, Goethe. Es kann aber auch ein gewisser Müller gewesen sein, ein dem Musiker völlig unbekannter Wilhelm Müller. Aber die Worte fallen auf den Grund seines Herzens und entzünden dort eine Flamme. »Ich träumte von bunten Blumen ...«, »Fremd bin ich eingezogen, fremd zieh' ich wieder aus ...« oder »Krähe, wunderliches Tier, willst mich nicht verlassen? Meinst wohl, bald als Beute hier, meinen Leib zu fassen? Nun, es wird nicht weit mehr geh'n an dem Wanderstabe ...«

Es gibt seltsame Gedankenverbindungen, Gefühlsverkettungen zwischen Menschen, die einander nie gesehen, nie gekannt haben. Schubert, der Welt vielleicht unfaßbarstem Genie, hat sich beim Klang unbekannter Verse die geheimnisvolle Schleuse seiner unerschöpflichen Inspirationen geöffnet.

Ist nun immer das Wort zuerst da? Setzt der Komponist immer Verse in Musik, nie der Dichter Worte zu einer Melodie?
Nur die »leichte« Musik, Operette, Musical, Schlager kennt den umgekehrten Vorgang: das »Textieren« vorher komponierter Melodien. Im Lied entzündet der Vers die Inspiration des Musikers. Hie und da, selten allerdings, gibt es eine direkte Zusammenarbeit zwischen Dichter und Komponist. Bei der Oper wird dazu einiges zu sagen sein, beim Lied bildet es eine Ausnahme. Selten auch stammt beides, Musik und Gedicht, vom gleichen Schöpfer. Ein hübsches Paradox: Der Mann, der die Dramen zu seiner Komposition durchwegs selbst schrieb, Richard Wagner, gerade er vertonte – als einzige Lieder seines Lebens – fünf fremde Texte. »Fremd« ist in diesem Fall übrigens ein irreführendes Wort: Die Gedichte schrieb Mathilde Wesendonk, Wagners Muse, geliebte Freundin und Gastgeberin. Ein ganz seltener Fall gegenseitigen seelischen Durchdringens, das ein liebendes Herz Geste und Traum des anderen annehmen läßt: Mathildes Worte klingen wagnerischer als Wagner sie je hätte formen können. Einige Komponisten haben sich die Verse ihrer Lieder selbst geschrieben: Mahler gelegentlich, am liebsten im innigen Volkston: »Die zwei blauen Augen von meinem Schatz, die haben mich in die weite Welt geschickt . . .«, oder Mozart, wenn er übermütig war: »Buona nox, bist ein rechter Ochs . . .« und in anderen Scherzliedern.

Die romantische Stimmung

Das Lied ist kein deutsches Monopol, wenngleich eine gewisse Vorherrschaft deutschsprachiger Komponisten während des 19. Jahrhunderts, des romantischen Zeitalters, auf diesem Gebiet unverkennbar ist. Debussy und Ravel, aber auch Fauré, Duparc, Reynaldo Hahn haben prachtvolle französische Lieder geschaffen, nachdem ihnen dort Berlioz – mit heute kaum bekannten Schöpfungen – vorangegangen war. Wie schön sind viele Lieder der Slawen, Dvořáks etwa, oder Mussorgskis Zyklen »Lieder und Tänze des Todes«, »Ohne Sonne«, und die Kinderlieder, Melodien Tschaikowskys, prächtigen Kompositionen Gretschaninows!

Innig ist Griegs nordische Liedwelt; neben dem berühmt gewordenen »Ich liebe dich«, dem ergreifenden Lied Solvejgs aus »Peer Gynt« stehen vor allem »Ein Schwan« und andere, seltener gesungene. Spaniens Meister Manuel de Falla schuf nicht viele, aber äußerst ausdrucksvolle Lieder.
Italien hatte lange Zeit für das Lied nicht viel übrig. Erst ein Impressionist unseres Jahrhunderts, Respighi, drang in seinen wahren Geist ein. Er verlieh manchem großartigen d'Annunzio-Vers ergreifenden musikalischen Ausdruck. Im allgemeinen müssen wir wohl sagen, daß das Lied eine typisch romantische Kunstgattung ist und daß nur dort, wo es eine wirkliche Romantik gegeben hat, Liedkunst entstehen konnte. Damit soll nicht gesagt sein, die Italiener seien unromantisch; Donizetti, Bellini, Verdi – um nur diese drei zu nennen – waren sicherlich Romantiker und Puccini einer der romantischsten Opernkomponisten überhaupt (trotz seiner »realistischen« Textbücher), aber die Romantik der Mittelmeerkultur ist anders geartet als die Mittel- und Nordeuropas. Man muß Romantiker sein, um Lieder komponieren zu können, aber man muß nicht Lieder komponieren können, wenn man ein Romantiker ist; dazu bedarf es wohl noch anderer Faktoren, vielleicht eines Sinns für Kleinmalerei, der Sensibilität für Stimmungsnuancen, des Hanges zur Weltentrücktheit.

Die Moderne und das Lied

Wir leben in einer unleugbar großartigen Zeit, die Tag für Tag Neues gebiert, die Welt umgestaltet, Ungeahntes greifbar macht; das aber bedeutet, während sich die äußere Welt in rasender Geschwindigkeit entwickelt, eine Gefahr für die andere, die innere Welt. Bei Betrachtung der Musik unserer Zeit werden wir darauf zurückkommen, denn diese Spaltung könnte manches erklären, was uns sonst unverständlich bleibt.
Ob die Pflege der Liedkunst zurückgeht, ist schwer zu beantworten. Relativ bleibt sie zwar hinter der Entwicklung der Sinfonik oder des Pianistentums im modernen Musikleben zurück; aber ihre Anhängerschaft wächst, bedeutende Liedinterpreten er-

stehen immer aufs neue und die Zahl der Menschen, die ihnen unmittelbar im Konzert oder ihren Platten lauschen, übersteigt die kühnsten Träume jener, die in romantischen Zeiten solche Kostbarkeiten schufen. Eine andere Frage wäre allerdings, ob moderne, große Konzertsäle und Hörerkreise von tausend und sogar mehreren tausend Menschen diesem Genre nicht zuwiderlaufen. Doch das ist ein Zug der Zeit, mit dem zu rechten höchstens theoretischen Wert besitzt. Die einzige gültige Frage wäre: nimmt mit den wachsenden Sälen die innere Anteilnahme des Hörers und seine Konzentrationsfähigkeit ab? Das führt uns zu einem weiteren, größeren Problem: ist die innere Spannung des Hörers im heutigen »Musikbetrieb« jener früherer Zeiten vergleichbar? In der Vergangenheit verhalf die Intimität des musikalischen Ereignisses und die größere innere Ruhe der Hörer zu größerer Aufnahmefähigkeit. Heute gelangt der überwiegende Teil der Musik durch Lautsprecher zu uns; Rundfunk, Schallplatte, Fernsehen vermitteln ihn. Und es ist selbstverständlich, daß die Störungsfaktoren bei dieser Art des Musikhörens größer sind als bei der früheren. Zudem ist anzunehmen, daß Hast und Unrast des heutigen Lebens im allgemeinen gegen die Konzentrationsfähigkeit des Menschen konspirieren und ihn darum Musik nicht mehr mit der gleichen Spannung oder gar Andacht erleben lassen, wie dies noch bei unseren Großeltern der Fall war.

Wer in ein Konzert geht oder einer Oper beiwohnt, tut dies mit der Absicht, Musik zu erleben und stellt sich – bewußt oder unbewußt – seelisch darauf ein. Die modernen Massenmedien erlauben eine solche Einstellung selten: Sie überfallen den Menschen gleichsam, völlig unvorbereitet in einem hohen Prozentsatz der Fälle. Trotzdem möchte ich nicht von einer Abnahme der echten Musikliebe in unserer Zeit sprechen. Eher vom Gegenteil. Das Musikleben unserer Tage hat eine früher nie geahnte Intensität erreicht. Zählen wir zu ihm noch die nur durch Hochrechnungen erfaßbaren Mengen von Schallplattenliebhabern und ernsten Rundfunkhörern hinzu, so kommen wir zu einer imposanten Masse. Für sie bedeutet Musik heute vielleicht etwas anderes als sie den Menschen anderer Zeiten bedeutete, aber der Wunsch nach ihr ist gewiß nicht schwächer geworden.

In den großen Sälen mag die eine oder andere Nuance verloren gehen, die innere Unruhe des Hörers mag ihn vielleicht an einer völligen Verzauberung hindern – der unsere Zeit ohnedies abgeneigt scheint – aber in guter Musik liegen noch genug andere Werte, um auch dem »modernsten« Menschen etwas bieten zu können. Ob Musik nicht in ihren höchsten Äußerungen stets eine Sache der Minderheiten bleiben wird? Das war wohl immer so. Während Haydn im Schloß Esterházy seine Musik einigen Dutzenden von Liebhabern und noch viel wenigeren Sachverständigen vorführte, arbeiteten Hunderte von Bauern auf den umliegenden Feldern und ahnten nichts davon. Ja, sie hätten auch nichts davon »verstanden«, wären sie überraschend eingeladen worden. Musik war stets, seit es Kunstmusik gibt, ein Genuß für Minderheiten, für eine Elite höherer Empfindsamkeit. Nur Volksmusik kann – theoretisch zumindest – alle ergreifen. Glücklich also die Zeiten, in denen diese beiden Zweige des gleichen Baumes noch eng beieinander wachsen und blühen . . .

Andere Vokalformen

Die Berührungspunkte zwischen Volks- und Kunstmusik sind auf dem Gebiet der Vokalformen begreiflicherweise enger als in der Instrumentalmusik (wo solche Kontakte am ehesten bei Stücken mit Tanzcharakter zu finden sind). Es gibt Kunstlieder – Schuberts »Der Lindenbaum« und andere aus seiner Feder, Mozarts (allerdings in der Autorschaft nicht feststehendes) »Wiegenlied«, das reizende »Guten Abend, gut' Nacht« von Brahms, Regers »Mariä Wiegenlied«, Melodien Dvořáks – die dem Volkslied noch eng verwandt sind. Bei komplizierteren Vokalkompositionen nimmt dieser Zusammenhang natürlich ab. Der eben erwähnte Dvořák hat, so wie mancher Klassiker und Romantiker, gerne Gesangsduette geschrieben (und darin übrigens nicht selten den echten Volkston getroffen). Er dachte dabei wohl eher an häusliches Musizieren als an den öffentlichen Konzertsaal. Zum Duett gehört fast immer eine »Begleitung«, ein Pianist also. Schade, daß die Zahl solcher fähiger Begleiter immer stärker

zurückgeht. Vielleicht schrecken die Höchstleistungen, die durch die Massenmedien verbreitet werden, manchen davon ab, seine eigenen Fähigkeiten in bescheidenerem Rahmen zu entwickeln. Das ist schade, denn Selbsttun – auch ohne Anspruch auf Vollendung – ist immer besser als bloßes Zuhören.
Von anderen Vokalformen wäre nach Lied und Duett besonders das Quartett zu nennen. Es gibt nicht viele »konzertfähige« Werke dieser Art; erwähnen wir als Meisterstück die »Liebeslieder-Walzer« von Brahms, bei denen ein gemischtes Vokalquartett (Sopran, Alt, Tenor, Baß) von vierhändigem Klavierspiel begleitet wird. Von hier aus kommen wir zwanglos zu den Chorformen, die mannigfaltigster Art sein können. In früheren Jahrhunderten blühten Madrigal und Motette, teils »a cappella«, teils mit zarter Instrumentalbegleitung. Die Romantik liebte es, Chorstücke mit instrumentaler Begleitung, zumindest mit Klavier zu versehen, um den Klang zu bereichern. Chöre gibt es – ja sogar in wichtigster, stützender Funktion – im Oratorium, der Schwester der Oper, die auf äußeren Prunk verzichtete, um die rein musikalischen, aber auch die ethisch-moralischen Werte besonders auszubilden. Natürlich kann bei dieser vielfältigen Verwendung von Chören nicht mehr von »Formen« gesprochen werden: der Inhalt, der Text bestimmen die Form weitgehend, die von der einfachen Strophe bis zum großen »durchkomponierten« dramatischen Abschnitt gehen kann.

Die Oper

Tönendes Museum?

Ein »klassisches« Theater, in Rot und Gold gehalten, Hufeisenform, Bühne an der schmalsten Stelle, Logen.
Der letzte Krieg hat viele europäische Theater zerstört. Ihr Wiederaufbau stellte alle Beteiligten vor schwere Fragen. Die Architekten wollten »modern« bauen, die Stadtväter hielten oftmals am Überkommenen fest, fürchteten allzu krasse Neuerungen. Die Öffentlichkeit erhitzte sich wie selten um städtebauliche Probleme. Es zeigte sich, daß große Teile der Bevölkerung einfach »ihr« Theater wiederhaben wollten, in dem sie sich Jahre oder Jahrzehnte lang wohl gefühlt und in dem sie unvergeßliche Eindrücke empfangen hatten. Prinzipielle Erwägungen traten in den Hintergrund, obwohl sie wichtig waren. Hatte das »festliche« Theater, das den Zuhörer mit warmen, aus Palästen stammenden Farben wie Rot und Gold empfing und ihn in eine Atmosphäre der Entrückung aus dem Alltag hob, im letzten Drittel des 20. Jahrhunderts noch eine Daseinsberechtigung? War die Anlage von Logen, die dem Abschließungsbedürfnis aristokratischer Familien entsprangen, zu rechtfertigen? Durfte die starke Abstufung von den besten zu den schlechtesten Plätzen aufrechterhalten bleiben?
Soziale Fragen tauchten auf, da Bauen stets eine soziale Tätigkeit ist. Das Theater bildet keine Ausnahme, im Gegenteil, es kann zum Testfall werden. Wo sich diese Ansicht durchrang, entstanden »moderne« Theater: die Opernhäuser von Köln, Hamburg, Kassel, Westberlin, Düsseldorf, um nur einige Beispiele zu nennen. Andere Farben anstelle der früher üblichen: braun, blau, grün, grau. Unbekleidete Holz- oder sogar Betonwände (St. Gallen, Schweiz) hie und da. Nichts, was den Zuhörer einlädt, sich

in seinen Sitz zu vergraben und seine Phantasie dem Träumen hinzugeben. Man denkt an Brechts Grundsatz, daß der Zuhörer nicht zum Genuß, sondern zum Mitdenken, Mitarbeiten ins Theater komme. Anstelle des schmalen Hufeisens vorzugsweise die Breitform. Ansteigende Sitzreihen, die von überall her einwandfreie Sicht gewährleisten. Auflösung der Ränge und Balkone in oft unsymmetrische Formen, möglichst nahe der Bühne. Keine Logen mehr. Elegante, aber nicht luxuriöse Ausgestaltung der übrigen Theaterräume wie Treppenaufgänge, Foyer, Wandelgänge, Buffet.

Die Frage hat tiefere Bedeutung, als man allgemein glaubt. Wir sitzen nicht nur hier wie Generationen vor uns hier saßen, im gleichen Rot-Gold, unter den gleichen Verzierungen, unter den Symbolen längst dahingegangener politischer Epochen, wir hören auch die gleiche Musik! Der Großteil des heutigen Opernrepertoires – wie des Konzertspielplans – ist aus Werken der Vergangenheit gebildet. Ein guter Teil 18. Jahrhundert – Mozart, Gluck, eventuell Händel und Haydn, die überwiegende Menge 19. Jahrhundert. Einige Werke aus dem Beginn des unseren: Puccini, Richard Strauss, vielleicht Pfitzner, Debussy und Ravel. Strawinskys frühe Epoche. Vielleicht Bartók. Bergs »Wozzek«, eventuell »Lulu«. Zeitgenössisches aber sehr wenig. Ein tönendes Museum, wie jemand das Opernhaus unserer Tage genannt hat.

Noch nie hat eine Epoche Vergangenes so liebevoll gepflegt, noch nie hat sie Gegenwärtiges nur unter so großen Schwierigkeiten zum Klingen gebracht oder gar erhalten können. Dabei sind die technischen Möglichkeiten unserer Opernbetriebe ins Ungeahnte gestiegen.

Die Beleuchtungsanlage für die Bühne steht zu den »alten« Opernhäusern in krassem Gegensatz: Völlig zeitgemäß, sieht sie dem Cockpit einer Düsenmaschine ähnlich. Die Tempi des Dirigenten werden auf Sänger und Chöre hinter der Bühne längst nicht mehr durch »Bühnenkapellmeister« übertragen, die »strategisch« plaziert sind und die Bewegungen möglichst getreu weitergeben. Heute besorgt das ein Fernsehapparat. Genau so verfolgt der Intendant den Ablauf einer Vorstellung von seinem Büro aus. Der Regisseur eilt nicht mehr aufgeregt hin und her, sondern gestaltet mit einem Mikrophon in der Hand alles nach seinem Wunsch. Er ist ein wichtiger Mann geworden, er hat heute den ihm an Bedeutung vorausgeeilten Dirigenten eingeholt.

Der Dirigent braucht den Regisseur

Seit Opernregie zu einem der beiden Grundpfeiler der Gestaltung eines Werks wurde, ist ein enges Einvernehmen zwischen Regisseur und Dirigent unerläßlich. Nicht aus äußeren Gründen (daß der Regisseur etwa eine Person, deren Gesang der Dirigent recht deutlich und »vordergründig« hören lassen will, nicht auf die Hinterbühne plazieren soll, daß die klangliche Wucht des Chors durch dessen Aufteilung leiden kann usw.), sondern aus viel tiefer gelegenen Ursachen: Regisseur und Dirigent müssen sich über das Gesamtkonzept, über den »Stil« der Aufführung völlig einig sein.
Man kann z. B. Mozarts »Don Giovanni« als düsteres, fatalistisches Drama spielen, aus der Perspektive des unentrinnbaren Schicksals, das Don Juan seine fieberhafte, im tiefsten selbstquälerische Suche nach »Erlösung« in der Liebe aufzwingt; aber man kann auch – keineswegs unbegründet – die »opera giocosa« spielen, die Mozart schon seinem Untertitel nach für gegeben erachtete, das spielerische Element in den Vordergrund rücken, Rokokotheater mit Einschluß des irrealen, übersinnlichen Elements machen. Aber Regisseur und Dirigent müssen sich über eine dieser Möglichkeiten geeinigt haben; keineswegs darf einer von ihnen den ersten Weg beschreiten, der andere den zweiten. Wäre es nicht besser, beide Funktionen in einer Hand zu vereinen? Diese Möglichkeit ist nicht zu leugnen, aber sie führt nur unter besonders glücklichen Umständen und in der Hand einer wahrhaft überragenden Persönlichkeit zum Ziel.
Wir zerbrechen uns heute den Kopf über alle diese Dinge. Die Fachpresse ist voll von Erörterungen, Polemiken, Rundfragen über die Oper. Gewiß, auch das entspricht wieder unserer heutigen Sucht nach theoretischen Erkenntnissen. Immer mehr wollen

wir die Erkenntnisse des Lebens nicht aus der Erfahrung beziehen, sondern aus dem Laboratorium. Frühere Epochen waren von diesen Zweifeln nicht befallen. Opernspiel war kein Problem. Rossini, befragt, was dazu nötig sei, antwortete: »Stimme, Stimme und noch einmal Stimme«. Heute haben wir eine Wissenschaft daraus gemacht ...

Die »Provinz« ist tot

Die Anzahl der guten, ausgebildeten Stimmen ist im Gegensatz zu früheren Zeiten wesentlich angestiegen. Zwar trauern manche Sachverständige den Qualitäten des alten Bel-canto-Stils nach, doch werden dramatische Mezzosopranistinnen, wie sie z. B. zu Zeiten Bellinis und Rossinis gebraucht wurden, heute nur noch in Ausnahmefällen benötigt. Sie sind so selten, weil das Betätigungsfeld für sie kleiner geworden ist; oder verschwanden jene Opern, weil niemand sie mehr singen konnte?
Heute verlangen wir vom Sänger mehr als je von ihm verlangt wurde: Er muß nicht nur singen können, sondern ein guter, ja interessanter Schauspieler sein, gut aussehen und alle wichtigen Opernsprachen beherrschen (italienisch, deutsch, französisch). Im vergangenen Jahrhundert gab es ein oder zwei Dutzend sehr guter Opernhäuser, der Rest war »Provinz«. Heute ist die Provinz verschwunden; Schallplatte, Rundfunk und auch Fernsehen haben ihr den Gnadenstoß versetzt. Man muß an kleinen Theatern – und deren gibt es Hunderte – Gutes bieten, wenn man überleben will und eine Existenzberechtigung besitzen soll. Damit dürfte meine Behauptung, es gebe wohl mehr als je gute Sänger, bewiesen sein. Ob es auch mehr »Spitzensänger« gibt wie in den Glanzzeiten der vorherigen Generation, wage ich nicht zu beantworten. Aber sogar die hat ja bereits vorgehalten bekommen, daß sie die ihr vorausgegangene Epoche nicht habe erreichen können. Vergleichsmöglichkeiten wird es erst von unserer Zeit an geben durch Schallplatte und Tonband. Allerdings nur bis zu einem gewissen Grad, da die persönliche Ausstrahlung eines Sängers in der Tonkonserve fehlt.

Zum anderen muß man die »Nachhilfemöglichkeiten« bedenken, die manchmal bei Tonaufnahmen angewendet werden, da man die Aufnahme so gut wie möglich machen will. Wenn etwa in einer Arie eine Stelle nicht recht gelingt, so macht derselbe Sänger mehrere Aufzeichnungen, von denen man dann die beste Fassung verwendet. Dies gilt auch für andere Schallplattenaufnahmen.
Aber eine Gefahr taucht jedoch dabei auf: Es entsteht eine fiktive Leistung, die in Wirklichkeit nicht zu erzielen ist. Tritt dann ein Musiker, der solche Platten im Handel hat, vor das Publikum in Oper oder Konzert, so ist die »Traumleistung« der Platte nicht immer erreichbar – und das Publikum enttäuscht.
Dieser Gedankengang würde, zu Ende gedacht, dahin führen, etwa die Fernsehoper als das höchsterreichbare Ideal anzunehmen. Da kommt der auf Platte und Band fehlende optische Persönlichkeitsausdruck hinzu und es gibt die Möglichkeiten der Retouche.
Es kommen auch noch andere Möglichkeiten hinzu: die im Theater selbst bei glänzendster Regie nicht erzielbare Beweglichkeit der Schauplätze, die Vollendung der Illusion dadurch, daß das Orchester und der Dirigent unsichtbar sind (was sonst nur im Bayreuther Festspielhaus der Fall ist und merkwürdigerweise von keinem anderen Theater der Welt übernommen wurde). Dennoch glaube ich nicht an den Untergang des Theaters und der Oper durch die modernen Massenmedien. Der Zuschauer oder -hörer wird immer wieder den persönlichen Kontakt mit dem bewunderten Schauspieler oder Sänger oder Dirigenten suchen.

Das Ensemble

Jedes Opernhaus besitzt ein Orchester vom Typus des Sinfonieorchesters, von dem bereits gesprochen wurde. Seine Größe richtet sich nach Größe und Bedeutung des Theaters. Kleineren Theatern wird es – mit »hauseigenen« Musikern – nicht möglich sein, etwa »Tristan und Isolde« aufzuführen oder Debussys »Pelleas und Melisande« oder die Werke von Richard Strauss.

Jedes Opernhaus hat natürlich auch einen eigenen Chor, dessen Größe ebenfalls recht verschieden sein kann. Um etwa »Die Meistersinger von Nürnberg« oder »Aida« möglichst eindrucksvoll aufführen zu können, wird ein »Extrachor« herangezogen, der aus Sangesfreudigen der Stadt besteht und gerne mittut, um die mittelalterliche Festwiese oder die triumphal einziehenden ägyptischen Heere beziehungsweise deren äthiopische Gefangene optisch und akustisch auszugestalten. Nicht wenige Chöre aus Opern sind außerordentlich populär geworden. Denken wir nur an den Chor der Jäger und Brautjungfern aus Webers »Freischütz«, an den Matrosenchor und das Spinnliedchen aus Wagners »Fliegendem Holländer«, an den Pilgerchor aus »Tannhäuser«, den Brautchor aus »Lohengrin«, Verdis »Va pensiero« (Steig, Gedanke), den Chor der Gefangenen aus »Nabucco«, den jedes italienische Kind besser auswendig kann als die Nationalhymne – die Liste ließe sich beliebig verlängern.

Das Ballett

Jedes Musiktheater verfügt auch über ein Ballett, auf das gerade in unserer Zeit erneut großer Wert gelegt wird. Während der Opernchor nur höchst selten zu selbständigem, konzertantem Musizieren kommt, versteht es sich heute von selbst, daß dem Ballett nicht nur Aufgaben innerhalb der Opern zugewiesen werden (in den Opern des 19. Jahrhunderts, vor allem den französischen, war dies eine Selbstverständlichkeit), sondern auch eigene Ballettabende. Die Ballettliteratur ist sehr reichhaltig und im übrigen verwandeln phantasievolle Choreographen zahllose Musikstücke in konkrete oder abstrakte Balletthandlungen. »Konkret« und »abstrakt« bedeuten hier das gleiche wie in der Malerei. In der Malerei nennt man auch »figurativ«, was wir »konkret« genannt haben: etwas Konkretes oder Figürliches darstellend. Abstrakt aber ist ein Spiel aus Licht, Farbe, Bewegung, Linien, grob gesagt etwas, das »nichts« darstellt oder darstellen soll. Die Parallele in der Musik sind dazu die »absolute« und »schildernde« oder »Programmusik«. Ein konkretes Ballett ist

z. B. Tschaikowskys berühmter »Schwanensee«, dessen Inhalt genau, der Musik parallel, vorgezeichnet ist, oder sein »Nußknacker« oder Délibes' »Coppelia«. Abstrakt hingegen müßte ein Ballett sein, das ein Choreograph auf die Musik einer Suite von Bach erfindet.

Die großen Opernhäuser der Welt – unter denen heute qualitativ die Mailänder Scala, die New Yorker Metropolitan Opera (»Met«), das Teatro Colon von Buenos Aires, die Opern von Hamburg, München, Berlin, Londons »Covent Garden«, die Wiener Staatsoper sowie mehrere Bühnen der Oststaaten führend sein dürften – besitzen Orchester, Chöre und Ballette von durchschnittlich je hundert Mitgliedern, ohne ihre Schulen dazuzuzählen, denn manches Theater bildet seinen Nachwuchs selbst aus, vor allem auf dem Gebiet des Balletts (Eleven). Manchmal auch auf dem der Gesangssolisten.

Vom Sopran zum Alt

In der Oper ist es mit der einfachen Bezeichnung »Sopran« oder »Tenor« keineswegs getan. Eine Sängerin, die Wagners Walküre Brünnhilde oder die Isolde interpretieren will, muß ganz anders geartet sein als die Sängerin von Mozarts Zerlina (»Don Giovanni«) oder Despina (»Cosi fan tutte«), obwohl beide Soprane sind. Aber erstere ist eine »dramatische« Sopranistin, im Theaterjargon sogar HOCHDRAMATISCHE genannt, letztere eine SOUBRETTE. Aber es gibt noch weitere Arten von Sopranen: Puccinis Mimi (»Boheme«) und die Marie in Smetanas »Verkaufte Braut« sind LYRISCHE SOPRANE. Mozarts Königin der Nacht (»Die Zauberflöte«) sowie Verdis Gilda (»Rigoletto«) gehören zum »Fach« der KOLORATURSOPRANISTINNEN, was bedeutet, daß ihre Stimmen vor allem sehr beweglich zu sein haben, schnelle Läufe, Triller und andere stimmliche Kunststücke beherrschen müssen.

Von der dramatischen Sopranistin verlangen wir Durchschlagskraft, dramatischen Ausdruck, heroischen Stimmcharakter und große Ausdauer, da ihre Rollen zumeist von starkem Orchester begleitet werden, was für die Sänger sehr anstrengend ist. Daß die lyrische Sopranistin eine weiche, liebliche Stimme haben soll, versteht sich schon aus dem Namen und aus den angeführten Rollen, die für sie geschrieben werden. Von der Soubrette erwarten wir munteres Spiel, bewegliche Stimme, Schalkhaftigkeit. Doch damit sind die Arten der Soprane noch lang nicht erschöpft. Mozarts Constanze (»Entführung aus dem Serail«) soll z. B. von einer »dramatischen Koloraturstimme« gesungen werden. Die Italiener kennen für Opern ihres Heimatlandes den Begriff der »Hochdramatischen« nicht – er ist für sie »typisch deutsch« – wohl aber den der Dramatischen oder Halbdramatischen (lirico spinto). Für Rollen wie Aida, Turandot, Tosca, Butterfly, Leonora (»Macht des Schicksals«), Desdemona (»Othello«) verwendet man den dramatischen Sopran, für Manon Lescaut (Puccini), Alice Ford (»Falstaff«) den halbdramatischen. Etwas Wichtiges sei noch festgehalten: diese Abgrenzungen sind selten absolut. Sie ändern sich mit zunehmendem Alter und steigender Erfahrung. Aus der Soubrette (die dem Rollencharakter gemäß unbedingt jugendlich sein sollte), wird eine lyrische Sängerin oder eine Koloratursängerin, aus der lyrischen eine dramatische oder vielleicht sogar eine hochdramatische.

Die mittlere Stimmlage der Frau wird Mezzosopran genannt. Ihr Wirkungskreis in der Oper ist wesentlich kleiner als der der Sopranistinnen, aber nicht unwichtiger. Es gibt ihrer viel weniger; wahrhaft schöne, ausgeglichene Stimmen sind sehr selten. Man kann dabei an die große Zahl der Geiger und die viel kleinere der Bratschisten denken. Wagners Ortrud (»Lohengrin«) ist eine Mezzosopranistin, Puccinis Suzuki (»Madame Butterfly«) und Verdis großartige Eboli (»Don Carlos«) ebenfalls; jedoch nur wenige Haupt- oder Titelrollen wurden ihnen anvertraut: Dalila (Saint-Saens »Samson und Dalila«) und vor allem Bizets Carmen. Oder auch, wenngleich in männlicher Verkleidung, Octavian, Straussens Rosenkavalier. Aus vielen Mezzosopranistinnen werden nach längerer Laufbahn dramatische oder hochdramatische Soprane. Die obere Stimmgrenze der beiden Fächer liegt ja gar nicht weit auseinander, der Unterschied liegt weit eher im »Timbre«.

Die tiefste Stimmlage der Frau ist, wie wir wissen, die der Altistin. In der Spieloper gerne komisch eingesetzt (bei Lortzing, aber auch die Quickly in Verdis »Falstaff«), vertraut ihr Wagner (»Erda« im »Ring des Nibelungen«) der Welt tiefste Geheimnisse und Weisheiten an, ein weites Fach also, das Verwandlungsfähigkeit verlangt.

Vom Tenor zum Baß

Man kennt drei Arten von Tenören: den Heldentenor (bei Wagner vor allem, aber auch bei Verdi – Radames in »Aida«, Othello, Manrico im »Troubadour« – und Puccinis Kalaf in »Turandot«), den lyrischen Tenor, den Spieltenor oder Tenorbuffo. Die Grenzen sind, wie bei den Sopranen, nicht leicht abzustecken. Es ist auch nicht notwendig, wenn man nicht zufällig Intendant oder Opernchef ist. Unter den Baritons gibt es den Heldenbariton und den lyrischen Bariton, aber der Unterschied ist geringer als bei den Tenören. Auch unter den Bässen gibt es »Fächer«, den lyrischen und den Spielbass, aber auch diese Unterscheidung verwischt sich weitgehend.

Sänger auf Reisen

Wie viele Sänger jeder Gattung im festen Engagement einer Bühne stehen, ist kaum festzulegen. Der »Betrieb« ist heute ungeheuer kompliziert geworden. Die namhafteren Sänger gastieren während vieler Wochen oder Monate an anderen Theatern, machen Schallplatten- oder Radio- und Fernsehaufnahmen. Anstelle des festen Ensembles von früher tritt ein elastisches Ensemble, bei dem zwar der Gedanke des Ensembletheaters noch gewahrt ist, das aber den prominenten Kräften genügend Spielraum läßt, um Gastspiele machen zu können. Viel hängt natürlich auch vom Spielplan des Theaters ab. Dieser hat sich in den letzten Jahren bedeutend erweitert. Namhafte Bühnen haben bis zu vierzig und mehr Werke in ihrem ständigen Repertoire.

Das heißt, sie können diese Werke jederzeit ansetzen, ohne eine »Neueinstudierung« vornehmen zu müssen. So richtet sich dann das Auftauchen eines bestimmten, selteneren Werks im Spielplan nur nach der Anwesenheit der Vertreter der Hauptrollen. Der Intendant weiß genau, viele Monate im voraus, an welchem Tag ihm der (sehr selten gewordene) Heldentenor zur Verfügung stehen wird; hoffentlich stimmt er mit dem Tag überein, an dem die dramatische Sopranistin anwesend ist, denn das Publikum wartet sehnsüchtig, einmal wieder »Tristan und Isolde« zu hören – ohne sich eine Vorstellung davon zu machen, wie schwer es heutzutage ist, einen Tristan und eine Isolde am gleichen Abend in ein Theater zu bringen. Wenn möglich, noch zu erschwinglichen Preisen. Der Zuhörer ahnt nicht einmal, daß prominente Vertreter dieser beiden Spitzenrollen, am gleichen Abend auf derselben Bühne, mehr an Honorar fordern als das ausverkaufte Haus zu erhöhten Preisen einbringen kann.

Es geht nur mit Subventionen

Opernspiel ohne Subvention ist von vornherein ausgeschlossen. Unter den berühmten Opernhäusern der Welt ist nur die New Yorker »Met« ein Privattheater; aber auch hier sorgt ein Kreis privater Mäzene dafür, daß der Direktor den Spielplan großzügig gestalten kann, ohne auf ein kleinliches Rechnen mit den Abendeinnahmen festgelegt zu sein. Unverständlich, wie in früheren Zeiten glänzende Operntruppen auf Tourneen gingen – mit Caruso, der Melba, Titta Ruffo, Stars allerhöchsten Ranges – und dabei noch Geld verdienten. Heute ist jedes Ensemblegastspiel in einem anderen Land eine nationale Prestigeangelegenheit, die hoch subventioniert werden muß, um starten zu können. Und das, obwohl seinerzeit viele Reisetage eingerechnet werden mußten, unproduktive Tage also, während heute der schnelle Flugverkehr praktisch eine Vorstellung an jedem Abend garantiert.
Die Honorare sind im allgemeinen wohl höher geworden, unserer wirtschaftlichen Entwicklung entsprechend. Aber die Spit-

zengagen von einst – Caruso bezog während vieler Jahre 5000 Dollar und noch mehr für jedes Auftreten – werden heute höchst selten erreicht. Trotzdem ist Opernspiel in unserer Zeit viel teurer geworden als es früher war. Die Mitglieder von Chor, Orchester und Ballett beziehen, dem entwickelteren sozialen Bewußtsein gemäß, höhere Entlohnungen; vor allem aber stehen sie, wie auch alle anderen Bühnenangehörigen, im Genuß von Pensionsbezügen und Krankenversicherungen, die das Budget eines Theaters außerordentlich belasten. Zudem darf man nicht vergessen, daß der Mitarbeiterstab eines Theaters wesentlich größer ist als auf den ersten Blick sichtbar wird; wieviele musikaliche Hilfskräfte sind notwendig, um bei so stark verbreitertem Repertoire Solisten und Chor stets auf dem Laufenden zu halten, den reibungslosen Ablauf der Vorstellungen zu garantieren usw. Wieviel technisches Personal, seien es Bühnenarbeiter, Elektriker, Maler, Schneider, Modisten, Schuster, Archivare, Dramaturgen, Büroangestellte! Auch Solisten – und seien sie noch so berühmt – sind heute pensionsberechtigt, und diese Budgetpost macht erhebliche Beträge aus. Opernspiel ist teuer. Und da die internationale Konkurrenz gewaltig ist, muß jede Stadt, jeder Staat tief in den Beutel greifen, um seine Oper mit reichen Mitteln auszustatten, so wie es die hochgewordenen Ansprüche des heutigen Publikums unweigerlich verlangen. Dem »Stimme, Stimme und nochmals Stimme« Rossinis hat ein moderner Intendant den Stoßseufzer »Geld, Geld und nochmals Geld« als Grundbedingung für ein gutes Opernspiel gegenübergestellt. Nun, das mag eine respektlose Vereinfachung sein, aber ganz unrichtig ist sie nicht.

Das Risiko mit der Akustik

Ob wir »Modernität« von unserem Opernhaus, unserem Konzertsaal verlangen oder Festlichkeit, ob eine die Sinne wachhaltende Nüchternheit oder eine das Gefühl stimulierende Atmosphäre – eines verlangen wir alle und unbedingt: gute Akustik. Ein für Musik bestimmter Raum soll die Klänge so natürlich und deutlich wie möglich zum Ohr des Hörers gelangen lassen. Merkwürdigerweise ist die Akustik geradezu die Lehre vom Unlehrbaren, obwohl es Lehrstühle dafür an allen Hochschulen gibt. Niemand leugnet zwar, daß die Akustik ihre genauen physikalischen Gesetze hat, die längst erkannt sind. Und doch, wenn heute ein neuer Raum zum ersten Mal ausprobiert wird, sei es ein Hörsaal größeren Ausmaßes, sei es ein Theater oder ein Konzertsaal, so sind die Architekten, die ihn schufen, keineswegs sicher, ihre akustischen Wünsche in ihm erfüllt zu finden, sie rechnen sogar mit unangenehmen Überraschungen.
Glücklicherweise wiederholen sich die tragischen Ereignisse rund um die Wiener Hofoper heutzutage nicht mehr. Damals, im Jahre 1869, ergaben die ersten akustischen Proben im eben fertiggestellten prächtigen Haus schwerwiegende Mängel. Einer der beiden – übrigens berühmten – Architekten stürzte sich verzweifelt vom Dach des Theaters, der andere verfiel in geistige Umnachtung. Doch kurz darauf fand man einen Ausweg, noch bevor die als Weltsensation ausgerufene feierliche Einweihung hätte verschoben werden müssen. Keine großen Umbauten waren notwendig, um der Wiener Oper die dann so tausendfach gelobte Akustik zu verleihen.
Doch noch ein ganz anderes Beispiel: In einer der modernsten Universitäten Lateinamerikas, jener von Caracas (Venezuela), wies die große Aula, ein prächtiger Raum mit annähernd 3000 Sitzplätzen, nach der Fertigstellung eine völlig unzuläng-

liche Akustik auf. Aber einige knapp unter der Decke angebrachte schwebende Versatzstücke in Form abstrakter Verzierungen verbesserten die Akustik wesentlich.
Man hätte sich vielleicht mit dem Mikrophon behelfen können aber das hätte allenfalls den Reden geholfen. Abgesehen davon verzerrt das Mikrophon den Stimmklang, schwächt die Ausdruckskraft des Redners und damit die Aufmerksamkeit des Publikums. Doch Theatervorstellungen und Musikdarbietungen, die in diesem Saal geplant waren, wären in jedem Fall an der unzulänglichen Akustik gescheitert. Ein für Musik bestimmter Raum soll die Klänge so »natürlich« wie möglich zum Ohr des Hörers gelangen lassen. Das schließt von vorneherein jede Anwendung mechanischer, elektrischer, elektronischer Verstärker oder Regulierer aus. Die Klänge dürfen weder in zu starkem Maße – von der Decke, den Wänden, eventuellen Säulen usw. – absorbiert, noch zu sehr als Echo zurückgeworfen werden. Wird der Klang verschluckt und fehlt jeder Nachhall, dann fehlt dem Klang ein Teil seiner Schönheit; das Echo nimmt ihm jedoch die notwendige Klarheit. Ob der Klang »stumpf« wird, verzerrt, verschwommen, ob er hohe oder tiefe Frequenzen hervorhebt – alles das (und noch anderes) bedeutet Mängel der Akustik.
Dem heute mit technischen Musikmitteln vertrauten Menschen erzählt man nichts Neues, wenn man ihn daran erinnert, daß er bei Rundfunk-, Tonband- oder Schallplattengeräten nach Wunsch die hohen Töne oder die tiefen, auch Bässe genannt, verstärken kann. Je nachdem er eines davon tut, verändert er das Klangbild der Musik recht wesentlich. Was der Mensch da mit Hilfe von Knöpfen bewerkstelligt, das vollbringt die Akustik eines Raumes, ohne daß wir genau wissen wie. Es gibt Säle, in denen hohe Töne besser zur Geltung kommen als tiefe, und umgekehrt. Es gibt solche, in denen der Klang »voller« ertönt, also reicher an Obertönen wird und es gibt andere, in denen er »ärmer«, flacher klingt. Vor allem aber gibt es Säle, in denen die Akustik ungleichmäßig ist: »Guten« Zonen stehen – oft direkt daneben liegende – »tote« Zonen gegenüber. Könnten wir die Klangwellen, die während eines Konzerts das Ohr des Hörers treffen, sichtbar machen, wir würden staunen über den

unentwirrbaren Knäuel, den Wirrwarr von Linien, der in seiner Gesamtheit mit dem Wort »Akustik« bedacht wird. Die Gesetze der Akustik sind jedem Physiker bekannt. Jeder Architekt hat sie studiert, bevor er an den Bau eines Theaters, eines Kinos, eines Vortrags- oder Konzertsaals geht. Und doch ist sein Unternehmen jedesmal eine Art Glücksspiel. Der Schall unterliegt so vielerlei Brechungen, zudem hängt er von der Materialbeschaffenheit ab, daß genaue Vorausberechnungen kaum möglich sind. Allerdings haben wir gelernt, ungünstige akustische Verhältnisse auf experimentellem Wege zu verbessern. Mikrophone müssen in jedem Fall ausscheiden. Schon viel zu sehr hat unser Ohr sich an die über Mikrophone gelenkte Musikwiedergabe gewöhnt! Das ist beinahe so, als wollten wir die herrlichen Farben der Natur stets nur durch eine gefärbte Brille sehen.

Eigentlich ist es erstaunlich, daß wir die allerzartesten musikalischen Töne in großen Räumen überhaupt wahrnehmen können.

Ein Violinsolo, das im Pianissimo vom Podium aus bis zu siebzig und mehr Meter weit in die Runde ausstrahlt, verliert mit jedem Meter, den der Ton durcheilt, einen Teil seiner Kraft. An das Ende eines großen Saals gelangen nachgewiesenermaßen nicht mehr als 25 % der Klangstärke. Aus diesem Grund ist die gute Akustik und die zweckmäßige Bauweise von so großer Bedeutung.

Zwei der Konzertsäle mit der berühmtesten Akustik wurden gewissermaßen zufällig entdeckt. Keiner von ihnen war ursprünglich für Musik gebaut: Im alten Wien wurde eine Reitschule zum Bösendorfersaal umgebaut, über dessen ideale Akustik sich die Künstler der ganzen Welt freuten; die alte Berliner Philharmonie war eine Rollschuhbahn gewesen und galt dann, bis zu ihrer Zerstörung im Zweiten Weltkrieg, als einer der besten Konzertsäle der Erde. Hier war zuerst die Akustik vorhanden, ehe sie der Musik dienstbar gemacht wurde. Zumeist aber ist es umgekehrt, und mehr als einmal müssen Korrekturen vorgenommen werden, um eine gute Akustik zu erzielen. Man kann dies erreichen, indem man Stoffe anbringt, etwa Vorhänge; man kann Leuchter oder Lampen verlegen, manchmal nur um einen einzigen Meter; man kann Säulen aufstellen oder niederreißen, vielleicht eine einzige in den Hintergrund stellen; man kann Teile der Decke nivellieren oder aufrauhen. Doch dies sind durchwegs Hilfsmaßnahmen, von denen sich die strenge Wissenschaft nichts träumen läßt. Als der Rundfunk aufkam, als die Schallplatte in ihre künstlerische Etappe trat, spielten akustische Probleme begreiflicherweise eine entscheidende Rolle. Zuerst glaubte man, den idealen Klang durch schallabsorbierenden Wandbelag erzielen zu können. Heute hingegen fügen wir den in Studios gemachten Aufnahmen oft einen »Hall« oder »Nachhall« bei, um den Klang nicht nur so natürlich wie möglich erscheinen zu lassen, sondern um ihm auch ein Maximum an »Schönheit« zu verleihen.

Die Geburt der Töne

Den Klang – wie das Licht – haben die Götter geschaffen. Im Grunde genommen sind beide Phänomene nur ein einziges. Schall und Licht reisen auf Wellen, der Schall auf langsameren, das Licht auf schnelleren. Für den Menschen sind Hören und Sehen zwei völlig verschiedene Sinneseindrücke; für jeden von ihnen haben wir ein eigenes Organ. Aber das muß keineswegs bei allen Lebewesen so sein. Vielleicht vermischen sich die Eindrücke schon bei der Fledermaus so, daß ihr Nachtflug erklärlich wird: »Radar« sagen wir, und in dessen Wellenbereich werden Sehen und Hören wohl eins.
Die Schwingungszahlen der von uns wahrgenommenen Klänge bewegen sich innerhalb sehr geringer mathematischer Größen. Bei etwa zwanzig Schwingungen in der Sekunde beginnen wir zu hören. Wir – das heißt der Mensch. Es soll nicht heißen, daß die tönende Welt dort begänne. Und erst recht nicht, daß sie dort aufhört, wo unser Hörvermögen zu Ende geht, etwa bei zwanzigtausend Schwingungen (eine recht umstrittene Ziffer übrigens). Schon unser Freund, der Hund, hört höhere Schwingungen als wir, wahrscheinlich auch noch viele andere Tiere. Es gibt also Klänge im Weltraum, von denen unser Gehör nichts wahrnimmt. Ist das All stumm oder ist es tönend? Goethe schrieb den großartigen Satz von der Sonne, die »nach alter Weise in Brudersphären Wettgesang« töne. Ich bin überzeugt, daß er hier keine dichterische Metapher geschaffen hat, sondern der Idee des Urklangs nachging.
Wann mag der erste Klang das Weltall durcheilt haben? Vor Jahrmilliarden, als im Raum Sterne zu kreisen begannen? Als das Licht von der Finsternis geschieden wurde, wie die Bibel uns erzählt? War der erste Lichtstrahl zugleich ein Klangstrahl? Wieviel Zeit mußte vergehen, bis des ersten Menschen Ohr einen

winzigen Bruchteil aus dieser gigantischen Klangwelt vernehmen konnte! Doch was wußte er mit seiner Musik aus diesem kleinen Ausschnitt zu gestalten! Das Chaos, aus dem Gott – wieder laut Bibel – Himmel und Erde schuf, muß schon tönend gewesen sein. Dissonant vielleicht, denn es war das Chaos. Und Gott verwandelte es durch Ordnung in Harmonie? Legte den Grundstein für Konsonanz, für das tonale Grundgesetz, auf dem die Menschheit ihre Musik aufbauen sollte?

Wie die Musik erwachte

Der erste Laut unserer Welt verliert sich in der Nacht der Zeiten. Weidenrohre, die sich im Wind wiegen? Säuseln in den Blättern? Rauschende Wasser? Krachen des Donners? Ausbrüche feuerspeiender Vulkane? Viel später erst kommt der Mensch, sucht sich mit kaum dem Tierischen entwachsenen Lauten verständlich zu machen, schlägt auf hohle Baumstämme, um primitivste Freuden- oder Liebestänze in Rhythmen zu zwängen, bis eine reifende Kultur den Wunsch nach Musik empfindet und damit die vorher regellosen Laute und Schreie in ein Gesetz bringen will. Der zum Wissen aufsteigende Mensch will dem Geheimnis des Klangs nachspüren. Er nimmt ein Brett von bestimmter Länge, spannt eine Saite aus Tierdarm darüber und läßt sie freischwingend klingen. Er hat einen Ton gefunden, den er nach Belieben wiederholen kann. Aber er kann ihn auch ändern, kann die Saite verkürzen durch Druck mit dem Finger auf eine beliebige Stelle. Bald entdeckt er, daß er einen ganz ähnlichen, also wohl nahe verwandten Ton findet, wenn er die Saite genau um die Hälfte verkürzt. Das Wesentliche ist, daß er aus Millionen, aus einer unerfaßbaren Zahl von Klängen einen Ton kristallisiert hat. Dann noch einen Ton, der zum ersten in einer festen Beziehung steht. Es ist, als habe man aus dem unermeßlichen Meer einen Tropfen herausgenommen und ihn bestimmt, benannt, fixiert. Dann weitere Tropfen, die alle zum ersten Tropfen in Beziehung gebracht werden.

So entstanden die Töne. Aus einem Meer von Klängen die festen Begriffe der Töne. Sie konnten gemessen werden. Man entdeckte die Qualitäten des Klanges, seine Höhe, seine Stärke, seine »Farbe«. Nicht mit einem Mal, sondern langsam, nacheinander. Man fand den natürlichen Oktavraum, das Wiederholen eines Tones auf einer höheren Ebene und sah, daß zwischen diesen beiden – dem Grundton und seiner höheren Wiederholung, später Oktave genannt – ein Schwingungsverhältnis von 1:2 herrscht. Die auf die Hälfte verkürzte Saite schwingt doppelt so schnell wie die ganze. Sie ergibt den um eine »Oktave« höheren Ton.
Man setzte die Experimente fort: verkürzte die Saite nach einfachen mathematischen Proportionen und fand so mehrere Töne, die in genau fixiertem Verhältnis zueinander standen.

Die fünf Noten der Chinesen

Wir können nicht mit Sicherheit sagen, wie viele Jahrtausende, wie viele erblühte und wieder abgestorbene Zivilisationen der Mensch benötigte, um zu lernen, aus der unendlichen Masse der Klänge eine endliche Zahl von Tönen zu gewinnen, die einer künstlerischen Musik zugänglich gemacht werden konnten. In den uns bekannten Kulturen – die sicher nur einen kleinen Teil jener ausmachen, die es auf unserem Planeten gegeben haben mag, dürften es die Chinesen gewesen sein, die mehrere Jahrtausende vor unserer Zeitrechnung solche Versuche anstellten. Sie machten aus namenlosen Klängen Töne mit bestimmbarer Höhe, jeden mit seinem eigenen Namen. Sie nannten sie zuerst nach der Rangordnung ihres Gesellschaftssystems. »Kaiser« hieß der höchste, »Bauer« der tiefste. Insgesamt scheinen es zuerst fünf gewesen zu sein. Das Musizieren mit fünf Tönen gilt seit langem als typisch für die fernöstliche Musik. Puccini ahmt sie nach, um seiner »Madame Butterfly« Lokalkolorit zu geben, Gustav Mahler wendet sie in seinem »Lied von der Erde« an, das ja auf chinesische Texte komponiert wurde, und noch viele andere verwendeten dieses System.

Doch muß dazu gesagt werden, daß Musiktheorien die Regeln immer erst verankern, wenn die Praxis, das sozusagen unbewußte Musizieren, sie längst verwendet hat. Es war im allgemeinen schon immer so, daß zuerst neue Klänge gefunden und miteinander verbunden wurden, und erst dann die Gelehrten kamen und diese Erscheinungen erklärten, rechtfertigten – oder manchmal auch verdammten, was jedoch nur wenige gestört haben dürfte. Die Menschen sangen »wie der Vogel singt, der in den Zweigen wohnt«, kümmerten sich nicht einmal um Notenschrift, geschweige denn um Kompositionsregeln, und bildeten doch den Ausgangspunkt für viele Strömungen innerhalb der »ernsten«, künstlerischen Musik. Die erste Musiktheorie ist also vor Tausenden von Jahren in China gefunden worden, als man mit Hilfe schwingender Saiten Tonhöhen fixierte und die Klanghöhe nach Dicke, Länge und Spannung der Saite mathematisch bestimmte.
Musik und Mathematik wurden damals in ein enges Verhältnis zueinander gebracht und so ist es geblieben. Allerdings blieb dies Verhältnis keineswegs ungetrübt.
Die erste Stufe des gleichsam gestaltlosen Klanges war überwunden, man konnte Instrumente nun »stimmen«, denn eine Reihe von Tönen hatte feste Plätze innerhalb eines Systems erhalten. Jeder von ihnen war eine Einheit, durch eine Schwingungszahl genau fixiert. Dann begann eine jahrhunderte-, wenn nicht jahrtausendelange Entwicklung. Man fand und fixierte immer mehr Töne, mit denen man den Tonraum von einem Klang bis zu seiner Wiederholung auf höherer Ebene ausfüllte. Um zu einem logischen System zu gelangen, glich man kleine mathematische Differenzen, das sogenannte »Komma«, aus. Es war ein langer Prozess, in dem sich zwar manches von selbst ergab, einiges aber in schwierigen Diskussionen geklärt werden mußte. Viele Völker nahmen daran Teil: die mathematisch besonders fortgeschrittenen Ägypter, die musikalisch anscheinend feinentwickelten Griechen. Mehr als einmal standen einander Theorie und Praxis feindlich gegenüber; die Theorie bestand auf wissenschaftlicher Genauigkeit, der Praxis ging es um ganz andere Dinge. Unser heutiges Tonsystem stellt einen Kompromiß

dar. Wir wollen nicht in die uralte Polemik einstimmen, ob diese Übereinkunft voll zu rechtfertigen ist oder nicht, ob die Verzerrung der mathematischen Basis richtig oder nicht richtig war. Unser Musiksystem besteht und regiert unsere Musik seit Jahrhunderten. Mit ihm sind unzählige Meisterwerke geschaffen und niedergelegt worden, das genügt vollauf zu seiner Rechtfertigung. Aus den ursprünglich fünf Tönen wurden zwölf, die bis zum Ausgang des Mittelalters entwickelt waren.

Weltbild und Musik

Ob es einen Zusammenhang zwischen der geistigen Entwicklung der Epoche und der Zahl der Töne gibt, die sie verwendet, ist im Augenblick kaum zu beantworten. Natürlich ist eine fünftönige Musik – genannt »Pentatonik« mit einem aus dem Griechischen stammenden Fachausdruck – primitiver als die Siebentönigkeit, die die frühchristliche Musiktheorie aus der Alten Welt übernahm, und das Einverleiben neuer Töne geht mit einer Erweiterung des Weltbildes, mit einer Ausweitung von Kenntnissen und Kultur anscheinend Hand in Hand. Vielleicht könnte man die heutige Entwicklung der Musik auch in dieser Beziehung mit der geistigen Entwicklung in Beziehung setzen: Unser Weltbild wird durch Freilegung der Atomkraft gesprengt und durch Überwindung irdischer Schranken beim Flug in den Weltraum. Ebenso wird unser Musiksystem gesprengt durch viele Versuche, neue Töne einzuführen – Dritteltöne, Vierteltöne und noch kleinere Intervalle durch den Tschechen Haba, den Mexikaner Carrillo und viele andere; durch die elektronische Klangerzeugung folgt die völlige Überwindung aller bisherigen Regeln. Mit einem Schlag wird unser Tonsystem annulliert und taucht gewissermaßen wieder in das unendliche Meer der Klänge zurück. Diese Parallele ist eine interessante Erscheinung unserer Zeit. Doch dies ist dem Thema weit vorgegriffen.

Die Namen unserer Noten

Die Notennamen sind den Buchstaben des Alphabets entnommen. Allerdings baut unser System nicht auf dem A auf, wie es logisch wäre, sondern auf dem C – hier hat also eine kleine Verschiebung stattgefunden. Wollen wir weitere Folgerungen ziehen, so ist der Ton B – im Deutschen – nicht mehr die natürliche Fortsetzung des Tones A. Wollen wir ihn auf der Klaviatur finden, so müssen wir eine schwarze Taste greifen. Wollen wir ihn schreiben, so müssen wir außer der Note noch ein Vorzeichen setzen, ein ♭. Mit einem Wort, hier liegt anscheinend ein empfindlicher Punkt unseres Musiksystems. Das Mittelalter stand vor dem Problem, die an sich großen Tonschritte – etwa zwischen C und D, zwischen D und E – zu teilen. Das Gehör, das kleinere Intervalle aufzunehmen gewohnt war oder gelernt hatte, wollte diese kleineren Tonschritte in der Theorie verankert sehen. Und da geschah etwas, was nur aus der Mentalität der Theoretiker zu erklären ist, in der Praxis aber dazu führte, daß das ganze System wesentlich komplizierter wurde.

Nach jahrhundertelangen Versuchen, die Tonhöhen mit verschiedenen Linien zu fixieren, kam es zu dem heutigen Liniensystem, den fünf Notenlinien, die jedermann kennt. Auf jede Linie und in jeden Zwischenraum wurde eine Note, das bildliche Symbol für einen Ton, gesetzt. Auf dem ersten Tasteninstrument, dem Organum, das byzantinischen Ursprungs ist, war ebenfalls jedem der sieben vorhandenen Töne eine Taste eingeräumt. Um das nun einmal gewonnene System weiter verwenden zu können, fand die Musiktheorie einen Ausweg: Sie bestimmte, daß die neugefundenen Töne – die Zwischentöne zwischen den »alten« Tönen – keine selbständigen Töne seien, sondern von den »alten« abgeleitet. Sie mußten also nicht mit eigenen Plätzen in das mühsam konstruierte Liniensystem eingefügt werden, sondern wurden mit Vorzeichen versehen, die sie als »abgeleitete« Töne kenntlich machten. Wurden sie im Anstieg erreicht, so sollten sie ein Kreuz (♯) führen, das heißt, man stieg vom C zum nächsten ♯ C auf, das den Namen Cis erhielt, von diesem zum D, weiter zum ♯ D, das Dis genannt wurde, und weiter zum E. Dann allerdings gab es wieder eine Schwierigkeit: Zwischen C und D sowie zwischen D und E waren die Zwischenräume, Intervalle genannt, »groß« gewesen, dort fanden also die neugefundenen Töne bequem Raum. Nicht so zwischen E und F, da gab es nur ein kleines Intervall, nichts konnte hier eingeschoben werden. Das mag vielleicht in der Praxis kein Problem darstellen, für die Theorie ist es jedoch unannehmbar; gab es ein Cis und ein Dis, so mußte es auch ein Eis geben! Und so bestimmte die Theorie, daß Eis gleich F sei. Die gefährliche Idee war aufgekommen – und theoretisch verankert – daß ein Ton zwei Namen haben könne. Beim Aufstieg bekamen die neuen Töne, wie wir sahen, ein Kreuz vorgesetzt und trugen den Namen des unteren »Haupttons«, von dem sie als »abgeleitet« galten, mit der angehängten Silbe »is«. Beschritt man den umgekehrten Weg, von oben nach unten also, so kam man z. B. vom G aus zu einem neuen Ton, dem man das Zeichen ♭ voransetzte und die Nachsilbe »es« anhing: Ges. Die Komplikation war schlimm, denn mathematisch stimmten die neuen Kreuztöne nicht genau mit den neuen Be-Tönen überein. Zwischen Cis und Des bestand ein »Komma«, das zwar nur dem empfindlichsten Gehör wahrnehmbar war, aber die Musiktheorie einige Zeit lang in ein Chaos stürzte. Endlich siegte die Idee, dieses Komma zu beseitigen und die Gleichheit der neuen Töne zu dekretieren. Man tat's: Cis wurde gleich Des, Dis gleich Es, Fis gleich Ges und so fort. Aber war nun auch der Klang der gleiche, so wurde doch die verschiedene Schreibweise beibehalten. Mehr noch: Die einmal entfesselte Theorie baute das System weiter aus, sie erfand, daß man einen Ton nicht nur einmal, sondern auch doppelt »erhöhen« oder »erniedrigen« kann. Man schuf also die Schreibweise des ♯♯ und des ♭♭. Das doppelt erhöhte C erhielt den Namen »Cisis«, das doppelt erniedrigte C folglich den Namen »Ceses«. Ein Blick auf die Klaviatur zeigt das Sinnlose dieser Idee: Erhöhe ich das C, so gelange ich zum Cis; erhöhe ich dieses aber nochmals, so komme ich zum D. So daß man also zwei Namen hat: D und Cisis.

Es ist, als führe man den Weg zu einer paradiesisch schönen Landschaft durch eine entsetzliche Wüste. Doch vielleicht wollte

ein gewisser Kreis von Theoretikern den Weg ins Paradies der Musik erschweren?
Um die Verwirrung jedoch zu vervollständigen, heißt der Ton D übrigens nicht nur Cisis, sondern hat auch noch einen vom Ton E abgeleiteten Namen: Eses ... Wieviel unsinnige Erschwerung! Auch auf unsere Tasteninstrumente griff sie über. Denn die »alteingesessenen« Töne C, D, E, F usw. nahmen sozusagen die »guten« Plätze ein, und die gibt niemand gerne für unbekannte Neuankömmlinge her. Glücklicherweise – für die »Alten« – bestimmte die Theorie, daß es sich um keine vollberechtigten Töne handelte; so hatten sie also kein Recht auf gute Plätze. Man schuf für sie eine Reihe schmaler Leisten, die im Hintergrund montiert und noch dazu durch andere Farbe erkenntlich gemacht werden mußten. Waren die »Haupttöne« schwarz, wie es oft der Fall war, so wurden die neuen Töne weiß. Als dann die Klaviatur weiß wurde, durch Verwendung von Elfenbein vor allem, mußten die abgeleiteten Töne schwarz gestrichen werden.
Das Grundübel dabei besteht darin, daß man Töne erniedrigen und erhöhen zu können glaubte. Man verkannte, daß ein Ton eine mathematische Einheit ist, genau festgelegt durch die Anzahl seiner Schwingungen.
So wenig die Zahl 151 von 450 abgeleitet ist, ja nicht einmal eine $3^1/_2$ mathematisch als von 3 oder von 4 abhängig sein kann, ebenso wenig besteht eine »Verwandtschaft« zwischen C und Cis, zwischen A und As. Auch der Name, den die Theorie den nun gefundenen kleinen Intervallen gab – »Halbtöne« nennt sie sie – ist völlig irreführend. Genau genommen sind gerade sie die Bausteine unseres modernen Musiksystems gewesen.

Neue Schrift durch Elektronenmusik?

Oft genug ist dafür plädiert worden, diese unnötigen Komplikationen abzuschaffen; sehr bedeutende Musiker setzten sich schon dafür ein.
Doch darf man nicht vergessen, daß es Tausende von Tonnen

bedruckten Notenpapiers auf der Welt gibt, das wertlos würde; daß es Tausende von Theorielehrern gibt, die ihre mühsam erworbene Wissenschaft – und es handelt sich da wirklich um ein an sich lückenloses, bewundernswert erfundenes System – gänzlich anderen Ideen opfern müßten. Die neueste Entwicklung allerdings scheint mit der Theorie gewaltsam aufräumen zu wollen. Wir deuteten schon an, daß die Aufzeichnung elektronischer Musik mit den alten Noten, Notennamen, Kreuzen und Be nichts mehr zu tun hat, und es ist möglich, daß auf diesem Wege eine andere Notation eingeführt werden wird, da eine neue Musik die frühere Theorie längst außer Kraft gesetzt hat.
Ob die alte Notenschrift für die Werke früherer Zeit weiterhin bestehen bleibt, ist nicht so leicht zu beantworten. Kommt es zu einer neuen Tonbezeichnung oder neuen Notenschrift (etwa jedem Ton die Ziffer seiner Schwingungszahl als Namen zu geben), so könnte diese rückwirkend dann auf frühere Musikwerke ausgedehnt werden. Eine Beethovensinfonie bleibt immer eine Beethovensinfonie, auch wenn sie dereinst vielleicht, der modernen Zeit entsprechend, in Zahlen geschrieben sein sollte statt in alten Noten auf Linien, mit Kreuzen und Be, ja sogar Doppelkreuzen und Doppel-Be.

Das »wohltemperierte System«

Die zwölf Töne unserer »traditionellen« Musik bilden das sogenannte »Temperierte System« dem Bach mit dem Titel »Das wohltemperierte Klavier« ausdrücklich huldigt. Dieses grundlegende und geniale Klavierwerk wurde von ihm gerade zu diesem Zweck komponiert. Er wollte versuchen, ob man tatsächlich mit Hilfe aller theoretisch festgelegten Tonarten Musikstücke komponieren könne.
Die zwölf Töne hatten ihre Namen und Schreibweise erhalten, nach Buchstaben unseres Alphabets. Im 11. Jahrhundert erfand man dazu andere Bezeichnungen die von den Silben eines lateinischen Verses abgeleitet waren: UT, RE, MI, FA, SOL, LA. Der Vers wurde auf eine Melodie gesungen, in der jede Phrase um

einen Ton höher begann als die vorherige. So identifizierten also die Sängerknaben, die dieses Lied zuerst sangen und hernach alle anderen Musiker diese Anfangssilben lateinischer Worte mit dem Ton. Das Ut (das heute noch in Frankreich gilt) wurde, des bequemeren Singens wegen, zu Do; ein siebenter Ton wurde später mit dem Namen Si eingeführt. Die lateinischsprachigen Völker – und die von ihnen besonders beeinflußten – übernahmen diese Bezeichnungen. Mittel- und Nordeuropa aber verharrten beim C, D, E, F, G, A, H – wobei noch zu sagen wäre, daß dieser letztgenannte Ton ursprünglich natürlich B hieß (und heute in englischen Gebieten noch so heißt); die »Spaltung« dieses Tons, die früher geschilderte Einführung kleinerer Intervalle, teilte ihn in B und H, eine Anomalie, die historisch begründet ist. Analog den anderen Namensgebungen müßte unser H besser B heißen, das B dann Bes.

Der Kammerton A

Jeder Ton ist durch seine Schwingungszahl bestimmt. Im Jahre 1858 trat eine internationale Konferenz zusammen, um die Stimmung von Instrumenten und damit von Orchestern auf der ganzen Welt zu vereinheitlichen. Man fixierte 435 als Schwingungszahl pro Sekunde für den sogenannten »Kammerton« A – es ist jener Ton, auf den die Orchestermusiker ihre Instrumente stimmen, bevor Konzert oder Oper beginnen und der, wir sagten es, von einem eventuell vorhandenen Klavier oder von der Oboe angegeben wird.

Setzen wir aber gleich hinzu, daß dieser internationale Pakt – wie manch anderer auch – nicht sehr lange in Kraft stand. Die Orchester entdeckten, daß ihr Klang »glanzvoller« wurde, wenn sie die Stimmung ein wenig höher schraubten. Für die Streicher stellt das ja kein Problem dar; es ist ein winziger Ruck mit den Wirbeln. Wohl aber für Bläser, gar nicht zu reden vom Klavier. Indessen gingen die namhaften großen Orchester mit der Stimmung immer weiter hinauf. Heute hat ihr A mindestens 440 Schwingungen pro Sekunde, was übrigens für Opernsänger einen nicht ungefährlichen Nachteil bedeutet: Sie müssen stets höher singen als es der originalen Tonlage entspräche, eine Anstrengung, die die Stimmbänder bei Anhäufung höchster Töne stark belastet.

Höhe, Stärke und Farbe des Tons

Die HÖHE wird in Schwingungszahlen angegeben, wenn man von der mathematisch-physikalischen Grundlage ausgeht. Unter Musikern spricht man von den verschiedenen »Oktavräumen«, in die sich die Töne, von unten ansteigend, gliedern. Die allerhöchsten Töne sind in der Musik kaum verwendbar, da sie sich nicht mehr unterscheiden lassen. Ebensowenig die allertiefsten, etwa die tiefsten eines Klaviers oder einer Orgel.

Die KLANGSTÄRKE wird in PHON, einem internationalen Maß angegeben, das allerdings erst jetzt, im Zeitalter der Platte und des Rundfunks, angewendet wird: Die Aufnahmeleiter oder Techniker »steuern« die Stärke des durch das Mikrophon strömenden Klangs, um ihn innerhalb gewisser Grenzen zu halten, die eine gute Wiedergabe garantieren.

Hierbei besteht allerdings die Gefahr, daß die künstlerischen Intentionen eines Komponisten oder Interpreten durch die Wiedergabetechniker annulliert werden könnten.

Die Techniker neigen oft dazu, scharfe Kontraste in der Klangstärke »auszugleichen«, ein Pianissimo also zu verstärken, ein Fortissimo abzuschwächen. Im Sinne der Plattenqualität natürlich, aber vom rein künstlerischen Standpunkt aus anfechtbar.

Die dritte Qualität des Klangs ist die FARBE, auch »Timbre« genannt. Man sagt oft, eine Stimme habe ein bestimmtes »Timbre«. An der Klangfarbe erkennen wir die Instrumente und die Stimmen. Ein geübter Hörer wird auf der Schallplatte oder in einer Rundfunkübertragung Flöte und Klarinette unterscheiden können, ein weniger geübter jedenfalls Streicher und Bläser, so wie wir ja die meisten unserer Bekannten am Telephon am ersten Klang ihrer Stimme erkennen.

Dies bewirkt die Klangfarbe, das Timbre. Ihre Regeln sind

nicht so einfach wie die von Klangstärke und Klanghöhe. Ja, ganz ist man ihnen noch nicht auf die Spur gekommen. Der Resonanzraum – keinesfalls der einzige Faktor – ist natürlich entscheidend. Warum klingt eine gewöhnliche Geige so wesentlich anders, »ärmer«, weniger schön als eine Meistergeige, auch wenn sie dieser in jedem Millimeter genau nachgebildet ist? Da muß das Material eine wichtige Rolle spielen, das Holz und der Lack. Wie ist das aber bei der menschlichen Stimme? Dürfen wir annehmen, daß das »Material«, aus dem unser Kehlkopf, unser Nasen- und Rachenraum, unser Brustkasten gebildet ist, dem unserer Mitmenschen genau gleich ist? Es liegt also in erster Linie an den Proportionen dieser Organe, an der Elastizität der Stimmbänder, an der Atmung. Ich möchte nur andeuten, wieviele Fragen und Probleme im weiten Bereich der Musik auftauchen können. Geben wir also nur eine Grundregel: Eine Stimme oder ein Instrument ist um so klangvoller, je größer die Zahl der von ihm produzierten Obertöne ist.

Die Obertöne bestimmen den Klang

Ein schwingender Körper erzeugt nicht nur eine einfache Schallwelle. Ein kleines Experiment kann uns zeigen, daß im Klang, der an unser Ohr dringt, einige Geheimnisse ruhen. Gehen wir ans Klavier (das allerdings so gut gestimmt wie möglich sein soll); drücken wir die Taste des mittleren C nieder, aber so, daß kein Klang entsteht. Dann schlagen wir kurz und stark die Taste des um eine Oktave tiefer liegenden C an, ohne unseren Finger von der stumm niedergedrückten höheren Taste zu entfernen. Nun wird sich zeigen, daß, sobald sich der Klang des tieferen C verflüchtigt hat, der des höheren C deutlich vernehmbar bleibt. Wir haben die zu ihm gehörende Saite nicht berührt, nicht in Schwingung versetzt. Das muß also auf andere Weise geschehen sein: Die Schwingungen der tieferen Saite haben die höhere »angesteckt«; hätten wir andere Tasten in diesem Zwischenraum niedergedrückt, wäre bei keiner dieses Phänomen aufgetreten. Klang ist also, unter Umständen, ansteckend.

Wird ein Klang erregt, so übertragen sich seine Schwingungen durch die Luft auf alle Objekte, die gewissermaßen auf gleicher oder verwandter Wellenlänge liegen. Wir kommen so zum Phänomen der »Obertöne«. Kein Klang ist einfach, jeder sendet eine Grundwelle und eine Reihe von Obertonwellen aus. Das ist seit Jahrhunderten bekannt. Die Obertöne bilden eine feststehende Reihe. Der erste Oberton ist die Oktave des Grundtons: das war das, was wir bei unserem Experiment feststellten. Also der erste Oberton eines C ist das nächsthöhere C. Auch den zweiten Oberton können wir mit Hilfe des gleichen Versuches feststellen. Wir drücken – stumm! – C und G nieder, worauf wir das tiefere C stark und kurz anspielen. Bei seinem Verklingen bleibt der Klang von C und G in der Luft, der zweite Oberton ist die Quinte der Oktave. Hernach folgt als dritter Oberton die Doppel-Oktave. Und so weiter, in immer kleiner werdenden Intervallen. Wieviele solcher Obertöne nun mitklingen, wenn wir einen Klang erregen, das ist nur mit Apparaten festzustellen. Je mehr Obertöne zum Klingen gebracht werden, desto »reicher«, »voller« ist der Klang. Klänge ohne Obertöne gibt es nicht. Am nächsten kommt ihnen der Pfiff und die Sirene.
Ganz obertonlos kommt neuerdings doch ein Klang vor, wenn auch keiner, der in unserer »traditionellen« Musik bisher Verwendung gefunden hat, der elektronische Klang. Die elektronische Klangerzeugung arbeitet mit dem sogenannten »Sinuston«, der frei von Obertönen hergestellt werden kann.
Außer den Obertönen gibt es bei unseren Klängen auch noch andere Phänomene: die »Differenztöne«, die »Kombinationstöne«. Aber begeben wir uns nicht zu weit in das Gebiet der Physik, begnügen wir uns mit dem Hinweis, daß der Klang eine ziemlich komplexe Erscheinung ist. Und daß gerade die Klangfarbe nicht auf einfache Art erklärt werden kann. Ohne Klangfarben gäbe es zum Beispiel keine Orchester. Dann klänge eine Geige so wie eine Trompete, grob gesprochen. Und alle Stimmen wären völlig gleich und eine der letzten hochgeschätzten individuellen Eigenschaften des Menschen würde verschwinden.

Das System der zwölf Klaviertasten

Die aus dem Meer der Klänge heraus kristallisierten zwölf Töne unseres Musiksystems – einfach gesagt, die sieben weißen und die fünf schwarzen Tasten des Klaviers oder der Orgel – müssen nun in verschiedenster Weise verbunden, zusammengesetzt, eben »komponiert« (wörtlich »zusammengesetzt«) werden, um Musik zu ergeben.

Unsere gesamte Musik besteht also aus nur zwölf Tönen, die eine »Skala«, eine Reihenfolge mit gleichen Abständen bilden. Daß dies künstlich gleichgemachte Abstände sind, spielt keine Rolle, unser Ohr hat das längst akzeptiert. Allerdings wiederholen sich die gleichen zwölf Töne mehrmals, von der unteren Schallgrenze der tiefsten Töne bis zur oberen der höchsten. Wieder genügt ein Blick auf die Klaviatur, um das sofort zu verstehen. Da wiederholt sich das genau gleiche Bild mehrere Male. Unser gesamter Tonraum, von tief bis hoch, ist in Abschnitte geteilt, die wir »Oktavräume« nennen. Die Bezeichnung ist irreführend, denn dieses lateinische Wort bedeutet »Raum von acht Tönen«, während es in Wirklichkeit zwölf sind, mit der Wiederholung des ersten, der als Abschluß angefügt werden kann, sogar dreizehn. Der Name stammt aus alten Zeiten, als unser Musiksystem eben noch aus den damals bekannten sieben Tönen bestand. Bei jeder Wiederholung des Grundtons beginnt ein neuer Oktavraum. Nehmen wir als Oktavraum die Folge C–D–E–F–G–H–C an; auf diesem letzten C beginnt ein neuer, höherer Oktavraum, der wiederum genau die gleichen Töne umfaßt, nur eben höher liegt, höher klingt. Und so fort. Ein Vergleich mit einem modernen Haus sei erlaubt; vom Erdgeschoß zum ersten Stock führen sieben Stufen, die achte liegt genau wie die erste, nur eben höher. Und auf ihr beginnt eine neue Treppe, zum zweiten Stock, die ebenfalls sieben Stufen umfaßt. Und so geht es gleichmäßig aufwärts, mit immer genau dem gleichen Bild der Stufen und des Treppenabsatzes. Unser Musiksystem umspannt 6 bis 7 solcher »Stockwerke« oder Oktavräume.

Wie schon gesagt, umfaßt ein Oktavraum zwölf Töne. Sieben Oktavräume ergeben also 84 Töne. Zählt man dies auf einem Klavier nach, so wird man wahrscheinlich auf etwas mehr kommen, doch werden die tiefsten und die höchsten Tasten kaum verwendet. Das gesamte Material unserer Musik besteht bis in unsere Zeit aus achtzig Tönen. Allerdings ändert sich auch das, wie so vieles andere, was jahrhundertelang in Geltung stand. Der Tonraum wird erweitert, entweder durch Einführung neuer Töne – etwa durch Teilung unseres »Normalabstands« zwischen den Tasten, des sogenannten Halbtons in kleinere Einheiten wie Vierteltöne – oder durch Auflösung des Tonsystems und Verwendung unendlich vieler Klänge mit Hilfe elektronischer Klangerzeugung. Für alle Kunstmusik der westlichen Welt – in der Folklore gibt es Ausnahmen – bis gegen 1950 bilden diese 80 Töne das Gerüst.
Eines der Argumente der »Neutöner« unseres Jahrhunderts besteht in der Behauptung, die melodischen und harmonischen Möglichkeiten unseres Musiksystems hätten sich in jahrhundertelanger Praxis erschöpft. Das stimmt aber nicht. Praktisch ist die Zahl der möglichen Kombinationen aus den vorhandenen Tönen unbegrenzt, zumal zu den melodischen Verknüpfungen noch rhythmische Varianten kommen, die ein weiteres Feld erschließen. Die Argumente für eine »neue« Musik, die die bisherigen Grundlagen verleugnet, liegen ganz anderswo als in der angeblichen Erschöpfung der früheren Möglichkeiten, sie sind vor allem geistiger Natur. Die Zahl der möglichen Melodien auf Grund unserer Töne läßt sich mathematisch errechnen – sie ist astronomisch. Doch bevor wir von Melodiebildung und allem, was damit zusammenhängt, sprechen, soll vorher auf die Intervalle eingegangen werden, die Beziehungen der Töne zueinander, ihre Abstände und das, was sich als Wichtigstes daraus ergibt: die Idee von Konsonanz und Dissonanz.

Der Streit geht heute darum, ob das Konzept von Konsonanz und Dissonanz wirklich so wichtig, oder ob es nicht überholt ist. Kann ein Naturgesetz »überholt« sein? Ich glaube, daß die Existenz von Konsonanz und Dissonanz einem Naturgesetz entspricht. Konsonanz und Dissonanz werden oft mit »Wohlklang« und »Mißklang« übersetzt, aber das führt zu falschen Vorstellungen. Vielleicht wären »Ruhe« und »Spannung« besser. Auf jeden Fall: Beide sind für Musik notwendig. Ruhigere Epochen verwenden möglicherweise mehr Konsonanzen als Dissonanzen, unruhige – wie die unsere – mehr Dissonanzen als Konsonanzen. Beide haben ihre Lebensberechtigung, wie es eben Spannungs- und Ruhezeiten im menschlichen Leben haben. Nicht wie das »Gute« und das »Böse«! Wir müssen uns abgewöhnen, die Dissonanz als etwas Negatives zu betrachten, der das positive Prinzip der Konsonanz entgegenstünde. Beide haben ihre Aufgaben.

Wird der Unterschied zwischen ihnen aufgehoben, wie es bei vielen Strömungen unserer Zeit versucht wird, so verliert die Musik ihre Zweipoligkeit, die für sie so wichtig ist wie für alles im Leben. Oder, um den Ausdruck eines Kunstphilosophen in bezug auf unsere Epoche zu gebrauchen: Sie verliert »die Mitte«, den Ruhepunkt, den Schwerpunkt.

Eine andere Frage ist, ob der Gebrauch der Dissonanzen seit den »klassischen« Zeiten unaufhaltsam angestiegen ist, oder ob unsere dissonanzreiche Zeit plötzlich ausgebrochen ist.

In der Zeit der Klassiker, bei Haydn und Mozart finden sich nur sehr wenige Dissonanzen und diese sind – für heutige Begriffe – recht mild, sanft, einfach. Bei Beethoven werden die Dissonanzen häufiger und schärfer. Während des 19. Jahrhunderts geht diese Entwicklung weiter, bei Wagner ist sie schon recht weit gediehen. Nicht umsonst spricht man manchmal von »Tristan und Isolde« als dem Beginn der (heute) zeitgenössischen Musik. Hier bezeichnen die Dissonanzen die starken seelischen Spannungen, die dieses Drama erfüllen. Aber nicht mehr jede Dissonanz wird – wie bei den Klassikern – in eine Konsonanz »aufgelöst«,

sondern es folgen einander lange Dissonanzreihen, so daß beim damaligen Zuhörer der Wunsch nach Auflösung der Dissonanz fast unerträglich quälend wurde. Der Übergang zu unserem Jahrhundert kennt bereits eine ziemlich freie Behandlung der Dissonanz, die sich in den späteren Jahren noch verstärkt.
Dissonanz wie Konsonanz werden nur aus dem Zusammenklang, dem gleichzeitigen Erklingen mehrer Töne erklärlich. Das kann schon beim gleichzeitigen Erklingen zweier Töne klar werden. Die Distanz von einem Ton zum andern nennt man Intervall, wie schon erwähnt. Zu deutsch: Zwischenraum. Einer dieser Zwischenräume oder Intervalle ist schon bekannt, der »Oktavraum«. Er geht z. B. von C zum nächsthöheren C. Natürlich auch vom A zum nächsten A, vom E zum E, von B zum B. Schlägt man ihn auf dem Klavier an, so ergibt sich ein Zusammenklang, in dem nicht die mindeste Spannung liegt. Eine vollkommene Konsonanz also, wie die Theorie lehrt.
Ein weiteres Intervall ist uns bereits bekannt: der Raum C–G, vom ersten zum zweiten »Oberton«. Die Theorie lehrt, daß auch das eine vollkommene Konsonanz sei. Aber unser Ohr ist damit nicht restlos einverstanden. Immerhin, als Konsonanz empfinden wir auch dieses Intervall, das »Quinte« heißt. (Denn vom C zum G sind es, nur auf den weißen Tasten gemessen, fünf Töne). Schlägt man das C und seinen unmittelbaren Nachbarn, das D an, so wird es trotz aller Gewöhnung an harte Zusammenklänge in unserer Zeit niemand geben, der hier nicht sofort fühlte und wüßte: eine Dissonanz!
Versuchen wir C-E: ein spannungsloser Zusammenklang, der langen Epochen als besonders wohltuend, wohlklingend galt. Strittig ist dann das folgende Intervall C-F. Einer strengen alten Theorie gilt es als Konsonanz, aber unser Ohr lehnt sich dagegen auf und verweist, vom gefühlsmäßigen Standpunkt aus, die Quart in das Reich der Dissonanzen. Die Quinte kennen wir schon. Wie ist es mit der Sexte C–A? Das gleiche angenehme Gefühl wie im Falle der Terz C–E überfällt uns. Bei diesen beiden denken wir unwillkürlich an Volkslied und Volksinstrumente. Tatsächlich, Terze und Sexte sind die »Volksintervalle«, in denen etwa eine »zweite Stimme« eine gegebene Melodie

begleitet. Das letzte Intervall ist C–H, die Septime. Ein spannungsgeladenes Intervall, wie wir sofort hören, eine scharfe Dissonanz also, so wie C–D, die Sekunde.

Das wäre eine einfache Klassifizierung der Grundintervalle: Unwidersprochene Konsonanzen sind Terz, Sexte und Oktave, unwidersprochene Dissonanzen Sekunde, Quarte und Septime. Die Quinte steht auf der Scheide, aber sie ist der Konsonanz näher als der Dissonanz, wie sich leicht beweisen läßt: Füllen wir den hohlen Raum C–G mit einem Zwischenton aus, wozu sich der mittlere, das E, am besten eignet. Und schon haben wir eine vollendete Konsonanz, dieses Mal aus drei Noten gebildet, einen Dreiklang.

Genug dieses Spiels. Es hat uns nicht weiter als bis zur Eingangstüre der wahren Lehre von Konsonanzen und Dissonanzen geführt. Denn das ist ein weites Feld. Überdenken wir nur dies: wenn C–E eine Konsonanz ist, was ist C–Es, was C–Eis, was ist Ces-E, was Ces-Eis? Dabei ist dies alles noch relativ einfach zu lösen; die Schwierigkeiten beginnen dann bei den Dreiklängen. C–E–G ist eine vollkommene Konsonanz, eine spannungslose Harmonie, aber was ist C–E–Gis? Glücklicherweise braucht uns das keinerlei Sorgen zu machen. Richten wir uns am besten nach dem Gehör! Es soll unser oberster Richter sein. Da werden sich manchmal recht seltsame Dinge ergeben: Ein Vierklang (vier Töne gleichzeitig) ist stets dissonant, wie die Theorie lehrt. Aber es gibt Vierklänge – z. B. in der Musik Wagners oder Debussys – die durchaus angenehm klingen; gewiß, eine Spannung liegt in ihnen, vielleicht so etwas wie Sehnsucht, Fernweh, Melancholie ... Aber wer sagt, daß das »unangenehme« Gefühle seien? So sind sich Theorie und Gehör nicht immer einig. Die Theorie mag natürlich objektiv recht haben. Aber entscheidend für die Musik ist und bleibt doch das Gehör. Besonders in einer Zeit wie der unseren, die keine der früheren Theorien mehr gelten läßt, sie aber immer noch in den Lehranstalten unterrichtet: erstens, um Werke früherer Epochen analysieren zu können, zweitens, weil es keine einheitliche Theorie für die heutigen Strömungen gibt. Das Gehör kann sich weitgehend an Dissonanzen gewöhnen. Das aber bedeutet keine Aufhebung des tonalen Gesetzes.

Das Gesetz der Harmonie

Über »Tonalität« spricht man wohl am besten, wenn man die Harmonie behandelt. Die Töne, die wir entstehen sahen bei ihrer Einordnung in ein festes System mit Notennamen und Notenschrift, müssen zusammengesetzt werden, um Musik zu ergeben. Im Prinzip gibt es zwei Arten, Töne zusammenzusetzen: der Reihe nach und gleichzeitig erklingend. Der Reihe nach, aufgefädelt wie Perlen auf einer Schnur, ergeben sie eine horizontale Linie: die MELODIE. Gleichzeitig erklingend, also vertikal geordnet in der Notenschrift, die alles Gleichzeitige übereinander, senkrecht plaziert und alles zeitlich Abrollende nebeneinander, waagrecht, die HARMONIE. Musik ist eine Kunst, die sich im Zeitablauf ausdrückt, wie das Theater, die Mimik, der Tanz, der Film. »Energische« Künste hat das eine frühere Zeit genannt und hat sie genau gegenüber den statischen Künsten abgegrenzt wie Architektur, Malerei, Bildhauerei.

Doch gibt es Verbindungen zwischen diesen beiden, anscheinend entgegengesetzten Prinzipien. Hanslick, der berühmte Wiener Musikschriftsteller des vorigen Jahrhunderts (und als Kritiker schärfster Gegner Wagners) nannte Musik einmal »tönend bewegte Form« und Goethe sprach von der Architektur als von »gefrorener Musik«.

Heute erleben wir, daß namhafte Künstler die einstigen Grundprinzipien ihrer Künste zu durchbrechen suchen: Ein Maler – Sieger auf der Biennale Venedigs in den Sechzigerjahren – will seinen Bildern bewegtes Leben einflößen, indem er verschiedene Lichtquellen Strahlen in dauernder Bewegung über seine Werke senden läßt. Und umgekehrt gibt es Versuche, Musik statisch zu machen, vielleicht beginnt das bereits bei Anton von Webern, der Stücke von wenigen Sekunden Dauer komponierte und auch innerhalb dieser Stücke nur mit wenigen, fast unbewegten Klängen operierte; heute hat sich diese Tendenz sehr verstärkt, es gibt Musik, bei der ein einziger Akkord von Anfang bis Schluß von einem großen Orchester festgehalten erscheint und nur dynamische Verschiebungen innerhalb der Instrumentengruppen – wie Strömungen oder Wellen unter der gleichbleibenden Oberfläche des Meeres – stattfinden, was die Fiktion einer nicht mehr stattfindenden Bewegung ergibt. Hier treffen sich die »bewegten« Bilder mit der »unbewegten« Musik; zwei alte Grundprinzipien der Künste erscheinen aufgehoben, annulliert, ungültig geworden – wie so vieles andere in unserer Zeit.

Motiv und Thema

Das Aneinanderreihen von Tönen führt zur MELODIE. Doch ist nicht jede Sequenz von Tönen eine Melodie! Als melodisches Element eines Musikwerkes kann bereits eine viel kleinere Zelle gelten; wir nennen sie MOTIV, und es ist der kleinste Baustein, mit dem der Komponist arbeitet. Bach kennt z. B. die »motivische Arbeit« sehr genau. Zumeist kombiniert er mehrere Motive zum größeren Element, zum THEMA. Auch Beethoven arbeitet gerne mit Motiven.

Was ist ein MOTIV? Eine charakteristische Aufeinanderfolge weniger Töne – das wäre eine Definition. Wievieler Töne? Oder gibt es keine Regel? Es gibt Motive, die aus nur zwei Tönen bestehen. Das Wesentliche ist, daß das Motiv so charakteristisch ist, daß es im Gehör haften bleibt; dazu genügt oft das Melodische nicht, es kann noch ein rhythmisches Element hinzutreten. Im Grunde genommen gibt es keine Musik, die nicht aus Motiven zusammengesetzt ist. Aber es gibt Komponisten, die mit ihren Motiven mehr »arbeiten« als andere: Mozart etwa oder Schubert – nahezu reine Melodiker – setzen ihre Melodien aus Motiven zusammen, aber diese kleinsten Bausteine interessieren sie als Einzelheit kaum oder nicht; Beethoven hingegen errichtet das große Gebäude seiner Sinfonien, indem er seine Motivketten oft auseinandernimmt, zusammensetzt, variiert. Bei Beethoven gewinnt jeder kleinste Baustein konstruktive Bedeutung.

Noch deutlicher wird diese Art der Arbeit dann beim nächstgrößeren Element der Kompositionskunst, beim THEMA. Manchmal sind Thema und Motiv schwer zu unterscheiden, manchmal aber wird es klar, daß mehrere Motive aneinandergereiht wurden, um ein Thema zu bekommen. Das Thema ist länger, dadurch noch charakteristischer als das Motiv. Könnte man das Motiv vielleicht mit einem Ziegelstein im Bau vergleichen, so wäre das Thema dann ein Stützbalken, eine Stahlschiene, auf der wichtige Teile des Gebäudes ruhen. Denken Sie an den berühmten Beginn von Beethovens Fünfter Sinfonie, an das gehämmerte Kurz-Kurz-Kurz-Lang! Ist es ein Motiv oder bereits ein Thema? Da es kurz ist, könnte es fast ein Motiv sein, aber die Verwendung im Werk, als tragender Pfeiler, läßt uns doch an ein Thema denken. Was Beethoven mit ihm vollführt, kann als typisch für eine großartige »thematische Arbeit« gelten. Diese Tonfolge durchzieht das gesamte Werk, taucht immer wieder auf – und sei es auch nur als rhythmisches Element, von der Pauke geschlagen – stützt die großen Steigerungen und wird dem Hörer so eindringlich ins Bewußtsein gehämmert, daß er bei dieser Komposition unwillkürlich an eine außermusikalische Idee Beethovens denken muß.

Leitmotive bei Richard Wagner

Bei diesen Überlegungen taucht die Frage auf, ob hier nicht unbewußt schon eine Vorahnung der bewußten »idée fixe« von Berlioz und des noch bewußteren »Leitmotivs« bei Wagner vorliegt.

Wagner bedient sich seiner »Leitmotive« (die ihren Namen übrigens nicht von ihm erhielten, sondern erst nach seinem Tod), um dem Hörer ein Element seines Dramas in Erinnerung zu rufen. Eine bestimmte, kurze und prägnante Tonfolge bedeutet etwa »Siegfrieds Schwert«, das heißt: Siegfrieds Stärke und Unbesiegbarkeit; eine andere symbolisiert Walhall, die Götterburg, und dadurch Wotan und seine einst unbestrittene, hernach sinkende Macht; eine dritte den prophezeiten, zuletzt eintreffenden Untergang der Götter; eine vierte ertönt, wenn von der

Liebe der Wälsungen die Rede oder bloß der Gedanke ist – denn gerade das ist ja Wagners Idee, daß die Leitmotive keineswegs nur das dramatische Geschehen und den Handlungsablauf ins Musikalische übersetzen sollen, sondern oftmals auftauchen, wenn sie dadurch einen Gedanken, eine Assoziation im Geist des Hörers hervorrufen können, die ihm tiefere geistige und dramatische Zusammenhänge erschließen.

Sieglinde erzählt (im ersten Akt der »Walküre«) dem fremden Gast von jenem Tage ihrer Hochzeit, an dem ein Unbekannter in ihr Haus trat und ein Schwert in den Stamm des Baumes stieß. Während sie selbst, obwohl Geheimnisvolles ahnend, die Herkunft des Unbekannten nicht kennt, erklingt weich und wie aus der Ferne im Orchester das Motiv Walhalls: Wer denn anderer als Wotan war jener Besucher? Und als sie, einen Akt später, von Wotan verfolgt und durch die Flucht aus ihrem Hause und durch den Tod des Geliebten doppelt heimatlos geworden, nur noch den Tod ersehnt, von der Walküre Brünhilde gerettet wird, kündet eine Trompete im Orchester dem Hörer viel mehr als Brünhildes Worte ihr verkünden: Die Trompete bläst das Motiv Siegfrieds, neun Monate vor seiner Geburt und zwanzig Jahre vor seinem Eintritt in das Drama und die Welt. Die handelnden Personen wissen nicht, was sie erwartet; der Hörer weiß es – und ist gespannt. Wagner arbeitet mit der außermusikalischen Sinngebung seiner Motive, die dadurch wirklich für den geschulten Hörer zu »Leitmotiven« werden. So weit geht Beethoven natürlich nie, ja der Gedanke an eine so völlig deskriptive Musik ist ihm fremd. Aber es ist nicht ausgeschlossen, daß hinter dem hämmernden Thema (oder Motiv) der Fünften Sinfonie, hinter seiner hartnäckigen Verwendung nicht nur eine musikalische Idee steckt – wer könnte das einwandfrei beantworten!

Das größte Element musikalischer Werke ist die Melodie. Doch kann man die Melodie definieren? Gerade weil jedermann fühlt, was dieses Wort bedeutet, wird eine genaue Definition schwer sein. Das Thema mag an sich »schön« sein oder nicht, das ist unwichtig. Es erhält seine Bedeutung erst durch die »thematische Arbeit« des Komponisten. Diese entspricht, könnte man vielleicht sagen, der Arbeit eines Goldschmieds, der in feiner, minutiöser Arbeit ein besonders schönes Stück schafft, bei dem der Materialwert hinter dem Wert der Arbeit weit zurückbleibt. Eine Melodie finden heißt, eine Perle finden. Die Kompositionsarbeit kann diesem Fund nur noch einen ebenbürtigen, würdigen Rahmen geben. Eine Melodie muß also an sich, in sich schön sein, was ein Motiv nahezu nie sein kann, da es zu kurz ist.
Eine Melodie ist eine in sich abgeschlossene, in sich beruhende längere Tonfolge von innerer oder äußerer Symmetrie. Wir verbinden den Begriff der Melodie manchmal mit dem der Sangbarkeit, was keineswegs bedeutet, daß nur Gesangsmelodien diesen Namen verdienen. Melodie ist also eine in sich geschlossene Tonfolge, mit Anfang und Ende, was das Thema nicht oder nur ausnahmsweise ist. Sie hat eine logische Gliederung, ja oftmals mehrere in starkem Zusammenhang stehende Teile, besitzt Symmetrie, Ebenmaß und erweckt beim Hörer ein gewisses Wohlbefinden im künstlerischen Sinn (was nichts mit einer eventuell außermusikalischen Bedeutung der Melodie zu tun hat, so, wenn sie ein Frühlingsgefühl oder Liebe oder eine Meeresidylle oder was immer es sonst sei, schildert). Die Melodie umfaßt außer ihrem melodischen Ablauf noch eine rhythmische, ja meist sogar eine latent harmonische Komponente, Melodie ohne Rhythmus ist fast undenkbar; wird z. B. eine Melodie des ihr innewohnenden Rhythmus beraubt und mit völlig gleichmäßigen Notenwerten wiedergegeben, so verliert sie einen wesentlichen Teil ihrer Schönheit, ja sie kann sogar unkenntlich werden.
Doch vergessen wir nicht etwas sehr Wesentliches: Ein Motiv, ein Thema kann vom Komponisten erfunden, konstruiert werden, und zwar so, wie es ihm zu einem bestimmten Werk dien-

lich ist. Es ist nicht anzunehmen, daß Bach jedes Mal, wenn er eine Fuge schrieb, auf »Inspiration« gewartet hat; sein vollendetes handwerkliches Können befähigte ihn, jederzeit genau das geeignete Thema aufs Papier zu werfen. Bei der Melodie ist das unmöglich: Sie bedarf der Inspiration.

Eine echte Melodie entspringt nur schwerlich dem Verstand oder der handwerklichen Routine. Beide können bei der letzten Formung der Melodie mithelfen, denn nicht jeder Einfall ist so, wie er dem Komponisten aus unbekannten Räumen zuströmt, zu verwerten. Vielleicht gleicht er doch nicht der Perle, wie wir annahmen, sondern eher dem Diamanten, der mit viel Sachkenntnis und Feingefühl zurechtgeschliffen werden muß, um seinen ganzen Glanz, seinen vollen Wert zu erlangen.

Was hat es nun mit Richard Wagners »unendlicher Melodie« auf sich? Liegt in diesem Wort nicht eigentlich ein Widerspruch? Wir haben doch soeben Melodie als ewas Begrenztes, also durchaus »Endliches« definiert?

Man kann dieses echt Wagnersche Wort einerseits als dichterische Metapher ansehen. Andererseits zeigt es uns sein Streben, über die musikalischen Formen seiner Zeit hinauszuwachsen und vor allem alles in den Dienst des Dramas zu stellen. Die Melodie gleicht etwa dem ruhigen Atmen eines Schlafenden. Ein erregter Gemütszustand stört dieses Gleichgewicht. Wo lyrische Ruhepunkte in seinen Werken erreicht werden schreibt Wagner »normale« Melodien: Elsas Traum, Sentas Ballade, Elisabeths Hallen-Arie. Aber im innerlich gespanntesten, erregtesten seiner Dramen, in »Tristan und Isolde« wären solche in sich geschlossenen Formen undenkbar. Da beginnt Wagner einen neuen melodischen Anstieg, ohne die vorherige Entwicklung zu Ende geführt zu haben, und diese lange fehlende Rückkehr zur Ruhelage bezeichnet er als »unendliche Melodie«. Streng genommen ist es keine Melodie im früheren, im klassischen Sinne mehr; an ihre Stelle ist eine Art hochmelodischen Rezitativs getreten, das anderen, eigenen Gesetzen gehorcht. Es kennt die Symmetrie nicht, die wir als eines der Merkmale der Melodie feststellten, das heißt jene Abwechslung zwischen Anstieg und Abstieg, die uns oft den Eindruck von Frage und Antwort macht.

Bei klassischen Melodien (Haydn, Mozart, auch Schubert noch) ist die Antwort unschwer aus der Frage abzuleiten. Jeder mit musikalischem Gefühl begabte Mensch kann eine solche Melodie zu Ende führen, wenn er ihre erste Hälfte – gewissermaßen die Frage – vernommen hat – wobei allerdings zwischen dem Zu-Ende-Führen eines Meisters und dem eines Laien ein gewaltiger Unterschied besteht. Es wäre interessant, die Geschichte der Melodie zu schreiben, aber wir dürfen ihr hier nicht zu viel Platz einräumen. Nur einige wesentliche Feststellungen: Europas älteste »Kunstmusik«, der Gregorianische Gesang der frühchristlichen Kirche, kannte die Melodie in unserem Sinne nicht. Das ist nicht verwunderlich, denn diese Art des Singens stammte geradewegs aus dem musikalisch völlig anders empfindenden Orient. Sie ist weder mit unserer Kunstmusik noch mit der Volksmusik Europas verwandt.

Schönheit und Ebenmaß

Welches ist das entscheidende Kriterium der Kunstmusik? Vielleicht, daß sie künstlerische Prinzipien als oberste Gesetze anerkennt, etwa »die Schönheit«, das Ebenmaß, die Proportionen und so fort. Der Gregorianische Gesang aber ist viel eher Zweckmusik: Seine Aufgabe ist die religiöse Versenkung, die Anrufung der Gottheit. Diese Art Musik – die wohl aus dem großen Tempel Jerusalems kommt – war sicherlich auch in Kleinasien nicht die einzige. Daneben mag es eine Art Volksmusik, vielleicht sogar Kunstmusik gegeben haben, aber beide sind verloren gegangen.

So ist die Melodie, als sie gegen das Jahr 1000 unserer Zeitrechnung ziemlich plötzlich im Gesang der Troubadoure und Minnesänger auftritt, etwas ganz Neues. Das beweist sicherlich, daß es im Volk bereist Melodie und melodisches Gefühl gab. VOLKSLIED und VOLKSTANZ, deren europäische Quellen und älteste Geschichte im Dunkel liegen, scheinen den Grundstock der Melodie zu bilden; sie entwickelt sich von den Minnesängern über Gotik, Renaissance, Barock, Rokoko, Klassik hin zur Romantik.

Bei manchem Komponisten – also dem Schöpfer von Kunstmusik – ist der Zusammenhang mit dem Volkslied noch deutlich spürbar. In der Barockepoche sind die Melodien noch ungebundener, freier, anscheinend regelloser, improvisierter, zumeist auch länger als in der »Klassik«.
Die Klassik war es wohl, die unser Gefühl für Melodie am stärksten prägte. Sie rundete die Melodie ab, gestaltete sie symmetrisch, gab ihr jenes, eben »klassische« Gleichmaß, Gleichgewicht, das in der zweiten Hälfte des 18. Jahrhunderts voll erblüht vor uns steht. Das 19. Jahrhundert entwickelt die »romantische« Melodie, die nicht mehr so einfach ist wie die klassische. Sie wird länger und sucht neben die rein musikalische Schönheit – die höchstes Prinzip der Klassik ist – den (oftmals außermusikalischen) Stimmungsgehalt oder Ausdruck zu setzen. So gelangt man dann zu Wagner, aber auch zu Brahms, Bruckner, Mahler sowie zu den starken Melodikern Tschaikowsky und Dvořák ...

Der moderne Protest gegen die Melodie

Unser Jahrhundert kennt die verschiedensten Tendenzen gleichzeitig, so daß eine einheitliche Linie – vielleicht vorläufig – nicht zu erkennen ist. Die Schule Weberns versucht eine nie dagewesene Konzentration und meint, Melodie könne auf wenige wichtige Punkte reduziert werden, ohne an Sinn zu verlieren. Andere – der Impressionismus vor allem – lösen die Melodie, vielleicht in einer letzten Konsequenz von Wagners »unendlicher Melodie« gänzlich auf, so daß ihre einzelnen Teile, immer noch von Melodie durchdrungen, aber nicht mehr zusammengeformt, traumhafte Stimmungen hervorrufen. Die radikalsten Neuerungsbestrebungen wie Elektronik, Aleatorik, Serialismus in allen ihren Formen, leugnen das melodische Konzept, wie wir es aufstellen; ihre musikalische Auffassung geht von ganz anderen Gesichtspunkten aus. Besonders die serielle Musik stellt das gerade Gegenteil des früheren melodischen Konzepts als Grundsatz auf: Eine »Reihe«, wie sie ihren Werken zugrunde liegt, kann nur ausnahmsweise und ganz zufällig »melodisch« im alten Sinne wirken.

Doch zurück zur Melodie! Sie hat ihre Urheimat, wenn man so sagen kann, im Volkslied. Man denke an Webers »Freischütz«, an viele Melodien Schumanns und Mendelssohns, die in ihrer Zeit einer immer komplizierter werdenden Musik an volkstümlicher Einfachheit festhalten; man denke an Mahler, diesen schon spätromantischen Meister gigantischer Formen, in dessen Werk sich die Zerrissenheit von Zeit und Seele spiegeln, und der so gern zum melodischen Volkston zurückkehrt! Soll ich Carl Orff erwähnen, der in völlig »unmelodisch« gewordener Zeit ganz bewußt mit beinahe primitiven Volksmelodien arbeitet? Oder Richard Strauss, der nach seinem Vorstoß in Dissonanz und dramatisches Rezitativ (»Salome«, »Elektra«) den »Rosenkavalier«, die »Arabella« schrieb, in denen es einfache, fast volkstümliche Melodien gibt?

Doch das sind Ausnahmen. Je näher wir unserer Epoche kommen, desto komplizierter scheinen die Melodien zu werden, soweit man von ihnen als Melodie überhaupt noch reden kann. Von ihrer leichten Faßlichkeit, ihrer »Sangbarkeit«, ihrer einfachen Symmetrie ist keine Rede mehr, wobei man nie weiß, ob die zeitgenössischen Komponisten ihrer einfach nicht mehr mächtig sind oder sie nicht pflegen wollen ...

Gegen das Nichtkönnen ließe sich allerdings manches Beispiel anführen: Prokoffiew in »Sinfonia classica« und »Peter und der Wolf«, Kurt Weill in seinen Brecht-Songs zu »Mahagonny« und »Dreigroschenoper«, Křenek in seiner Oper »Jonny spielt auf«, Hindemith in manchem Werk, so in der Oper »Mathis der Maler«, Weinberger in seinem »Schwanda der Dudelsackpfeifer«, Gershwin und noch viele andere.

Aber im Gesamtpanorama unserer Zeit bleiben das Ausnahmen. Bei Prokoffiew – einem der Großmeister – ist übrigens besonders bezeichnend, daß »Peter und der Wolf« für Kinder geschrieben ist, und daß die »Sinfonia classica« bewußt in eine andere Epoche zurückgeht.

Beides ist interessant: Warum glaubt man, den Kindern von heute nicht die gleiche Musik bieten zu können wie den Erwachsenen? Da liegt meiner Meinung nach das Eingeständnis einer Schwäche. Wäre es Haydn und Schumann – die beide für Kinder schrieben – eingefallen, für diesen Zweck ihren Stil zu ändern? Sie schrieben genau so, wie für Erwachsene, lediglich ein wenig einfacher. Und der »Ausflug in die Klassik« ist ebenfalls sehr bemerkenswert: Er gibt dem Autor die Erlaubnis, Melodien zu schreiben und mit eingängigen Harmonien zu versehen. Wer das heute täte, ohne das Werk bewußt als Reminiszenz einer historischen Vergangenheit zu deklarieren, würde keinesfalls ernst genommen werden.

Käme heute, im zwanzigsten Jahrhundert einer und komponierte wie Chopin – er würde belächelt, als vollkommen veraltet betrachtet werden, und niemand würde seine Werke drucken oder aufführen. Dazu gibt es einen bezeichnenden Fall: Ein junger Musiker, vom Ehrgeiz getrieben, ein großes Orchester dirigieren zu dürfen, verkündete, eine unbekannte Haydn-Sinfonie im Manuskript entdeckt zu haben. Bei der von ihm geleiteten Uraufführung fanden Presse und Publikum sehr freundliche Worte für das reizende Rokokostück. Kurz danach wurde bekannt, daß es sich um eine Komposition des Dirigenten handelte – und auf einmal war das reizende Rokokostück nichts mehr wert.

Fritz Kreislers kluger Trick gehört wohl ebenfalls hier her. Der weltberühmte Geiger komponierte kleine Stücke, von denen er genau wußte, daß sie unzeitgemäß waren. Und so gab er sie als »Melodien des 17. und 18. Jahrhunderts, bearbeitet von Fritz Kreisler« heraus, mit stärkstem Erfolg.

Aber am charakteristischsten ist der Fall eines Malers, der für seine unzeitgemäße Begabung tragisch zahlen mußte: Er war Holländer und versenkte sich liebevoll in die große Epoche der flämischen Malerei, besonders in den gewaltigen Meister Vermeer. Seine eigenen Werke wurden den Bildern Vermeers immer ähnlicher, so sehr, daß er während des Zweiten Weltkriegs eigene Bilder als »Vermeers« an die deutsche Okkupationsmacht verkaufte. Nach dem Kriege wurde er der »Zusammenarbeit mit dem Feinde« angeklagt; die von ihm verkauften »Werke Vermeers« holte man zurück, um sie unter höchsten internationalen

Ehren im Reichsmuseum Amsterdams aufzuhängen. Bis sich im Prozeß herausstellte, daß der Mann – er hieß Van Megeren und hatte dieselben Initialen wie Vermeer – diese Meisterbilder (denn das waren sie) selbst gemalt hatte. Er starb im Gefängnis – der einzige Maler unseres Jahrhunderts, der malen konnte wie die weltbedeutenden Flamen vor drei Jahrhunderten! Auf einmal waren diese Werke, eben noch mit Millionenbeträgen bewertet, sinnlos, wertlos geworden, ein Stück bemalter Leinwand ...
Dies bedeutet, daß jede Zeit ihre Kunst hat. Nur die Werke, die mit Zeitstil, Zeitgeist übereinstimmen, haben Lebensberechtigung. Im Atomkraft- und Weltraumzeitalter malt man nicht wie Vermeer, komponiert man nicht wie Haydn ...

Die Polyphonie

Die Melodie, von der wir so ausführlich sprachen, ohne ihr ganzes Geheimnis erschöpfen zu können, ist eine horizontale Ordnung der Töne. Im Notenbild drückt sich das mit völliger Klarheit aus: In waagrechter Aneinanderreihung stehen die Noten der Melodie. Sie ist ein zeitlicher Ablauf, und was in der Zeit abrollt, wird von links nach rechts notiert, wie unsere Sprache.
Das entgegengesetzte Prinzip ist das vertikale: Was gleichzeitig erklingt, wird übereinander, senkrecht notiert. Bevor wir aber nun vom vertikalen Prinzip sprechen wollen, das wir HARMONIE nennen, möchte ich historisch vorgehen und zuerst von einem Prinzip sprechen, das waagrechtes und senkrechtes vereint, verbindet.
Nach dem Jahre 1000 unserer Zeitrechnung tauchten, zuerst in sehr primitiver Form, Bestrebungen auf, eine Melodie mit einer zweiten Melodie zu »begleiten«, zu kombinieren. War bis dahin die Musik einstimmig gewesen, so entsteht nun die MEHRSTIMMIGKEIT. Das kann so vor sich gehen, daß eine Stimme oder ein Instrument einen langen Ton aushält und eine andere Stimme oder ein anderes Instrument eine Melodie dazu spielt oder singt. Die beiden Melodien können auch gewissermaßen parallel laufen, wie es im heutigen Volksgesang Europas vielfach der Fall

ist. Wichtig ist, daß es zwei Melodielinien sind, weitgehend selbständig und doch in einem Verhältnis zueinander. So entsteht das Prinzip der »Mehrstimmigkeit«, mit einem – griechischen – Fremdwort POLYPHONIE genannt. Es war mehrere Jahrhunderte lang führend. Zuerst in der alten »Pariser Schule von Nôtre-Dame« des XIII. und XIV. Jahrhunderts, anschließend in langen Zeitabschnitten niederländischer Führung und mit großen Meistern – die heute allerdings höchstens noch den Musikforschern bekannt sind – kam die Polyphonie zu glanzvollen und äußerst komplizierten Musikformen. Aus der primitiven Zweistimmigkeit wurden drei, dann vier, fünf, sechs gleichzeitige Melodien. Eine neue Art des Hörens wurde geboren, und eine für uns keineswegs einfache. Das Ohr, bis dahin gewöhnt, nur einer Melodie zu folgen, mußte nun mehrere Entwicklungen gleichzeitig wahrnehmen.

Das ist auch heute noch besonders für den Musikhörer der älteren Generation schwer. Denn während der letzten zwei bis drei Jahrhunderte war diese mehrstimmige Musik zurückgetreten zugunsten der melodisch-harmonischen. Das 18. und 19. Jahrhundert war an Polyphonie nicht gewöhnt und empfand sie somit als fremd. Unser Jahrhundert hingegen gibt der Mehrstimmigkeit wieder starken Raum. Die in Klassik und Romantik geschulten Hörer nehmen Musik noch weitgehend mit dem »Ohr der Vergangenheit« auf. Die neue Generation aber gewöhnt sich wieder an die Polyphonie. Mehrstimmig ist z. B. die alte Chormusik, die Madrigale vor allem, die ihren Höhepunkt in der frühitalienischen Musikepoche hatten. Mehrstimmig sind natürlich alle Fugen, die eine nur auf Grund der Mehrstimmigkeit entstandene Musikform darstellen.

Bach war ein später »Polyphoniker«, obwohl zu seiner Zeit die neue, die »harmonische« Musik bereits ihren Einzug gehalten hatte und auch er vieles in diesem damals neuen Stil komponierte. Aber der Bach des »Wohltemperierten Klaviers«, der »Kunst der Fuge« und vieler »fugierter« Partien für Chöre und Orchester ist ein Polyphoniker. Wir können ihn auch Kontrapunktiker nennen.

Unter Kontrapunkt versteht man die Technik, mit deren Hilfe ein Komponist Gegenstimmen zu einer Melodie führt. Die Bezeichnung »Kontrapunkt« stammt aus der lateinischen Sprache. In alter Zeit nannte man die Note nach dem lateinischen Wort »punctus«. Der Komponist, nachdem er die Notenreihe der Melodie aufgeschrieben hatte, setzte je eine Note der Gegenstimme zur oder gegen die Note der Hauptmelodie: punctus contra punctum. So liegt im Wort schon die Erklärung des Prinzips. Es handelt sich nicht darum, an gewissen Abschnitten der Melodie Akkorde (oder Harmonien) zu spielen, so wie es etwa ein Gitarrespieler tut, der ein Lied begleitet. Vielmehr darum, zu einer gegebenen Melodie eine andere Melodie zu erfinden, als Gegenstimme, die zur ersten gewisse Abstände einhalten soll. Der Kontrapunkt-Schüler eines heutigen Konservatoriums lernt diese Art, die aus einem fernen Jahrhundert stammt, und deren Resultat eine oft recht herbe Musik ist. Denn noch gab es die Regeln von Konsonanz und Dissonanz, wie sie unser Gehör und die Theorie um 1600 voll ausbilden, nicht. Hart steht Melodie gegen Melodie und nur an gewissen Abschnitten, Schlüssen einer Phrase, sind Konsonanzen vorgeschrieben – aber zu diesen zählen im Anfang der Polyphonie nur Einklang, Quinte und Oktave.
Das Erfassen, Verstehen eines polyphonen Musikstücks erfordert ein sehr gutes Gehör und eine starke Konzentration. Denn es gilt ja nicht nur einer einzigen Melodie zu lauschen – wie dies im »harmonischen« (späteren) Zeitalter der Fall ist –, sondern mehreren gleichzeitig. Bei wievielen Melodielinien dies der Fall sein kann, ist individuell und zeitlich sehr verschieden. Es ist durchaus möglich, daß im 15. und 16. Jahrhundert das europäische Musikerohr in diesem Punkt viel geübter war als heute – oder sagen wir: als gestern. Denn heute scheint das »synthetische« Gehör der Klassik und Romantik wiederum allmählich einem »analytischen« Gehör Platz zu machen. Und um Kontrapunkte, um Polyphonie recht erfassen, verstehen und genießen zu können, ist gehörsmäßige und geistige Analyse notwendig.

Aus diesem Prinzip der Mehrstimmigkeit – die bis zu 48stimmigen Werken gelangte! – entstand allmählich in Europa in der Zeit des Mittelalters der Sinn für das vertikale Hören, das Verständnis für die HARMONIE. Nun setzten die Musiker nicht mehr »punctus contra punctum«, vollfuhren also nicht nur waagrecht, sondern verankerten die Zusammenklänge mehrerer Töne, wie sie sich in der Praxis herausgebildet hatten.
Wenn man die Polyphonie als einen Film betrachtet, mit gleichzeitig abrollenden Bildern und Handlungen, so stellt die Harmonie gewissermaßen eine Momentaufnahme dar. Man kann durch harmonische Musik Querschnitte legen und diese dann untersuchen. Sie bestehen aus Akkorden, aus Harmonien, letzten Endes aus Konsonanzen und Dissonanzen. Diese entwickeln sich zwar auch in horizontaler Richtung – eine Dissonanz geht in eine Konsonanz über, was eine Entwicklung in der Zeit darstellt, also einen waagrechten Vorgang bedeutet – aber jede Harmonie für sich betrachtet ergibt einen Sinn.
Ein neues musikalisches Gefühl kam mit der Harmonie in die Welt, gerade wie Jahrhunderte vorher mit der Mehrstimmigkeit ein neuer musikalischer Abschnitt begonnen hatte. Harmonie, das bedeutet Akkorde, »Begleitungen« zu einer Melodie. Die Akkorde wurden von den Theoretikern in ein großes System gebracht. Es gab konsonante Akkorde und dissonante Akkorde, die dissonanten erforderten eine Auflösung.
In der Polyphonie und dem Kontrapunkt gab es oft recht harte Dissonanzen. Hier waren die Intervalle ja Durchgangserscheinungen, die mit jedem neuen Ton wechselten. In der Welt der Harmonien gewannen Konsonanz und Dissonanz neue Bedeutung. Ein Grundprinzip verlangte die »Auflösung« der Dissonanz, das heißt ihre Überführung in eine Konsonanz. Die »Klassik« ging, wie wir sahen, sehr sparsam mit der Dissonanz um. Und diese wirkte, sparsam angewendet, natürlich besonders stark. Die Verwendung immer häufigerer und krasserer Dissonanzen in der »Romantik« steigerte deren Wirkung nur vorübergehend, da sehr rasch eine Gewöhnung eintrat und infolge-

dessen immer schnellere und heftigere Entwicklungen gefordert wurden. Bis das Unvermeidliche eintrat: im 20. Jahrhundert hatten die Dissonanzen die Konsonanzen überwuchert, die Spannungen, die Ruhemomente fast völlig verdrängt. Die Konsonanz war zur Ausnahme, die Dissonanz zur Regel geworden. Bis dann die Berechtigung dieses bipolaren Zustands an sich in Frage gestellt und in zeitgenössischen Kompositionsprinzipien – so der Zwölftontheorie – verneint wurde. Und an diesem Punkt war es, da die Probleme »moderner« Musik begannen.

Der Rhythmus

Alles Lebende besitzt Rhythmus. Vielleicht kann man so weit gehen, zu sagen: Erst der Rhythmus verleiht Leben, wird zum Merkmal des Lebens. Ob wir die Gestirne betrachten – die nach unserem Weltkonzept »leben« – ob unseren Tages- oder Jahresablauf, die Mondphasen, das Schlagen unseres Herzens oder Pulses, den Zyklus von Werden und Vergehen, von Blühen und Verblühen: überall herrscht Rhythmus. Rhythmus hängt aufs engste mit Bewegung zusammen. Ohne Bewegung kann es keinen Rhythmus geben und umgekehrt. *»Rhythmus ist die Ordnung in der Bewegung«* lautet die beste und älteste Definition. Platon, der große griechische Philosoph, hat sie formuliert. Unzählige andere Definitionen sind gefolgt, aber so verdienstvoll manche sein mag – sie fügen nichts Wesentliches mehr hinzu.
Vielleicht soll und kann man den musikalischen Rhythmus als Teil des Weltrhythmus verstehen, der alles Lebende umspannt. Ohne Bewegung, sagten wir, kein Rhythmus. Ohne Bewegung keine Musik. Ohne Rhythmus keine Musik. Rhythmus ist geordnete Bewegung, laut Platon. Vielleicht sogar eine in immer wiederkehrenden Abständen sich wiederholende Bewegung, eine Bewegung, der ein Gesetz, eine Gesetzmäßigkeit zugrundeliegt. Der Rhythmus besteht unabhängig von Melodie und Harmonie. Umgekehrt aber kann die Melodie nicht ohne Rhythmus bestehen. Nichts Musikalisches kann ohne Rhythmus bestehen. Denn es gibt nichts Lebendiges ohne ihn.

Hängt Rhythmus mit Takt zusammen? Gewiß, ohne allerdings mit ihm identisch zu sein. Der Rhythmus ist viel älter. Der Takt hingegen tauchte erst relativ spät in der Musik auf, wahrscheinlich im Mittelalter. Der gregorianische Gesang kannte ihn nicht. Ob die frühe Volksmusik Europas ihn hatte? Da sie zum guten Teil aus – sicher sehr einfachen – Tänzen bestanden haben dürfte, müßte die Frage wohl zu bejahen sein, denn für den Tanz ist nicht nur der Rhythmus, sondern auch der Takt grundlegend wichtig, das heißt, die periodische Zusammenfassung der rhythmischen Elemente. Der Takt als Grundelement der Kunstmusik wurde erst notwendig, als diese sich in der Etappe der Mehrstimmigkeit, der Polyphonie befand. Da konnte jede Melodie ihren eigenen Rhythmus haben, aber strenge Takteinteilung wurde notwendig, um diese verschiedenen Rhythmen zusammen zu halten.

Der gregorianische Gesang der frühchristlichen Kirche hatte natürlich den Rhythmus gekannt, nicht aber den Takt. Er war bei ihrer Einstimmigkeit ohne jede Begleitung auch nicht nötig. Im übrigen bildet er zwar den technischen, nicht aber den ästhetischen Ausgangspunkt der Kunstmusik des Abendlands. Er ist – so großartig wir ihn empfinden – keine Kunstmusik in des Wortes strenger Bedeutung. Denn bei dieser liegt die Betonung auf dem rein künstlerischen Zweck, der sich seine Regeln schafft. Der gregorianische Gesang aber ist ein Teil der Religionsausübung, ist Gottesdienst mit den Mitteln der Musik.

So betrachtet ist die Kunstmusik unseres Erdteils kaum 700 Jahre alt. Als das Mittelalter begann, eine selbständige Kunstmusik zu entwickeln, als es zu diesem Zweck mehrere Melodie-Linien gleichzeitig abrollen ließ und nach rein ästhetischen Prinzipien der Schönheit und des Wohlklangs kombinierte, mußte eine rhythmische Systematisierung geschaffen werden, um die Melodien zeitlich zu koordinieren. So entstand der Takt. Die Zahl der Rhythmen ist unbegrenzt . . . gewiß, es mag eine theoretische Grenze geben, aber in der Praxis ist sie unbegrenzt, so wie die Zahl der Melodien. Die Zahl der Takt-Arten hingegen ist be-

grenzt und sie ist keineswegs hoch. Vertreter außereuropäischer Musikkulturen (oder gute Kenner originaler Jazzmusik bzw. von deren Urform, den Negrospirituals, Blues etc.) wundern sich oftmals über die »Taktarmut« unserer Musik, besonders jener der klassischen Epoche.
Nun, das war, vom Standpunkt jener Zeit betrachtet, keine »Armut« sondern eine gewollte Beschränkung, die gut zum Symmetriebewußtsein der Epoche paßte. Unsere Taktarten beinhalten genaue Betonungsvorschriften – und verleihen unserer Musik, nach dem Konzept anderer Völker, vielleicht etwas Monotones. Der Reiz der Negermusik bzw. des Jazz liegt zum guten Teil (für uns) gerade darin, daß es solche gleichmäßige Betonungen nicht gibt. Jeder beliebige Taktteil kann einen Akzent erhalten, was wir »synkopieren« nennen und was dann in unsere Musik Eingang gefunden hat. Oder sagen wir besser – da es eigentlich immer bestand – was zu stärkerer Verwendung der Synkope in der modernen Musik führte. Das heißt: zur Schwächung des Taktgefühls. Und schließlich, bei den jüngsten Experimenten – seit 1950 etwa – zu dessen gänzlicher Auflösung.
Im Prinzip kennt unsere Musik zwei Taktarten: den *geraden* und den *ungeraden* Takt. Der gerade Takt ist im Marsch charakterisiert, den ungeraden finden wir im Walzer. Der Marsch läßt auf eine betonte Zählzeit eine unbetonte folgen, der Walzer zwei. Es gibt auch zusammengesetzte Takte: den Vier-Schlag-Takt müssen wir als zwei Zwei-Schlag-Takte auffassen, den Sechs-Schlag-Takt als zwei Drei-Schlag-Takte. Takte mit fünf und sieben Zählzeiten oder Schlägen sind aus 2+3 oder 3+2 zusammengesetzt, beziehungsweise aus 2+2+3 oder 2+3+2 oder 3+2+2. Ob man die ganze Note, die halbe, die viertel als Zählmaß annimmt, ist völlig gleichgültig.

Noten mit und ohne Fähnchen

Der Takt ist die Zusammenfassung einer bestimmten Zahl von Zeitwerten innerhalb selbstgewählter Einheiten. Nehmen wir den Marsch an: links, rechts, links, rechts . . . also eins, zwei, eins, zwei. Zwei Zählzeiten bilden zusammen eine Einheit. Sie wird im Notenbild durch Taktstriche abgegrenzt. Wir besitzen für die Dauer unserer Notenwerte verschiedene Figuren: Die runde Note, die nur aus einem Kreis besteht, also nicht mit Farbe ausgefüllt wird, ist unser längster Notenwert; sie heißt GANZE Note. Die Teilungen dieses Wertes erfolgen stets in Hälften.

Die nächst kürzere Note ist also die HALBE. Ihre Schreibweise: Genauso wie die Ganze, nur mit einem Stiel, der entweder nach links unten oder nach rechts oben zeigen kann, je nach der Lage der Note im Liniensystem – liegt sie in dessen unterer Hälfte (bis zur dritten Linie also), dann zeigt der Stiel nach oben, und umgekehrt. Der nächstkleinere, nächstkürzere Zeitwert ist die VIERTELNOTE. Man schreibt sie genau wie die Halbe, füllt ihren Kopf aber aus. Eine ganze Note besitzt die Länge von zwei Halben oder von vier Vierteln.

Die nächste Teilung – der Viertelnote also – erfolgt in zwei ACHTELNOTEN. Deren Schreibung: wie die Viertelnote, nur mit einem kleinen Fähnchen am Ende des Stiels, das stets nach rechts flattert. Acht solcher Achtelnoten ergeben eine Ganze, vier eine Halbe, zwei eine Viertelnote.

So gehen die Teilungen weiter: Die Achtelnote kann in zwei SECHZEHNTELNOTEN geteilt werden, die sich in der Schreibweise von ihr auch wieder nur durch ein kleines Detail unterscheiden: zwei Fähnchen übereinander, anstatt eines. Dann gibt es noch die ZWEIUNDDREISSIGSTELNOTE (mit drei Fähnchen), die VIERUNDSECHZIGSTELNOTE (mit vier Fähnchen) und, theoretisch, weitere Teilungen, die aber kaum noch in der Musikpraxis vorkommen. Bevor nun der Komponist ein Stück niederschreibt, bestimmt er, welchen dieser Notenwerte er als Takteinheit wählen will. Die gebräuchlichste Einheit oder Zählzeit ist die Viertelnote, aber der Komponist kann auch die Halbe oder die Achtelnote dafür verwenden, theoretisch auch die anderen.

Das hängt zum Teil mit dem Charakter des Stückes zusammen oder mit seiner Geschwindigkeit, seinem »Tempo«, doch ist das sehr schwer zu erklären, da es weitgehend Gefühlssache ist. Nimmt der Komponist die Viertelnote als Zähleinheit, so haben in einem Zweizeit-Takt zwei Viertelnoten Platz, in einem Dreizeit-Takt eben drei. Die Takt-Art wird stets zu Beginn des Stückes durch einen ins Liniensystem gesetzten Bruch bekanntgemacht. Wenn angegeben ist: $^2/_4$, dann stehen zwei Viertelnoten in jedem Takt oder ihr Gegenwert, also eine halbe Note oder vier Achtel oder acht Sechzehntel oder eine Kombination verschiedenster Werte, die aber zusammen genau zwei Viertel ergeben müssen. Ist es ein Dreizeit-Takt – also, sagen wir, kein Marsch, sondern ein Walzer oder Ländler – dann füllen drei Viertelnoten den Takt aus oder sechs Achtelnoten oder zwölf Sechzehntel oder irgendwelche Kombinationen, deren Gesamtwert drei Viertelnoten entspricht. Das Bruchsymbol dieser Taktart ist $^3/_4$. Der $^4/_4$-Takt gilt in vielen Lehrbüchern als Grundtypus, als Urtypus des Marsch-Taktes.

Ich persönlich ziehe es vor, alle bestehenden Taktarten vom Zwei- bzw. vom Dreizeit-Takt abzuleiten. Der Vier-Vierteltakt ist also eine Zusammensetzung zweier Zwei-Vierteltakte. Die alte Theorie sagt allerdings, im Vier-Vierteltakt seien die natürlichen Betonungen ein wenig anders als bei zwei Zwei-Vierteltakten. Eine Grundregel, die auf dem gesamten Gebiet europäischer Musik gültig ist, besagt, daß bei jedem Takt – gleichgültig welchem – stets die erste Zählzeit betont sei. Zwei Zweivierteltakte haben also zwei gleichstarke Betonungen. Im Vier-Vierteltakt hingegen soll auf der ersten Zeit ein starker, auf der dritten ein weniger starker Akzent liegen. Dies ist, wie schon gesagt, bei der europäischen Musik so. Bei der Negermusik Nordamerikas z. B. fallen die Betonungen nicht so automatisch wie bei uns, sondern können willkürlich gesetzt werden. Allerdings wurde diese Musik ursprünglich auch nicht in unsere Taktarten gedrängt, die sich für sie wie eine Zwangsjacke ausnehmen. Erst als diese Musik bei uns bekannt wurde, übertrug man die freirhythmische Negermusik in unser Taktsystem, das für sie kaum anwendbar ist. Doch zurück zu unseren Takt-Arten.

Wählt der Komponist die Achtelnote als Einheit, so steht im Nenner des Bruchs eine Acht. Da gibt es den $^2/_8$-Takt, den beim Hören niemand von einem $^2/_4$-Takt unterscheiden kann; nur die Schreibweise ist verschieden. Wird die Halbe zur Einheit erwählt, so zeigt der Nenner des Bruchs eine Zwei. Das wäre das Wichtigste über die Grundtakte. Nur eines noch, weil es den Laien zu Mißverständnissen verleitet: der Takt mit sechs Zählzeiten. Er ist, wie alles, was nicht Zwei- und Dreizeit-Takt ist, ein »zusammengesetzter Takt«. Die Grundelemente, aus denen er zusammengesetzt ist, sind nicht drei Zweizeit-Takte, sondern zwei Dreizeit-Takte.

Ob das ein wesentlicher Unterschied ist? Gewiß, denn es bedeutet, daß er nicht drei Betonungen aufweist (wäre er aus Zweizeit-Takten zusammengesetzt, müßte er auf seinem ersten, dritten und fünften Taktteil betont werden), sondern zwei, auf der ersten und der vierten Zählzeit.

Das ist für jeden ausführenden Musiker wichtig. Natürlich auch für den Dirigenten. Denn dieser wird ihn, wenn ein Sechszeiten-Takt in schnellem Tempo gespielt wird, in seinen Schlägen vereinfachen: Er dirigiert zwei Zeiten, faßt also im Abschlag die Zeiten eins-zwei-drei zusammen, und in der Aufwärtsbewegung die Zeiten vier-fünf-sechs.

Der Taktstock

Das Taktschlagen ist, wie schon erwähnt, eine heute sekundär gewordene Aufgabe des Dirigenten. Können muß er es allerdings. Was er in Bewegung umsetzt, ist gewissermaßen nur der Zähler des Bruchs, nicht der Nenner. Also die Zahl der den Takt füllenden Grundwerte, nicht die Tatsache, ob es sich dabei um viertel, achtel oder halbe Noten handelt.

Am einfachsten ist der Zweiertakt zu schlagen: abwärts-aufwärts, abwärts-aufwärts und so fort. Eine Grundregel: Die ersten Taktzeiten werden stets nach unten geschlagen. Das stimmt auch mit der besprochenen Betonung überein: Es ist, als fiele die Hand; die natürliche Schwerkraft entspricht der Betonung. Beim Dreiertakt bleibt also der erste, betonte Taktteil gleich, der senkrechte Fall. Die zweite Zählzeit wird nach rechts seitlich in die Luft gezeichnet. Die dritte führt wieder nach oben, sonst könnte die folgende Eins des nächsten Takts nicht von oben herabfallen.

Die ganze Bewegung des Dreiertakts gleicht folglich einem Dreieck. Für den Vierertakt hat es sich eingebürgert, den zweiten Taktteil nach links seitlich zu zeichnen (der erste ist selbstverständlich wieder der vertikale Fall), den dritten dann waagrecht nach rechts zu führen – bis etwa dorthin, wohin der zweite Schlag des Dreiertakts gelangte – worauf dann der vierte Schlag wiederum aufwärts zum Ausgangspunkt führt.

Die unregelmäßigen Takte müßte man zuerst in der Theorie besprechen. Sie beschränken sich wohl auf den Fünfer- und den noch selteneren Siebenzeittakt. Im Fünfertakt geschriebene Musik finden wir im 19. Jahrhundert: Tschaikowsky verwendet ihn für den langsamen Satz seiner »Pathetischen«, seiner Sechsten Sinfonie, Mussorgski in den »Bildern einer Ausstellung«. Im ersteren Fall erreicht der Komponist eine »schwebende« Atmosphäre: Die Betonungen fallen unregelmäßiger als bei »gewöhnlichen« Takten; Mussorgskis Anwendung ist besonders interessant; zwischen den einzelnen Bildern, die in der Musik geschildert werden, begleiten wir den Beschauer auf seinem Gang (»Promenade« nennt es der Komponist) von Bild zu Bild, von Saal zu Saal der Ausstellung. Dieser Gang, in geradem Takt geschrieben, ergäbe vielleicht einen zu bestimmten, beinahe marschmäßigen Schritt, der $^5/_4$-Takt aber entspricht genau dem beabsichtigten Schlendern. Auf die Grundelemente reduziert besteht dieser Takt aus einem Zweier- plus einem Dreiertakt, deren Reihenfolge aber verschieden sein kann, also: 1, 2, 1, 2, 3 oder 1, 2, 3, 1, 2. Je nachdem schlägt auch der Dirigent: Zuerst einen Zweiertakt, anschließend einen Dreiertakt oder umgekehrt. Fünfertakte gibt es übrigens auch in der Volksmusik der Basken, ja sie bilden dort die Regel (was diese seltsame, ihrer Herkunft nach nie erklärte Musik noch geheimnisvoller macht).

Nun zum Siebenschlag- oder Siebenzeit-Takt. Auch er kommt in Volksmusik vor, vor allem in der der Balkanvölker. In der Kunstmusik ist er äußerst selten. Wir können ihn uns aus Zweier- plus Zweier- plus Dreiertakt zusammengesetzt denken, wobei die Reihenfolge dieser Elemente wechseln kann.

Für das musikalische »Tempo«, die Geschwindigkeit in der Musik gibt es zwei Bezeichnungsarten, eine ungefähre und eine genaue. Die ungefähre bildet die Regel, sie ist bei allen Musikstücken zu finden und erfolgt mit Worten, die genaue wird viel seltener angewendet und ist vor allem für den Fachmann bestimmt und wird in Zahlen dargestellt.

Die Worte, die dazu verwendet werden, kommen aus dem Italienischen. In der Zeit, in der solche Bezeichnungen zum ersten Mal notwendig wurden, war Italien das führende Musikland. Doch gehen wir systematisch vor und stellen wir die Reihe dieser Bezeichnungen von der schnellsten zur langsamsten auf.

Für die höchste Schnelligkeit steht PRESTO, das sogar noch mit dem Superlativ PRESTISSIMO gesteigert werden kann. Wir wollen versuchen, diese Ausdrücke ins Deutsche zu übersetzen, denn wenn auch jeder Musikkenner die italienischen Ausdrücke versteht, so wäre trotzdem eine gute deutsche Namensgebung zu begrüßen, wie viele Komponisten sie ohnedies längst verwenden. Presto wäre mit »Äußerst schnell« sinngemäß übersetzt. Prestissimo müßte dann »So schnell wie möglich« bedeuten, »Rasend« klingt nicht gut und würde zudem nicht genau den Sinn treffen, wenn wir exakt sein wollen. Denn »rasend« kennzeichnet eine Stimmung, während »Prestissimo« für die Italiener einfach ein äußerstes Musikzeitmaß bedeutet, von höchster Beweglichkeit, die aber nichts mit irgendeiner Gemütsbewegung zu tun hat.

Nach diesen Maximalwerten kommt VIVACE, das mit unserem »Lebhaft« einwandfrei verdeutscht ist. Zu den meisten der italienischen Tempobezeichnungen kann noch ein MOLTO (viel), POCO (wenig) oder ASSAI (ziemlich) hinzugefügt werden. MOLTO VIVACE entspricht genau unserem »Sehr lebhaft«, ASSAI VIVACE oder VIVACE ASSAI unserem »Ziemlich lebhaft«. Dann folgt ALLEGRO, es ist unser »Schnell«. ALLEGRO MOLTO müßte dann unserem »Sehr schnell« entsprechen, ALLEGRO ASSAI unserem »Ziemlich schnell«. Die Italiener kennen noch die Bezeichnung ALLEGRETTO, deren Verdeutschung nicht ganz einfach ist. Gemäßigt schnell oder besser »Mäßig schnell« wäre zweifellos der

Sinn. In der Mitte der Geschwindigkeitsskala steht die Bezeichnung ANDANTE. Sie kommt von »gehen«. Also: »Gehend« oder »Gehendes Zeitmaß«. Schwieriger wird es, wenn dieses Wort einen Zusatz führt: ANDANTE MOLTO, POCO ANDANTE. Strafferes Gehen, ruhigeres Gehen? Für das letztere verwenden manche deutsche Komponisten: »In ruhig gehendem Zeitmaß.« Für das erstere könnte man sich »In flottem Schreiten« vorstellen oder etwas ähnliches. Für die ruhigeren bis langsameren Tempi verwenden die Italiener die Bezeichnungen TRANQUILLO (Ruhig), LENTO (Langsam), die nächste Hauptbezeichnungsart wäre ADAGIO, die dem Lento ungefähr ebenbürtig ist, ein sehr ruhiges, geruhsames Zeitmaß von ausgesprochenem langsamen Charakter. Noch langsamer wäre GRAVE, oder PESANTE, die beide etwa mit »Schwer« zu übersetzen wären, was aber keine gute deutsche Bezeichnung ergibt; »Gewichtig«, »Äußerst langsam« oder etwas anderes in dieser Richtung wären vorzuziehen. CANTABILE und ESPRESSIVO sind keine Tempobezeichnungen und haben primär nichts mit der Geschwindigkeit zu tun. »Cantabile« würde ungefähr unserem »Singend« entsprechen und drückt aus, daß an dieser Stelle der melodische Ausdruck das Wichtigste sein soll. In ähnliche Richtung geht »espressivo«, das genau unserem »Ausdrucksvoll« entspricht. Steht in einem Musikstück, dessen Tempo mit »Allegro« angegeben ist, »espressivo«, so kann dies wohl einen kleinen Einfluß auf die Geschwindigkeit ausüben: Sie darf dann nie so groß werden, daß der Ausdruck dabei nicht gewahrt bleiben kann. Auch AGITATO finden wir gelegentlich: es entspricht unserem »Erregt« und könnte bei MOLTO AGITATO sogar zu »Mit fliegenden Pulsen« werden.

Das Metronom

Alle diese Tempi unterliegen mehr oder weniger dem Gefühl oder dem Temperament des Ausführenden. Für eine verhältnismäßig lange Zeit scheinen sie völlig ausgereicht zu haben. Denn längst wäre es möglich gewesen, den Ablauf der Musik mit dem der Zeit in Beziehung zu setzen, das heißt, Musik in Sekunden und Minuten zu messen. Aber erst zu Beethovens Zeit erfand ein Mechaniker und Musiklehrer – übrigens ein Freund Beethovens in Wien – einen Apparat, mit dem es leicht wurde, das Tempo eines Musikstücks genau festzulegen. Der Mann hieß Mälzel, sein Apparat Metronom.

Das Metronom hat sich längst nicht so eingebürgert wie man annehmen sollte, ja in den letzten Jahren scheint es stark im Schwinden zu sein. Es handelt sich um ein Pendel, das bei jedem Ausschlag – nach beiden Seiten – ein gut wahrnehmbares Geräusch von sich gibt, wie das Ticken einer Uhr. Der Gang des Pendels kann beschleunigt oder verlangsamt werden durch das einfache Verschieben eines Gewichts. Die Gewichtstellung erfolgt über einer Skala; jede Position, was so viel bedeutet wie: jede Geschwindigkeit, hat infolgedessen ihre Zahl. Und nun ist es leicht, das Tempo eines Musikstücks genau zu bestimmen. Der Komponist hat es in der Hand, mit Hilfe einer Zahl, die zu Anfang des Stücks angegeben wird, von seinen Interpreten die stets gleiche, genau mit seinen Wünschen übereinstimmende Geschwindigkeit zu fordern. Die Bezeichnung »Viertelnote gleich 120« ist eindeutig: Das Gewicht am Pendel wird auf den Punkt 120 der Skala gestellt, und das Ticken gibt dann genau das Tempo an, da die Viertelnoten mit diesen Schlägen übereinstimmen müssen. Dagegen ist einzuwenden, daß die Komponisten nicht immer die geeigneten Leute für solche Festlegungen sind, so sehr uns das auch wundern mag. Zweitens, daß es eine absolute Geschwindigkeit gar nicht gibt. Zwei Sänger singen dasselbe Lied. Beider Wiedergabe erscheint uns als ideal. Und doch ist im Tempo der beiden eine nicht zu überhörende Differenz festzustellen: Die leichte Sopranstimme singt das Lied schneller als die schwere Baßstimme, eine Stoppuhr zeigt uns das genau. Was hätte der Komponist da für einen Metronomwert notieren sollen? Nähme er den des Basses, so wäre er für die Sopranistin viel zu schwerfällig, zu langsam. Und umgekehrt, der Bassist müßte sich Zwang auferlegen, gehetzt singen, wenn die Ziffer nach der Sopranistin eingestellt wäre. Das gleiche, in einen größeren Rahmen übertragen: Ein oder zwei Instrumente spielen ein Musikstück, das dann noch einmal von einem großen Orchester wiedergegeben wird, in dem es viel Blechinstrumente, besonders Posaunen und Tuben gibt. Der Zeitunterschied zwischen diesen beiden Interpretationen wird bedeutend sein, er kann bis zu 10 Prozent betragen. Auch in diesem Fall wäre eine Metronomangabe irreführend oder für eine dieser Gruppen sogar falsch gewesen.

Das dritte Gegenargument ist, daß die gleiche Differenz der Geschwindigkeiten, wie sie zwischen einzelnen Interpreten vorliegt – leichte und schwere Stimmen, wenige und viele Instrumente – auch zwischen verschiedenen Epochen zu konstatieren ist. Wir glauben heute, daß die Barockzeit im allgemeinen langsamer musizierte als die Klassik und diese wieder langsamer als wir. Vielleicht hängt das mit dem »Lebenstempo« zusammen? Geruhsamere Zeiten musizieren geruhsamer ...

Und der vierte Grund: Die mit einer Metronomzahl angegebene Geschwindigkeit kann kaum für ein ganzes Stück gelten, auch wenn darin keine wirkliche Tempoänderung vorgeschrieben ist. Wenn man ein Musikwerk von Anfang bis zum Ende in genau dem gleichen Tempo spielt – vielleicht durch das mitlaufende Metronom dazu gezwungen – so ergibt sich etwas Gekünsteltes, Mechanisches, Unlebendiges. Wahre Interpretation kann und soll aber nicht so sein; merkbare Temporückungen soll es darin nicht geben, wirkliche Ungleichmäßigkeiten bedeuten sicher einen Fehler, aber uhrwerkartiges Spiel oder Singen würde starr, tot, unecht wirken. Kurz gesagt, es hängt weitgehend vom Interpreten ab. Weiß er ein Werk zwingend zu gestalten, so ist die minuziöse Einhaltung der Geschwindigkeit nicht ausschlaggebend.

Formenschatz der Musik I

Wenn man erfaßt hat, was Motiv, Thema, Melodie bedeuten, was Mehrstimmigkeit, Harmonie und Rhythmus sind, ist diese kleine musikalische Formenlehre keineswegs schwierig. Beginnen wir mit dem allereinfachsten. Was ist »das einfachste«? Ein Volkslied? Nicht unbedingt.

Kanon und Minnesang

Im einfachen Volkslied können bereits zwei oder drei Melodien vorkommen. Es gibt aber eine Form, die nur eine einzige Melodie verarbeitet, das ist der Kanon. Schon in der Schule haben wir ihn gesungen. Einige beginnen, andere fallen später ein. Man könnte meinen, es sei nur Spielerei. Es ist oft ein Spiel, wird auch manchmal zum Spaß, zum Zeitvertreib angestimmt. Aber wer richtig Kanonsingen kann, hat eine ausgezeichnete musikalische Grundlage, um auch schwerere Dinge verstehen zu können. Im Elternhause Bachs gehörte das Singen von Kanons zu den »Tafelfreuden«; am Ende der gemeinsamen Mahlzeit wurden Kanons von allen Anwesenden angestimmt, manchmal sogar neue erfunden. Vielleicht nicht so einfache Kanons, wie wir sie in unseren Schulen singen, sondern etwas kompliziertere Formen.

Der Kanon ist eine Liedform, die auf einer einzigen, meist kurzen Melodie aufgebaut ist. Sie bekommt ihren Reiz dadurch, daß die Stimmen oder Instrumente, die daran beteiligt sind, nicht gleichzeitig beginnen, sondern die einen früher, die anderen später. Natürlich in genau richtigem Abstand; wäre das nicht der Fall, so ergäbe der Zusammenklang der zweiten Stimme mit der ersten nicht den gewünschten Klang. Statt Klang sollte man eigentlich ein anderes Wort gebrauchen. »Harmonie« ist nicht ganz richtig, denn von Akkorden ist keine Rede. Zudem brauchen wir zum Akkord stets mindestens drei Töne, unser Kanon aber verläuft bisher in zwei Stimmen. Da die beiden Melodielinien sich in horizontaler Weise bewegen, geschieht der gleichzeitige Ablauf zweier Melodielinien nach den Regeln des Kontrapunkts. Wir befinden uns folglich mit dem Kanon auf dem Gebiet der Mehrstimmigkeit.

Erläutern wir dieses Prinzip noch einmal: Beim Kanon gibt es eine Melodie, die von einer Stimme gesungen oder einem Instrument gespielt wird; nach einer gewissen Zahl von Tönen setzt die zweite Stimme ein. Sie beginnt natürlich nicht dort, wo die zweite Stimme eben angelangt ist, sondern beim Beginn der Melodie. Dadurch entsteht eine Zweistimmigkeit, denn erste und zweite Stimme singen infolge dieser zeitlichen Verschiebung nicht das gleiche, sondern werden zu Stimme und Gegenstimme. Drei- und vierstimmige Kanons sind sehr häufig. Da setzen, in der gleichen Weise wie wir es beim zweistimmigen Kanon beschrieben haben, nach einer gewissen Zeit die dritte und nach einem weiteren Zeitabstand die vierte Stimme ein. Dies ergibt eine echte Polyphonie oder Mehrstimmigkeit – und ist zudem recht amüsant. Man kann aus einem Kanon einen Rundgesang für viele Teilnehmer machen, denn ein Kanon ist »unendlich«. An seinem Ende kann er wieder von vorne angefangen werden. Ist er vierstimmig angelegt (was in der Komposition zum Ausdruck kommt), so setzt die mögliche fünfte Stimme eben so fort, als wäre sie die zweite nach der ersten, die in Wirklichkeit schon die vierte ist usw. Und immer im gleichen Abstand setzt eine neue Stimme ein ...

Der älteste Kanon, den man gefunden hat, ist englischen Ursprungs und geht auf das Jahr 1230 zurück. Doch ist er so entwickelt, daß man annehmen muß, daß die Kanonform um jene Zeit schon etwas seit langem Bekanntes gewesen sei.

Der Kanon gehört zu den frühesten mehrstimmigen Musikformen. Die früheren musikalischen Äußerungen, die wir in Europa kennen, sind einstimmig. Hier wäre vor allem das Lied der Minnesänger und Troubadoure zu nennen. Es besteht aus einer einzigen Melodie, die dem Volkstümlichen sehr nahe steht. Auch im Thema ist es dem Volkslied verwandt: Es gibt Liebeslieder, Tanzlieder, Frühlingslieder. Zum Minnesang gehören Instrumente wie Harfe, Leier und Fidel. Ob jedoch zu den Liedern eine Begleitung gespielt wurde oder ob man nur die Melodie dazu zupfte, steht nicht fest.

Auch Vorläufer unserer Streichinstrumente hat es bereits gegeben: die »Fidel« (abgeleitet von dem althochdeutschen Wort »fidula«, lateinisch vitula), die später in den Familien der Lira und der Viola da gamba aufging, der Stammutter der heutigen Streicherfamilie. Ohne die einfache, volkstümliche Melodiebildung der Troubadoure hätte der Kanon nicht entstehen können, denn nur solche Melodien, die in Phrasen gegliedert sind, kann man auf solche Art ausgestalten. Im Minnesängerlied und Kanon treten in Europa zum erstenmal gegliederte, nach Symmetrie strebende Melodien auf. Die Minnelieder um das Jahr 1000 unserer Zeitrechnung muß man – trotz der Möglichkeit gewisser »Begleitung« – als »einstimmig« bezeichnen. Der Kanon aber gehört bereits zu den Anfängen der mehrstimmigen Musik, er ist sogar schon ein fortgeschrittenes Beispiel. Wo liegt der Übergang?

Da gab es Formen (sie heißen Organum, Faux bourdon usw.) die wir nur nennen, nicht aber eingehend erklären wollen, da sie heute nur für den Musikwissenschaftler Bedeutung haben; sie bestehen entweder aus zwei sehr primitiven, sich Note um Note umeinander rankenden Melodielinien; aus einem lang gehaltenen Ton, um den sich eine einfachste Melodie schlingt; aus fast automatischen Parallelbewegungen zweier oder bald dreier Linien.

Motette und Madrigal

Ein wenig mehr hingegen wollen wir über MOTETTE und MADRIGAL sagen, die aus der Entwicklung der mehrstimmigen Musik herauswachsen und die wir im späteren Mittelalter hochentwickelt vor uns sehen. Die frühesten Motetten kennen wir bereits von der schon erwähnten Pariser Schule des 13. Jahrhunderts, deren größte Meister Leoninus und Perotinus sind. Hier besteht die Motette aus einer »alten«, also gregorianischen Phrase, um die sich eine oder zwei Gegenstimmen vokaler oder instrumentaler Art ranken.

Es ist im Unterschied zum Minnesängerlied und Kanon eine geistliche Musikform, die sie auch im Wesentlichen während der niederländischen Hochblüte der Polyphonie im 15. und 16. Jahrhundert bleibt. Großmeister sind Dufay, Ockeghem, Josquin des Prés, Sweelinck, Orlando di Lasso – obwohl da bereits eine starke Verweltlichung der Kirchenmusik beginnt. In der Zeit der italienischen Renaissance entwickelt sich die Motette weiter, allerdings versteht man unter diesem Namen immer verschiedenartigere Formen: begleitete und A-cappella-Musik, geistliche und weltliche Stücke, in lateinischer Sprache oder in der jeweiligen Landessprache.

So trifft sich die Motette oft mit dem Madrigal, das um die Zeit der großen Dichter Dante, Petrarca, Boccaccio als Liebeslied, mehrstimmig gesungen, aufkam und von hochbedeutenden Meistern, vor allem in Italien, aber auch in England und im übrigen Europa, gepflegt wurde. In seinen Glanzzeiten ist das Madrigal fünfstimmig und wird a cappella gesungen, doch gibt es auch andere Erscheinungsformen. Heute wenden sich moderne Kammerchöre wieder gerne der Pflege des Madrigals zu, unter dessen Komponisten geniale Meister zu finden sind: Francesco Landino, Jacopo di Bologna, Giovanni da Cascia im 14. Jahrhundert, Willaert, Arcadelt, Marenzio, Lasso, Monteverdi und viele andere – so ein genialer Fürst von Venosa mit unglaublich »modernen« Harmonien – im 16. Jahrhundert, Dowland, Morley, Gibbons in England.

Dann aber beginnt der Niedergang der mehrstimmigen Kunst und an ihre Stelle tritt die neue, einstimmige, mit Akkorden begleitete, dem harmonischen Empfinden entwachsende Melodie. Da entsteht das Lied – wie es später Klassiker und Romantiker auf den Höhepunkt bringen werden – und die Oper wird geboren.

Im Frühstadium der Minnesänger und ein wenig später dann der Meistersinger – vor allem in Deutschlands spätmittelalterlichen Städten – handelte es sich beim Lied um eine recht einfache Melodie, die auch von Instrumenten umspielt werden konnte. Von da an bis zum Höhepunkt der Liedkunst im 19. Jahrhundert ist es ein weiter Weg. Betrachten wir nicht den ganzen historischen Werdegang (denn das soll hier unsere Aufgabe nicht sein), sondern die Form auf ihrer höchsten Entwicklung. Da gibt es – rein formal – verschiedene Liedformen: das einfache Strophenlied – typisches Beispiel Schuberts »Heidenröslein« –; das variierte Strophenlied – Beispiel Schuberts »Lindenbaum« –; das durchkomponierte Lied – Beispiel Schuberts »Erlkönig«.
Variierte Strophenform heißt: die einzelnen Textstrophen haben nicht die gleiche Melodie. Im »Lindenbaum« ist die zweite Strophe »Ich mußt' auch heute wandern ...« in düsteres Moll getaucht, die dritte »Die kalten Winde bliesen ...« verläßt die Melodie sogar ganz, während die zweite sie nur variiert hatte. Der zweite Teil der dritten Strophe wird von Schubert zu einer eigenen, sozusagen vierten Strophe ausgebaut, indem er die beiden letzten Dichterzeilen »Nun bin ich manche Stunde entfernt von jenem Ort und immer hör' ich's rauschen: du fändest Ruhe dort«, wiederholt, ja die letzten Worte nochmals bringt mit leicht verändertem Schluß. Diese vierte Strophe ist musikalisch eine Rückkehr zur ersten, also rundet sich die Form hier ab, das Lied ist trotz starker Variation noch als strophisches Lied anzusprechen.
Geht der Komponist ganz von der Strophenform ab, so gelangt er, wie schon gesagt, zum »durchkomponierten« Lied; dies entspricht am ehesten einer dramatischen Erzählung. Der »Erlkönig«, Goethes Meistertext vom Ritt des geängstigten Vaters durch nächtlichen Wald, mit dem schwerkranken Kind auf dem Sattel, gespenstische Flüsterstimme des Erlkönigs, Wehklagen des Kindes, Beruhigungsversuche des Vaters, Steigerung der unheimlichen Atmosphäre, Tod des Kindes: das wäre in einer Stro-

phenform nie und nimmer so dramatisch zu gestalten wie Schubert es hier in freier, durchkomponierter Form gefaßt hat.
Zwischen einfacher Strophenform und durchkomponierter Liedform (die eigentlich keine feste Form mehr hat) gibt es so viele Zwischenstufen wie es dichterische Vorlagen und musikalische Temperamente gibt. Wesentlich ist, daß das Lied Melodien aneinanderreiht. Es mögen bei kleineren Liedern – im Volkston etwa – zwei sein, häufig ist die Rückkehr zur ersten nach Ende der zweiten Melodie, wodurch die sogenannte, sehr oft anzutreffende »dreiteilige Liedform« entsteht, deren »Formel« gewissermaßen A-B-A lautet.
Diese Formeln wendet man in der Musikwissenschaft an. Man bezeichnet die erste auftretende Melodie mit A, die zweite mit B. Kehrt die erste wieder, heißt sie natürlich wieder A. Wird sie aber nicht genau so gebracht wie das erste Mal sondern variiert, so nimmt sie in dieser Variation den Namen A_1 an und A_2, A_3 und so fort für weitere Umgestaltungen der Melodie A.
Wir werden das dann auch beim Rondo sehen. Bei der Betrachtung des Liedes ist eine Analyse der Melodien nicht ausreichend. Zum echten Lied – auf seinem Höhepunkt im 19. Jahrhundert und bei seinen Ausläufern in unserer Zeit – gehört der dichterische Vorwurf und die Instrumentalbegleitung. Von der Zusammenarbeit zwischen Dichtung und Musik wollen wir bei der Oper dann ein paar grundlegende Dinge sagen, sie ist sehr interessant. Beim Lied nur so viel, daß ein nichtssagender Text Kunst- und Stimmungswert des Liedes genau so herabsetzt oder annulliert wie schlechte Musik. Wo beide in hoher Vollendung zusammentreffen – wobei die Frage, ob es sich um einen bekannten Dichter handelt oder nicht, ganz unwichtig ist – kann ein Meisterlied entstehen. Zu einem solchen gehört noch die »Begleitung«.
Die Originalform des Liedes wird immer vom Klavier begleitet, wenngleich mancher Komponist diesen Klavierpart dann durch Instrumentation oder Orchestrierung für ein großes Ensemble gestaltet. Dieser »Klavierpart« kann in sich ein kleines Meisterstück bedeuten; er kann sich in einfacheren Liedern eng an die Melodie halten und sie mit Harmonien stützen, untermauern,

er kann aber auch höchst »tonmalerisch« und unabhängig von der Melodie werden. Schuberts »Wandern« wäre der Melodie nach ein schlichtes Volkslied, aber das Rauschen des Baches in der Klavierbegleitung erhebt es zum Kunstlied.

Schubert liebt das Wasser sehr, so wie nach ihm vielleicht nur Debussy, der sich von den verschiedensten Erscheinungen des Wassers – als Bach, Fluß, See, Regen, Meer – geradezu mystisch angezogen fühlte wie auch Schubert. Das findet vor allem in der Klavierbegleitung der Lieder seinen Niederschlag, da ist Raum für »Tonmalerei«.

Das Lied wird so zur »schildernden Musik«, der es eigentlich stets nahesteht, denn wo ein Text vertont wird, muß die Musik trachten, den Gehalt dieses Textes wiederzugeben, zu unterstreichen, auszuschöpfen innerhalb ihrer eigenen Möglichkeiten. Das geht nicht immer gleich weit: In der Klassik bleibt selbst im Lied die Musik weitgehend »absolut«, aber im Grundcharakter wird doch auf die »Stimmung« des Textes Bezug genommen, ob sie traurig oder fröhlich, schelmisch oder nachdenklich ist. Das ist schon bei den Italienern, etwa Pergolesi und Scarlatti so, bei Haendel und Gluck. Auch bei Mozarts bekanntem »Veilchen«: Es ist eine »erzählende« Melodie, der man auf weite Strecken auch einen anderen Text unterlegen könnte; dann aber kommt die Stelle »es sank und starb ...«, und da unterbricht Mozart die schlicht dahinrollende Melodie und »malt« in wenigen Tönen dieses Hinsinken und Sterben des Veilchens zu Füßen des geliebten Mädchens. Plötzlich geht »absolute« Musik in schildernde über!

Beethovens »Liederkreis an die ferne Geliebte« hat schon manchen tonmalerischen Zug, und Schubert ist in seinem Liedschaffen ein völliger Romantiker, und das bedeutet hier: ein Schöpfer, denn er schuf und prägte den romantischen Liedstil, er fast allein. Bei seinem Nachfolger Schumann ist das tonmalerische Element bereits alleinherrschend geworden; es erstreckt sich bei ihm sogar oft über die gesungene Melodie hinaus und beherrscht noch lange, wundervoll ausdrucksvolle Nachspiele am Klavier.

Wenn man an die »Sonate« denkt oder an die »Sinfonie«, so versteht man darunter eine sehr bestimmte Form. Wie verhält es sich aber mit der Oper? Kann man da von einer »Form« sprechen? Was hat Mozarts »Entführung aus dem Serail« etwa mit Wagners »Parsifal« oder mit Bergs »Wozzek« zu tun?
Rein formell, wenig. Außer den äußerlichen Dingen: Menschen verkörpern Rollen, singen Texte, die einen dramatischen Ablauf erstehen lassen, und werden von einem Orchester begleitet.
»Die Entführung aus dem Serail« gilt als Singspiel, die »leichtere«, typisch deutsche Schwester der Oper. Doch sogar Beethovens »Fidelio« wurde zu den Singspielen gerechnet, obwohl ein ernsterer, realistischerer Text kaum gedacht werden kann. Die Unterscheidung liegt in einem formalen Element: Musikalische Bühnenwerke in deutscher Sprache und mit gesprochenem Dialog zwischen den Musiknummern heißen Singspiele, was auf eine Bezeichnung ihrer Frühzeit zurückgeht. Da wurde das musikalische Volksstück, meist heiteren oder märchenhaften Charakters in Wien und anderen deutschsprachigen Städten geschaffen, als Gegengewicht gegen die italienische »Opera«, und man nannte es »Singspiel«. So blieb es etwa dreißig bis vierzig Jahre lang: Mozarts »Entführung« gehört zu den Anfangszeiten, seine »Zauberflöte« bildet (1791) einen Höhepunkt, Webers »Freischütz« (1821) wird, obwohl formell noch Singspiel, schon zur romantischen Oper gerechnet.
Die Italiener kennen keine Singspiele, obwohl man die Lustspielopern Pergolesis oder Cimarosas oder selbst Rossinis »Italienerin in Algier«, ja sogar seinen genialen »Barbier von Sevilla« vielleicht als Singspiele bezeichnen könnte. Aber Italien kennt den Bruch zwischen Singen und Sprechen im gleichen Werk nicht. Die im Deutschen gesprochenen Partien werden bei den Italienern in eine Art Sprechgesang, in das sogenannte Rezitativ verwandelt. Mozarts Singspiel »Die Entführung aus dem Serail« besteht aus einer langen Reihe völlig in sich geschlossener Musiknummern, von denen natürlich jede eine bestimmte »Form« aufweist.

Gerade so ist es bei den damaligen Italienern. Auch sie kennen zu Ende des 18. und im frühen 19. Jahrhundert das durchkomponierte Opernwerk nicht.
Vorher haben sie es gehabt! Die ersten Opern, die es überhaupt gab und die in Monteverdis »Orfeo« einen strahlenden frühen Gipfel im Jahre 1607 erreichten, waren durchkomponiert und kannten das Dilemma zwischen gesungenen und halbgesungenen oder gar gesprochenen Teilen nicht. Diese Zweiteilung erfolgte erst später, als die italienische Oper aus den Palästen hervortrat und um die Gunst des Publikums werben mußte. Da entstanden die überaus melodiösen und bravourösen Arien, während derer die »Aktion« steckenblieb, da alle Aufmerksamkeit auf Melodie und Gesang konzentriert waren. Um so rascher mußte dann die Handlung vorwärts getrieben werden und das geschah in jenen halbgesprochenen Partien, die nur durch ein Tasteninstrument, das Cembalo, mit Hilfe von einigen wenigen Akkorden gestützt, musikalisch zu einer kaum beachteten Notwendigkeit absanken. Die Deutschen, die ihre eigene, nationale Oper zu schaffen wünschten, schufen diesen Sprechgesang, das Rezitativ, als ihrer Sprache zuwiderlaufend ab und ersetzten es durch gesprochene Prosa. Man gewann zwar an Natürlichkeit, aber der Bruch zwischen den gesungenen und den gesprochenen Teilen wurde tiefer. Und das 19. Jahrhundert gelangte von Weber über Spohr und Marschner bis Wagner zum deutschen Musikdrama, in dem es keinen gesprochenen Dialog mehr gibt, aber andererseits auch der rein gesanglich virtuose Höhepunkt der Arie im italienischen Sinne langsam verschwand. Und mit dieser Entwicklung parallel verläuft die Ausdehnung der Form, die einer einfachen Analyse, wie noch zu Zeiten Mozarts, nicht mehr zugänglich ist. Mozarts musikalische Formen sind zumeist einfach und klar gegliedert. Es sind zum Teil Liedformen, oft dreiteilig, also A-B-A, die zur Rondoform ausgeweitet werden können. Deren einfachste Formel wäre A-B-A-B-A oder auch A-B-A-C-A.
A-B-A-B-A wäre einfach eine Ausweitung der Liedform durch nochmaliges Bringen der zweiten Melodie und nochmaliger Wiederholung der ersten Melodie am Schluß. Bei A-B-A-C-A wird eine dritte Melodie eingeführt, C, aber auch so, daß die Haupt-

melodie A immer wiederkehrt, wenn eine andere – B oder C – erklungen ist.

Das Rondo wird noch ausführlicher behandelt; es ist zu jener Zeit die Lieblingsform der klassischen Komponisten für die Schlußsätze zyklischer Formen wie Sonate, Sinfonie, Konzert. In der Oper werden die Formen nicht ganz so rein gepflegt wie in der Instrumentalmusik. Das ist jedoch begreiflich, denn es ist ein Text da und eine wechselnde dramatische Situation, der sich die Musik anpassen soll. Im Finale jedes Aktes sucht der Komponist, von den kleinen Formen wegzukommen und ein längeres Musikstück zu schreiben, zusammengesetzt aus verschiedensten Elementen. Da ist eine Formanalyse nicht mehr so einfach und wohl auch kaum notwendig. Bei Wagners »Parsifal« ist von dieser »Form« überhaupt nichts mehr wahrzunehmen, doch ist eine innere Struktur zweifellos vorhanden – ein Kunstwerk ohne Form ist undenkbar.

Allerdings überwiegt hier der Inhalt so sehr, daß die äußerst weitschweifig gewordene Form nur noch für Sachverständige erkennbar ist. In der Spätromantik, zu der Wagner gehört, ist das eine Extrem der Kunst erreicht: Der Inhalt herrscht über die Form. Von da an beginnt das Pendel wieder in die umgekehrte Richtung zurückzugehen. So macht Alban Berg in seinem Operndrama »Wozzek« – aus den bewegten Zwanzigerjahren unseres Jahrhunderts – den Versuch, dem Werk strenge, rein musikalische Formen zugrundezulegen. Sie stehen in der Partitur, werden für den Hörer aber nicht klar: »Passacaglia«, »Thema mit Variationen«, Fugen aller Art. Bezeichnend ist hier der starke Formwille unseres Jahrhunderts, der über Berg hinaus bis zum völligen Zurückdrängen des Inhalts verläuft.

Wir finden diese Erscheinung überall, wenn auch nicht in gleicher Stärke. Die Ausweitung der Form, die durch das Übergewicht des Inhalts bedingt ist, finden wir bei Verdi gerade so wie bei seinem deutschen Gegenspieler Wagner, und auch die Franzosen und Russen machen diese – wohl unbewußte – Entwicklung mit. Die Strömungen des 20. Jahrhunderts kennen keine nationalen Eigentümlichkeiten mehr. Das zeigt sich auch auf dem Gebiet von Oper und Musikdrama.

»Musikdrama« ist ein von Wagner eingeführter Begriff, der um die Mitte des 19. Jahrhunderts allerdings in der Luft lag. Er besagt, daß in den so bezeichneten Werken das Drama der Musik ebenbürtig sein soll, was in der vorhergehenden Oper, besonders der der Italiener, nicht der Fall war. Das Verhältnis zwischen Text und Musik unterlag während der bald vierhundert Jahre, die diese Kunstform alt ist, stets starken Schwankungen.

Als die Florentiner »Camerata« – ein Kreis höchstgebildeter und kultivierter Künstler, Philosophen, Wissenschaftler, Mäzene – im letzten Jahrzehnt des 16. Jahrhunderts die Oper schuf, bildete das Drama die Grundlage, denn diese Männer waren nicht vom Wunsch erfüllt, etwas Neues zu schaffen, sondern meinten, sie wären einer Wiedergeburt der griechischen Tragödie auf der Spur. Sie irrten sich nur in einem Hauptpunkt – und gesegnet sei dieser Irrtum! Sie glaubten wohl, im klassischen Griechenland habe man die Dramentexte gesungen, während es dort in Wahrheit wohl nur Begleitmusik und vielleicht gesungene Chorstellen gab. So entstand etwas Neues, etwas was es vorher sicher noch nie gegeben hatte. Es hieß noch nicht Oper, dieser Name kam erst später auf. Die ersten Bezeichnungen waren DRAMMA PER MUSICA, eventuell auch FAVOLA IN MUSICA, also Drama oder Fabel mit Musik. Als diese Kunstgattung nach ihren hochkünstlerischen und hochgelehrten Anfängen aus den Palästen heraus in die ersten öffentlichen Theater trat – Venedig, 1637 – begann eine Umgestaltung, bei der Drama, Text, Inhalt, Libretto immer unwichtiger, Melodie und »bel canto« (schöner Gesang, kunstvoller Gesang) immer ausschlaggebender wurden. Das führte zeitweise zu einem völligen Verfall der Textbücher, die sich immer mehr an volkstümliche Typen hielten, an bekannte und immer wiederholte Possensituationen, an intrigenreiche, aber schablonenhafte Szenenfolgen.

Aus der zweiten Hälfte des 18. Jahrhunderts gibt es zwei Aussprüche, die diese Lage grell beleuchten. Mozart skizziert das Verhältnis zwischen Libretto und Musik in einem seiner Briefe an den Vater und sagt ungefähr, die Worte müßten jederzeit der Musik gehorsame Diener sein. Das ist die italienische Auffassung der Oper in jener Zeit, in deren Geist Mozart ja aufwächst.

Gluck und Wagner

Mozarts Zeitgenosse Gluck dagegen ist ein ganz bewußter Reformator; er will die Oper aus diesem gestörten Gleichgewicht erlösen und sucht darum, dem Textbuch neues Gewicht zu verleihen, edle Gefühle darzustellen, bedeutende Konflikte zu schildern statt kleinlicher Verwechslungen und Intrigen. So legt er fest, das Libretto solle etwa der Zeichnung gleichen, zu der die Musik gewissermaßen die Farbe hinzufüge. Der Primat des Dramas also, so wie zu Zeiten der Florentiner und Monteverdis! Doch nur ein Teil der Opernkomponisten folgt ihm, viele andere bleiben bei der Vorherrschaft der Musik, die ihnen scheinbar größere Möglichkeiten gibt, in Wahrheit aber aus der Oper jenes oft genußreiche, aber sinnlose Gebilde macht, das von klugen Beobachtern so oft gerügt wird.
Wagner setzt dann Glucks Reformideen fort und gelangt zum echten Musikdrama – folglich zurück zur Grundidee der Florentiner. Das gelingt ihm durch einen ganz persönlichen, einmaligen Glücksfall, nämlich weil er Textdichter und Musiker in einer Person ist, wobei kaum zu sagen wäre, auf welchem dieser beiden Gebiete er Größeres geleistet hat. Ja, die Frage erübrigt sich, denn beide Künste sind in seinem Schaffen zu völliger Einheit verschmolzen.
Seine Nachwirkung war stark, jahrzehntelang konnte das Musikdrama nicht zur früheren geistigen und textlichen Bedeutungslosigkeit herabsinken. Pfitzner besaß Wagners Doppelbegabung, aber die Mehrzahl seiner Schöpfungen war zu schwach, um in dessen Nachfolge bestehen zu können. Erst als er sich von Wagners Stil losmachte, gelang ihm mit »Palestrina« ein Meisterwerk von einsamer Größe.

Richard Strauss suchte zur Mitarbeit an seinen Bühnenwerken einen großen Dichter – und fand ihn in dem überaus feinsinnigen und anpassungsfähigen Hugo von Hofmannsthal. Die Zusammenarbeit dieser beiden Männer führte zu einem wahrhaft idealen Opernschaffen, das in »Elektra«, »Rosenkavalier«, »Ariadne auf Naxos«, »Frau ohne Schatten«, »Ägyptische Helena« und »Arabella« niedergelegt ist.

Alban Berg kommt zu keiner ähnlichen Zusammenarbeit, wählt seine Textbücher aber bei großen Dramatikern aus: »Wozzek« bei Büchner, das »Lulu«-Thema in zwei Dramen Wedekinds. Und dann beginnt, wie auf allen anderen Gebieten, die Zersplitterung.

Carl Orff, der wohl stärkste Dramatiker der Folgezeit, schafft entzückende Volkskomödien: »Der Mond«, »Die Kluge«, stößt aber gleichzeitig mit mythischen Dramen tief in fernste Vergangenheiten. Seine elementare, oft primitive, manchmal geradezu kultische, aber stets von Feueratem durchpulste Musik und sein Sinn für stärkste Theatralik stehen völlig vereinzelt da.

Strawinsky experimentiert – in früheren Jahren mit bewußt artistischen, wirklichkeitsfernen Stoffen: »Die Nachtigall«, »Renard«, »Die Geschichte vom Soldaten«, »Oedipus Rex«; in späteren Jahren mit der Rückkehr zu längst verklungenen Opernzeiten: »Der Wüstling«.

Benjamin Britten bevorzugt starke Dramatik in seinem »Peter Grimes«, schreibt dann zwei textlich mit diesem nicht vergleichbare, ja zu wenig interessante Opern, die eine tragischer Art (»Der Raub der Lukretia«), die andere als komische Oper (»Albert Hering«), um in der folgenden Zeit kaum je wieder zu einem seiner enormen musikalischen Begabung entsprechenden Textbuch zu kommen – außer mit Shakespeares »Sommernachtstraum«.

Vieles Heutige kann überhaupt kaum noch unter dem Begriff »Oper« betrachtet werden. Ob es sich um des Schweden Blomdahl interessante Weltraumoper »Aniara« mit elektronischer

Musik handelt, ob um Nonos »Intolleranza«, um Zimmermanns »Soldaten« oder um rein experimentelle Stücke der Avantgarde: der Begriff »Oper« befindet sich in Auflösung – wie so vieles.

50000 Opern für die Welt

Überlegt man aber, wieviele Opern gegenwärtig gespielt werden, so stellt man fest, daß die Oper intensiver als je zuvor lebt. Ihre Pflege hat sich verzehn-, verhundertfacht. Keine Rundfunkstation ohne Opernaufführung, tausende von Platten mit Opernmusik, neue Inszenierungsmöglichkeiten durch das Fernsehen. Dazu kommen Hunderte von Musikbühnen – deren Repertoire allerdings weitgehend übereinstimmt.

Es wäre kaum anders möglich, da die Mehrzahl der aufgeführten Werke der Vergangenheit entstammt. Überall, wo Oper systematisch gepflegt wird, bilden Mozart, Verdi und Puccini eine Art Grundstock des Spielplans. Hinzu treten Bizets »Carmen«, Smetanas »Verkaufte Braut«, Mussorgskis »Boris Godunow«, Richard Strauss' »Rosenkavalier«, vielleicht Leoncavallos »Bajazzo« und Mascagnis »Cavalleria rusticana«, gelegentlich Gounods »Margarethe« (in vielen Ländern »Faust« genannt), Debussys »Pelléas und Melisande«, Ravels »Spanische Stunde«, das ein oder andere Werk von Gluck (»Orpheus und Euridice«, eine seiner »Iphigenien«, »Armida«), Strawinskys »Oedipus Rex«, Bergs »Wozzek« oder »Lulu«, Offenbachs »Hoffmanns Erzählungen«, seltener ein Händel oder Haydn.

In Italien gibt es viel Rossini, gerne auch Donizetti und Bellini. In deutschsprachigen Ländern mehr Webers »Freischütz« und, wo die Kräfte reichen, Wagner; dazu der leicht aufführbare und unverwüstliche Lortzing, den in anderen Sprachgebieten kaum jemand kennt. In Frankreich überwiegen Rameau, Adam, Thomas, Saint-Saëns, Roussel. In Rußland Mussorgski, Tschaikowskys »Eugen Onegin« und »Pique Dame« – die auch manchmal erfolgreich in anderen Ländern auftauchen – Glinka, Dargomischsky, Rimskij-Korsakow, Borodin, Prokoffiew. Das ist nur ein rascher, keineswegs genauer Überschlag: Sie sehen, gar

so gleich sind die Spielpläne nicht einmal. Würden wir die Werke zusammenzählen, die in diesem Augenblick in irgendeinem Opernhaus gespielt werden oder im Repertoire stehen – das bedeutet, daß sie einstudiert sind und jederzeit »angesetzt« werden können – wir kämen höchstens auf hundert Werke.
Verglichen mit der Gesamtzahl aller existierenden Opernwerke ist das wenig. Soll es doch, laut Statistik, an die 50 000 Opernwerke geben; nein, selbst das ist zu wenig, denn diese annähernd 50 000 sind nicht nur geschrieben, sondern irgendwann einmal irgendwo aufgeführt worden! Wie viel das ist, wird am besten deutlich, wenn man versucht, schnell aus dem Gedächtnis hundert Operntitel aufzuzählen.
50 000 aufgeführte Opernwerke, das ergäbe – mathematisch – mehr als 120 neue Stücke pro Jahr. Aber die Statistik ist irreführend, denn die weitaus größte Zahl dieser Premieren dürfte ins 17. und 18. Jahrhundert fallen, als die Werke viel kleiner, also die Arbeit daran – sowohl die kompositorische als auch die interpretatorische – viel geringer war. Damals studierten die hundert Theater, die Italien allein besaß, beinahe jede Woche oder alle vierzehn Tage ein neues Stück ein, das der Komponist gemeinsam mit dem Librettisten in eben derselben Zeit aus dem Boden gestampft hatte. Es war eine Zeit der Massenproduktion, wie heute im Filmwesen, und beinahe nichts ist aus dieser Fülle übriggeblieben. Heute dürfte die Zahl der Premieren viel, viel kleiner sein.
Außerhalb Europas gibt es nicht viel wichtige Musiktheater mit ständigem Betrieb. Aber wir übersehen sehr oft, daß sich das intensive Opernleben der USA z. B. nicht so sehr in diesen ständigen Theatern abspielt – der »Met« und der »City-Oper« New Yorks, sondern an unzähligen Universitätsbühnen, die ein höchst beachtenswertes Musikleben führen und zu Dutzenden, wenn nicht Hunderten, ausgezeichnete Opernensembles besitzen, die sehr wohl zu Premieren neuer amerikanischer Werke gerüstet sind und manchmal auch europäischen Komponisten Aufträge erteilen. Auch diese Tatsache, ja vielleicht gerade sie, läßt mich der Zukunft der Oper gegenüber durchaus positiv denken, trotz aller Einwände, wie »veraltete Musikform«, unzeitgemäßes Theater«, »tönendes Museum« und ähnlichen Ge-

genüber 90 Prozent Novitäten und 10 Prozent Repertoireopern, wie das Verhältnis bis gegen 1840 oder 1850 etwa gelautet haben mag, sind wir heute bei 90 Prozent Repertoireopern angelangt, wenn es nicht sogar noch mehr sind. Wir empfinden zwar den Mangel an neuen Werken als negativ, wären aber sehr traurig, nähme man uns jene Werke, an denen unser Herz hängt.

»Dem lieben Gott«

Das Oratorium

Oratorium und Oper gehören historisch eng zusammen, sie kommen vom gleichen Ursprung her. Auch das Oratorium vermittelt dem Hörer eine dramatische Handlung, verschiedene Personen treten auf – wenn sie dies auch nicht mehr in theatralischer Form tun, sondern wie Ausführende eines Konzertes.
Das erste uns überlieferte Oratorium stammt aus dem Jahr 1600, also aus der Geburtsepoche der Oper. Es ist die heute fast vergessene »Rappresentazione dell'anima e del corpo«. In den ersten Oratorien ging es zumeist um abstrakte Konzepte: Um die Schönheit, die Güte, die Liebe, die negativen Eigenschaften gegenübergestellt wurden. In diesen Werken lag ein erbaulicher Zug, da man damit die Menschen auf den rechten Weg verweisen wollte. Das ist keineswegs eine neue Idee jener Zeit gewesen, gerade so wenig wie die Oper als Idee neu war. Beide haben sehr viel mittelalterliches, oft religiöses Theater als gemeinsamen Vorläufer. Denken wir an die Mysterienspiele, in denen Tod und Teufel charakterisiert auftraten und mit Gott und seinen Helfern um die Seele des Menschen kämpften.
Denken Sie an die Passionen, die szenisch gestaltete Lebensgeschichte Jesu und mancher Heiligen. Diese alten Theaterformen sind bis heute nicht völlig verschwunden. Salzburgs »Jedermann« ist ein allen bekanntes, allsommerlich wieder vor riesigem internationalem Publikum aufgeführtes Beispiel. Hier erkennt man sogar deutlich ein Streben nach Abstraktion, das dem Oratorium eigen ist: »der« reiche Mann, »die« Mutter, »die« Buhlin ... Dazu die Personifizierung abstrakter Dinge: die guten Werke, die Hoffart und so fort. In ihren Anfangszeiten berührten sich Oper und Oratorium in mehr als einem Stück.

Vor allem auch, weil das Opernspiel noch weitgehend statisch war. Die handelnden Personen traten zwar auf und wieder ab, aber während ihrer oft äußerst langen Gesänge standen sie unbewegt auf der Bühne.
Je theaterwirksamer aber die Oper wurde, desto mehr zog sich das Oratorium in die Kirche und später in den Konzertsaal zurück. Die Oper wird immer weltlicher, immer sinnenfreudiger; das Oratorium immer mehr zur Besinnlichkeit, zum In-sich-Gehen, zur Religion ladend. So wird es epischer, große Chöre spiegeln die Aufnahme der empfangenen Lehren. Da keine sichtbare Handlung mehr vor sich geht, wird bei dramatischen Abläufen die Rolle eines Erzählers eingeführt. Werden dann Stücke aus heiligen Texten vertont, so übernimmt dieser Erzähler etwa die Rolle des Evangelisten.
Deutschland ist von Schütz, Schein und Scheidt bis Bach das Land geistlicher Oratorien, insbesondere von Passionen. Bachs »Matthäuspassion« ist zu bekannt, um sie erklären zu wollen. Hier wirken Chöre, Solisten, Orchester und der »Evangelist« zusammen, um die Geschichte vom Leiden und Sterben Jesu äußerst dramatisch und doch ohne Theaterrequisiten zu schildern. An äußerlicher Großartigkeit überbietet Händel in England die deutschen Aufführungsverhältnisse. Sein »Messias«, in Dublin 1741 uraufgeführt und bald in London übernommen und zu einer Art Nationalwerk erhöht, bietet dem Komponisten Gelegenheit, mit gewaltigen Klangmassen den glanzvollsten Opern den Rang abzulaufen. Wie nahe diese beiden Kunstgattungen aber immer noch beieinander liegen, zeigt gerade diese Tatsache; denn Händel ist eines der stärksten dramatischen Temperamente der Musikgeschichte, und sein Verzicht auf die Oper, um sich den Rest seines Lebens ganz dem Oratorium widmen zu können, beweist nur, daß Dramatik nicht mit Bühnengeschehen identifiziert werden darf – sie kann auch rein musikalischer Art sein. Bedürfte es eines weiteren Beispiels, so sei nur auf Bachs Oratorien verwiesen; dramatischere Musik wurde nie geschrieben.

Messe und Requiem

Auch Messe und Requiem gehören zu dem Oratorium. In der Klassik und zur Zeit der Romantik versuchten sich hier die meisten Komponisten. Die Kirche war zu jenen Zeiten noch Stützpfeiler des Musiklebens. In der mittelalterlichen Polyphonie der flämischen wie der italienischen Periode war sie der stärkste gewesen. Danach trat der Palast an ihre Seite, später das Theater. Noch zu Zeiten Mozarts war die Kirche als Brotherr wichtig, als Auftraggeber für Werke, sogar noch als – allerdings schwächer gewordener – Ausstrahlungspunkt für Werke und Stile.
Mozarts Vater stand im Dienste eines hohen Kirchenfürsten und auch Mozart selbst wäre um ein Haar auf diesem Weg geblieben – wie Corelli ein Jahrhundert früher in Italien, wie Bach während der wichtigsten Jahre seines Lebens in Arnstadt, Mühlhausen und endlich in Leipzig – aber das Schicksal wollte es anders. Und doch schrieb er weiterhin geistliche Werke in nicht geringer Zahl, ja er krönte sein Lebenswerk mit einem solchen: mit dem auf dem Totenbett begonnenen und nicht mehr vollendeten »Requiem«.
Haydn schreibt, obwohl Zeit seines Lebens Musiker eines weltlichen Herrn, viel für die Kirche. Beethoven, nicht so doktrinär katholisch wie Haydn, widerlegt alle Zweifel in seine Gläubigkeit durch die »Missa solemnis«, die »feierliche Messe«, sowie durch andere religiöse Werke. Schubert schreibt herrliche Messen, sein Herz quillt immer über vor Melodien, ob es um himmlische oder irdische Liebe geht. Liszt, der in seinen vorgerückten Tagen die niederen Weihen nimmt, widmet der Kirche festlich glänzende Musik, während Berlioz ungeahnte Klangmassen aufbietet, um dem Himmel zu huldigen.
Tschaikowsky bearbeitet eine alte russisch-orthodoxe Liturgie, Der volkstümlich gläubige Dvořák schreibt geistliche Musik; dem viel intellektuelleren Brahms gelingt in jungen Jahren ein unfaßbar geniales Werk dieses Genres, das »Deutsche Requiem«. Bruckner komponiert einen Großteil seiner Musik für die Kirche, für seine geliebte Orgel im Stift St. Florian, er widmet aber

sogar eine Sinfonie »dem lieben Gott«. Erst in unserem Jahrhundert tritt die Kirche im Musikleben und Musikschaffen zurück. Konzert, Oper, Rundfunk, Fernsehen überflügeln sie. Trotzdem entstehen immer noch wichtige Werke aus religiösem Gefühl: Denken wir, in jüngster Zeit, an Brittens »War Requiem«, an des Polen Penderecki »Passion«. Doch werden Oratorien, Messen und Requiem heute unvergleichlich mehr in Konzertsälen aufgeführt als an ihrem ursprünglichen Bestimmungsort, der Kirche. Das will nicht bedeuten, daß es in den Kirchen verschiedener Konfessionen heute keine Musik gäbe; aber ihr Hörerkreis bleibt gering und der schöpferische Anreiz, den sie ausübt, auf wenige, weitgehend unbeachtete – wenn auch oft gute – Musiker beschränkt. Sprächen wir hier über Musik in der Kirche im allgemeinen und nicht in erster Linie über die verschiedenen Formen des Oratoriums, wir müßten die fundamentalen Neuerungen erwähnen, die das Zweite Vatikanische Konzil auf dem Gebiet der Liturgie eingeführt hat: Es hat den regionalen, folkloristischen, volkstümlichen Ausdrucksformen den Weg geöffnet. Die ersten Folgen waren eine afrikanische Messe (»Luba«), die südamerikanische »Mia criolla«, eine mexikanische Messe, ein chilenisches Volksoratorium.

Daß diese Musikstücke so bekannt werden können wie Beethovens »Missa solemnis«, wie eine Bachsche Passion, wie Brahms' »Deutsches Requiem«, ist nicht anzunehmen. Aber vielleicht gehen sie den Gläubigen jener Länder, in denen sie entstehen und deren Folklore sie verwenden, tiefer zu Herzen als die Meisterwerke einer Hochkultur, die nicht allen Menschen verständlich sein müssen. Das scheint das wichtigste Argument für diese revolutionäre Neuerung der Kirche gewesen zu sein. Ich glaube zwar, Musik wie Mozarts »Requiem«, eine Schubert-Messe oder Bruckners »Te Deum« müßte allen Menschen nahe gehen. Aber verstehen? Was bedeutet das Wort bei dieser Art Musik? Verschmilzt es da nicht zum großen Teil mit dem Gefühl?

Formenschatz der Musik II

Oper und Oratorium sind streng genommen nicht als »Formen« anzusprechen. Immerhin drückt sich der Formwille eines Komponisten auch in ihnen aus, wie wir sahen, und jedes einzelne Stück einer Oper oder eines Oratoriums kann nach einer mehr oder weniger strikten Form gestaltet sein. Der wesentliche Unterschied zwischen »Nummernopern« und »durchkomponierten Opern« – den man sinngemäß auch auf das Oratorium anwenden kann – besteht eben darin, daß die ersteren durch viele in sich geschlossene Musikstücke gebildet werden, letztere aber über weite Strecken hin durchlaufend verbunden sind, ohne daß ein Absatz zu spüren wäre. Doch nun wollen wir uns auf das Gebiet der Instrumentalmusik begeben, die formell weit weniger Probleme aufzuweisen pflegt, da sie rein musikalische Strukturen aufweist, während sich bei Oper und Oratorium die Musik natürlich weitgehend nach dem Text richten muß. Man muß wieder die Liedform an den Beginn stellen, da sie keineswegs nur für Gesungenes gilt.

Die Liedform ist eine Form an sich. Man muß gar nicht an Mendelssohns »Lieder ohne Worte« denken, es gibt auch bei zahllosen anderen Komponisten kleine Stücke, sei es für Klavier oder für ein Soloinstrument mit Klavierbegleitung, die nach diesem einfachsten, klarsten Schema gebaut sind: erste Melodie, eventuelle zweite Melodie und zumeist Wiederholung der ersten. Also A-B-A, die dreiteilige Form oder DREITEILIGE LIEDFORM. Die Stücke mit nur einer Melodie sind seltener; sie müssen natürlich kürzer sein. Bei Schumann finden wir sie, ja eine seiner herrlichsten Klavierkompositionen – und eine der vollendetsten Kompositionen, die ich kenne – hat im Grunde nur eine einzige Melodie: die »Träumerei«.

Wird die Liedform vergrößert, so kann eine Rondoform daraus entstehen. Auch andere Vergrößerungen sind denkbar. Ein Rondo kann aus zwei Melodien bestehen: A-B-A-B-A, wobei natürlich die Melodie A nicht immer in genau der gleichen Form gebracht werden muß, sondern variiert werden kann, genau wie dies bei B der Fall sein kann. Das Wort »variieren« bedeutet »leicht verändern«, aber so, daß das Original spürbar bleibt. Die Veränderungen müssen dabei nicht immer »leicht« sein (wir kommen bald zur »Variationenform«, da soll mehr darüber gesagt werden).

Das Rondo kann auch aus mehreren Melodien gebaut werden, aus dreien (A-B-A-C-A), aus vieren (A-B-A-C-A-D-A), wobei dann eventuell eine der Wiederholungen von A wegbleiben kann, um den Hörer nicht zu ermüden. Beispiele für Rondos jeglicher Art bietet vor allem die Klassik: Haydns und Mozarts Sinfonien – um nur die ausgebildetsten ihres Genres und ihrer Epoche zu nehmen – weisen als letzten Satz mit Vorliebe ein Rondo auf, und genau so ist es bei anderen mehrsätzigen klassischen Musikstücken: Sonaten, Konzerten, Quartetten. Natürlich hat dies auch einen Grund: Das Rondo ist eine unkomplizierte Musikform. An den Kopf eines mehrsätzigen Werkes setzen die damaligen Komponisten ein relativ kompliziertes Stück, das in »Sonatenform« gearbeitet ist. Ans Ende aber – sei es als dritter oder als vierter Satz – paßt eher ein leicht dahineilendes, ein frohes, unbeschwertes Musikstück, gewissermaßen ein Happy-End. Die Idee, den Zuhörer mit angenehmen Gefühlen zu entlassen, beherrscht die Kunst weiter Epochen. Welche Sensation war es, als Tschaikowsky in seiner letzten, der Sechsten, »Pathetischen« Sinfonie einen sehr traurigen, leise verklingenden, gleichsam schluchzenden Satz an den Schluß stellte!

Das hat sich jedoch gründlich gewandelt, zumindest in den Werken, die auf das Prädikat »Kunst« Anspruch erheben. Unsere Zeit scheint dem »Happy-End« geradezu aus dem Weg zu gehen. Nicht nur dem »Happy-End«, fast möchte ich sagen, dem »end« überhaupt. Das moderne Theater versucht, am Schluß

alles offen zu lassen, keinerlei Lösung zu geben oder mehrere denkbare anzudeuten. Auch der avantgardistische Film vermeidet klare Lösungen oder Entscheidungen.
Genau so verfährt auch die Musik unserer Tage. Es gibt sozusagen keine Schlüsse mehr. Nicht etwa nur die Oper, die ja unter die allgemeinen Gesetze des Theaters fällt, auch rein instrumentale oder orchestrale Stücke: Wie klar und deutlich strebte ein Meister früherer Zeiten zu einem Schluß, zu einer Entscheidung, wie führte er sie kunstvoll nach den Kämpfen eines längeren Werkes herbei! Ob heiterer Schluß, ob erlösend, ob dramatisch, tragisch, es war ein Schluß. Jetzt hören viele Werke auf, aber sie enden nicht. Anscheinend ist das ein Reflex unserer Welt, in der nichts wirklich entschieden wird und in der die ungelösten, oder unlösbaren Probleme sich häufen.

Das Menuett

Lange Zeit hindurch war die Symmetrie ein Hauptanliegen der Form – in der Architektur übrigens ebenso wie in der Musik. Dreiteilig: So konnte das Barock- oder Rokokoschlößchen sein, in dem ebenfalls dreiteilige Menuette erklangen. Den Mittelteil des Menuetts – wie auch bei einigen anderen Tänzen – das »B« sozusagen, nennt man »Trio«. Die Klassiker bauten das Menuett als Modetanz ihrer Zeit und Gesellschaft in die Kunstmusik ein. Abgesehen davon, daß sie Menuette in großen Mengen komponierten und gar nichts Herabsetzendes daran fanden, daß dazu getanzt wurde, führten sie dieses wahre Symbol der feudalen, aristokratischen Epoche in die großen Schöpfungen ihrer Kunstmusik ein; in die Sonate, die Kammermusik, die Sinfonie. Das ist so wie wenn einer unserer zeitgenössischen Komponisten in eine Sinfonie – die natürlich in jeder Beziehung völlig zeitgemäß komponiert sein müßte – einen echten Jazztanz einlegte, einen Boogie oder Rock etwa. Die Klassiker erweiterten die kurz vorher als dreiteilige Form geschaffene »Sonate« auf vier Sätze, indem sie vor den Schlußsatz – zumeist ein Rondo, wie wir sahen – ein Menuett schoben. Ihre Vorgänger hatten ebenfalls die Modetänze ihrer Epoche kultiviert: Um 1600 waren die »Paduana«, später »Pavane« genannt, die »Galliarda« oder »Gaillarde«, der »Dantz« und »Nachdantz« beliebt, ein wenig später kommen »Allemande«, »Courante«, »Sarabande« hinzu, hernach »Gigue«, »Gavotte«, »Passepied«, »Branle«, »Bourrée«, »Rigaudon«, »Furlana«, schließlich das Menuett, das sie alle überlebt, bis es mit dem Sturz der feudalen Ordnung als historisches Requisit übrigbleibt. Diese Tänze waren durchwegs Gesellschaftstänze, wenn auch eng verbunden mit den Volkstänzen jener Zeit, die lediglich gröber, nuancenärmer waren. Haben nun die herrschenden Schichten die Tänze des »Volkes« übernommen und verfeinert oder sind umgekehrt die Volkstänze vergröbert imitierte Tänze der Oberschicht? Für beides gibt es Beispiele, doch liegt diese Frage nur am Rand unseres Themas. Betont werden soll lediglich die große Bedeutung des Tanzes in der Kunstmusik. Und hervorgehoben, daß große Komponisten des Barock, Rokoko und der Klassik es keineswegs verschmähten, Tänze zu schreiben. Gewiß, sie wurden dadurch, daß Meister sie schufen, zu Kunstwerken – wie etwa die »Suiten« des 16. und 17. Jahrhunderts, die Menuette Haydns und Mozarts, die »Deutschen Tänze« Beethovens und Schuberts –, aber sie verleugneten ihre Herkunft aus der Unterhaltungsmusik keineswegs. Auch die Romantik setzte dies noch fort: Liszt verarbeitete Csardas, Smetana und Dvorak Polkas, Brahms schrieb »Ungarische Tänze«, bei Mussorgski und Tschaikowsky gibt es Hopaks und andere Tanzrhythmen ihrer russischen Heimat. In unserem Jahrhundert finden wir ähnliches bei Bartok, Kodaly, Falla, Ravel. Aber je näher wir unseren Tagen kommen, desto geringer wird die Zahl solcher Werke – außer in »exotischen« Musikländern, die gerade auf Grund solcher typischer und nationalbetonter Rhythmen ihren Einzug in die musikalische Weltliteratur erzielen.

Das französische Wort »Suite« wurde allgemein für einen solchen Kranz oder Reigen von aneinandergereihten Tänzen üblich, aber auch das Wort »Partita« kommt dafür vor, in Frankreich (bei Couperin, der diese Form sehr liebte) »Ordre«. Die Anzahl der so zusammengefaßten Tänze war verschieden. Zu Beginn, kurz nach 1500, waren es nur zwei: ein langsamer Tanz und ein schneller, genannt auch »Reigen« und »Nachtanz«. Dann begannen die deutschen wie die italienischen Komponisten Tänze anzuhäufen, keineswegs immer die gleichen, sondern nach der Mode im betreffenden Lande. Man suchte die Kontraste zu vertiefen, also auf einen langsam geschrittenen Tanz im geraden Takt einen schnellen, gesprungenen im ungeraden folgen zu lassen. Die Suite bekam zudem eine nicht getanzte Einleitung – gewissermaßen eine »Aufforderung zum Tanz« (um einen berühmt gewordenen Titel Webers zu verwenden) – und einen pompöseren Schlußteil, der oft nach den ziemlich komplizierten musikalischen Regeln der CHACONNE oder der PASSACAGLIA komponiert wurde.
Bei beiden, Passacaglia und Chaconne, bildet eine ständig wiederholte Baßformel die Grundlage. Das heißt: in einer tiefen Stimme, einem »Baß« (der keineswegs gesungen gedacht werden darf, sondern nur gespielt, denn beides sind reine Instrumentalformen!) wiederholt sich ständig eine kurze, einprägsame Formel, ein Thema. Und darüber ranken die Melodieinstrumente verschiedene Melodien, doch so, daß das »Obstinate«, das hartnäckig wiederholte Thema der Grundlage zum Ausdruck kommt. Eine solche Kompositionsweise nennt man »Basso ostinato«.
Die Suite ist eine der frühesten »größeren« Kompositionsformen der Instrumentalmusik.
Genau genommen ist sie noch keine größere Form, sondern lediglich eine Folge kleiner Formen. Kaum einer dieser Tänze dürfte die Dauer von zwei bis drei Minuten überschritten haben. Aber der Wille zu größeren, längeren Formen war damit bewiesen und dann war es nur noch eine Frage der musikalischen Technik, solche zu konstruieren.
Zuerst mußten die Instrumente feinerer Nuancen fähig, und das

Zusammenspiel mußte abwechslungsreicher gestaltet werden. Vergessen wir nicht, daß es noch in der Barockepoche, zu Zeiten Vivaldis und Corellis, Bachs, Telemanns, Händels musikalisch nichts anderes gab als eine »Schwarz-weiß-Malerei«: Die dynamischen Kontraste laut und leise, forte und piano, mußten brüsk und unmittelbar nebeneinander gestellt werden, da es feinere Übergänge vom einen zum anderen, besonders im Orchester, noch nicht gab. Um Schattierungen zu erzielen, die ja für die Kunstmusik so unerläßlich sind wie für die Malerei, mußte man die Zahl der in jedem Augenblick spielenden Instrumente eines Ensembles verändern. Spielten alle, war also der zu erzielende Effekt eine Forte, so bezeichnete man das als TUTTI (was auf italienisch nichts anderes heißt als »Alle«). Bei den leiseren Teilen mußte der Komponist dann SOLO angeben: Dies hatte zur Folge, daß von den Streichern dann jeweils nur einer jeder Gruppe weiterspielte.

Es war ein »blockartiges« Musizieren, aus dem im Barockzeitalter die ersten größeren Tonwerke entstanden: Einem Block großer Klangstärke (»Tutti«) stand unmittelbar ein Abschnitt zarten solistischen Klanges (»Soli«) gegenüber. Sie kennen Händels berühmte »Concerti grossi«, die wundervollen Tonstücke der gleichzeitigen Italiener, Corellis und Vivaldis vor allem, die »Brandenburgischen Konzerte« Bachs. Sie sind zumeist dreisätzig. Die angewendete Formel ist fast stets: schnell-langsam-schnell. Zuerst hängen die drei Teile noch oft zusammen, je länger sie werden, desto stärker wird der Wunsch, eine kurze Pause zwischen je zwei von ihnen zu legen. Jeder der Sätze besteht zumeist schon aus zwei verschiedenen Themen oder Melodien, aber deren »Verarbeitung« ist noch recht einfach.

Erst um die Mitte des 18. Jahrhunderts beginnt bei den »Mannheimern« – den Brüdern Stamitz vor allem – bei Haydn und anderen Wienern um 1750 (Monn, Wagenseil), sowie etwas später bei Mozart die große Neuerung, die Entwicklung zur Sonatenform, die auf einer neuartigen Instrumentaltechnik beruht und so längere musikalische Gebilde möglich macht.

Unter einer Sonate versteht man zuerst einmal ein Musikstück mit mehreren Sätzen. Es ist für ein einzelnes Instrument geschrieben, wobei sich dann die Mitwirkung eines begleitenden Instrumentes, meist des Klaviers, von selbst versteht: Sonate für Violine, Sonate für Flöte. Wird die gleiche Form auf größere Ensembles angewendet, so entsteht das Trio, das Quartett, das Quintett, kammermusikalische Kompositionen also, die in der Form aber der einfachen Sonate für Klavier entsprechen. Wird diese Form, die »Sonatenform« auf das Orchester übertragen, so entsteht eine Sinfonie, wird sie bei einem Werk angewendet, in dem ein Solist dem Orchester gegenübersteht, also ein Solist mit Orchester »konzertiert«, so entsteht das »Konzert«: Klavierkonzert (mit Orchester), Violinkonzert (mit Orchester) usw. So viel über die Anwendungsmöglichkeiten der Sonatenform.

In ihren Anfängen umfaßte die Sonate drei Sätze. Schnell-langsam-schnell. Noch Haydn und Mozart schrieben dreisätzige Sonaten, Sinfonien, Konzerte, Quartette. Dann schiebt sich ein Menuett zwischen den zweiten (langsamen) und den dritten (schnellen) Abschlußteil. Sonate, Sinfonie, Konzert erhalten somit vier Sätze. So bleibt es auch für lange Zeit. Erst der eine oder andere Romantiker durchbricht das Schema und wird, was Anzahl und Aufeinanderfolge der Sätze betrifft, freizügiger. Das gilt schon für Beethoven, den Vorläufer der Romantik, der als dritter noch zu den Wiener Klassikern (Haydn, Mozart) gehörte. Dies ist bereits im Jahr 1808 zu spüren, in seiner Sechsten Sinfonie, der »Pastoralsinfonie«. In der Neunten, fünfzehn Jahre später, dreht er die Reihenfolge der Sätze um: Der langsame Satz steht unmittelbar vor dem Schlußsatz; das SCHERZO, das an die Stelle des MENUETTS getreten ist, an zweiter.

Beethoven rückt mehr und mehr vom Menuett ab. Er, der immer stärkeren dramatischen Ausdruck sucht, kann mit einem freundlichen Tanz wie dem Menuett immer weniger anfangen. Vor allem aber, im Übergang vom Menuett zum viel spannungsgeladeneren, ausdrucksfähigeren Scherzo drückt sich musikalisch der Übergang von der aristokratischen zur bürgerlichen Epoche aus,

spiegelt sich der Zeitenumbruch, den die Französische Revolution verursacht hat.
Musik und soziale Entwicklung hängen eng zusammen. Woher kämen sonst die künstlerischen Stile? Man kann zusammenfassend sagen: Gegen Ende des 18. Jahrhunderts und zu Beginn des 19. Jahrhunderts ist die Sonatenform auf ihrem Höhepunkt angelangt. Sie wird später zwar immer noch weiter ausgebaut, aber die Strenge, das Ebenmaß der Form zerfließt dadurch nach und nach. Wenn wir ihre Regeln von jenem Zeitpunkt hernehmen wollen, so finden wir vier Sätze.
Der erste Satz ist bewegt, oft recht dramatisch durch Gegeneinanderführung zweier kontrastierender Themen. Der zweite ist langsam, innig, gefühlvoll. Der dritte tanzartig, meist ein Menuett, also im tänzerischen Dreivierteltakt; von Beethoven und seinen Nachfolgern wurde es zu etwas anderem umgestaltet, dem Scherzo, das ein unruhiges, vielerlei ausdrückendes Stück ist. Bei Tschaikowsky wird das Scherzo zum Walzer, bei Bruckner und gelegentlich auch Mahler zum Ländler. Der vierte Satz ist meist ein frohes, rasches, problemloses Finale, ein »Happy-End«, wie wir früher sagten.
Jeder dieser Sätze hat seine spezifische Form. Drei davon kennen wir bereits. Der Schlußsatz ist zumeist ein Rondo. Das Menuett oder sein Nachfolger, das Scherzo, ist eine dreiteilige Form, zumeist ohne jede Komplikation: A-B-A. Und annähernd ebenso gebaut ist oft der zweite Satz; seines melodiösen Charakters wegen entspricht er der Liedform. Erinnern wir uns ihrer: Sie kann sehr einfach sein (A-B oder A-B-A), aber auch verschiedenste Varianten enthalten.

Die Sonatenform

Aufbau und Wesen des ersten Sonatensatzes wären ohne die technischen Fortschritte der Instrumente und des Orchesterspiels nicht denkbar. Cembalo und Clavichord verschwinden langsam und machen in immer stärkerem Maße dem Klavier – Beethoven nennt es im Titel einer Komposition mit dem damaligen Ausdruck »Hammerklavier« – Platz. Dieses Klavier kann vom leisesten Piano ins stärkste Forte übergehen, ohne daß das Crescendo einen Bruch erleiden müßte, über zahlreiche dynamische Zwischenstufen. So wird ein nuancenreiches Spiel möglich. Ja, es wird auch leicht, gleichzeitig verschiedene Töne in verschiedener Stärke anzuschlagen, zum Beispiel eine Melodie in der linken Hand hervorzuheben und eine mehrgriffige Begleitung in der rechten zart zurücktreten zu lassen.

Das Klavier wurde bald nach 1700 durch einen Italiener namens Cristofori erfunden. Bach versuchte das neue Instrument – die deutsche Orgel- und Klavierbauerfamilie Silbermann brachte es auf den Markt – aber es bedurfte noch einiger Jahrzehnte, bis sich diese Neuheit durchgesetzt hatte.

Auf dem Gebiet des Orchesters ging eine parallel verlaufende Entwicklung vor sich: Vermutlich in Mannheim wurde erstmalig ein langsames An- und Abschwellen versucht, das die Diktatur der vorherigen »blockartigen« Arbeit brach. Eine Fülle neuer Schattierungen und Klangkombinationen war die Folge. Nun wurden die Werke umfangreicher, da sie abwechslungsreicher gestaltet werden konnten.

Aus diesen Möglichkeiten entwickelte sich der erste »Sonatensatz«, die eigentliche »Sonatenform«. Sie beruht auf dem Prinzip der Bipolarität, des Kontrastes zweier Themen. Der Komponist stellt ein erstes Thema auf, das meist frisch, stark, bewegt, kraftvoll ist. Man hat es auch als »männlich« bezeichnet. Unmittelbar darauf erklingt das zweite Thema: Es ist weicher, gefühlvoller, schmiegsamer, »weiblich«. Sind beide Themen vorgestellt worden, so endet der erste Abschnitt der Form. Man nennt sie die EXPOSITION, die Einführung also.

Der zweite Abschnitt trägt den Namen DURCHFÜHRUNG: Die beiden Themen – seltener nur eines von beiden – werden dem Vorgang der »thematischen Arbeit« unterworfen, das heißt, in ihre Motive zerlegt, anders zusammengefügt, variiert, transponiert, gegeneinander geführt, kurz: verarbeitet, wobei der Grad dieser Verarbeitung vom dramatischen Temperament des Komponisten, von der Beschaffenheit der Themen und von der Ausdehnung des Werkes abhängt. Es ist der bewegteste Teil des Satzes, hier ist der Phantasie der größte Spielraum gewährt.

Daran schließt sich der dritte und letzte Hauptteil der Form an: die sogenannte REPRISE, die »Wiederaufnahme«. Die beiden Themen kommen in ihrer ursprünglichen Gestalt wieder. Mit einer kleinen Variante allerdings. Das zweite Thema, das bei seinem ersten Auftauchen nicht in der Haupttonart des Stückes steht, ist nun in diese transponiert, also in Übereinstimmung mit dem ersten Thema gebracht worden. An diese Reprise schließt sich sodann eine kurze Schlußformel an, genannt CODA.

Ein gut gebauter Sonatensatz »wirkt«, auch ohne daß der Hörer sofort erkennt, wo die Exposition zu Ende, wie die Durchführung gearbeitet und in welcher Tonart das zweite Thema in der Reprise versetzt ist. Öfteres Hören oder ein Blick auf die Noten kann dann auch diese Einzelheiten erschließen. Wichtig für den Laien ist nur, die Gesetzmäßigkeit eines Kunstwerks zu fühlen, zu wissen, daß es nicht dem Zufall untertan ist, sondern recht strengen Gesetzen, an denen erfolgreich zu rütteln nur dem Genie erlaubt ist. Die beiden Themen eines Sonatensatzes in ihrer ursprünglichen Gestalt unterscheiden zu können, das allerdings sollte jedem Musikliebhaber mit einiger Übung möglich sein; kann er das, so wird er auch der »thematischen« Arbeit etwas folgen können, mit deren Hilfe sie während der Durchführung verarbeitet werden. Viel hängt natürlich von der Wiedergabe eines solchen Werkes ab, ob sie die Themen klar herausarbeitet und sinngemäß gestaltet.

Ob nun die Sonatenform bei einem Soloinstrument leichter zu erkennen ist als im Orchester, ist schwer zu beantworten.

Fast glaube ich, im Orchester können die Kontraste zwischen den Themen deutlicher gemacht werden als beim Klavier etwa. Das erste Thema könnte vielleicht von Bläsern gebracht, das zweite von Streichern gespielt werden, was schon rein klanglich den Themen einen verschiedenen Charakter verleiht.

Die »Sonatenform« wird, wie wir ausdrücklich nochmals betonen wollen, nicht nur in der (Solo-)Sonate angewendet. Sie gilt für die Kammermusik, sie wird in der Sinfonie zur wichtigsten Grundlage und auch das (Solo-)Konzert ist ohne sie nicht denkbar.

Das Konzert

Das Konzert oder Solo-Konzert erfreut sich großer Beliebtheit und bildet einen wichtigen Programmpunkt der meisten Sinfoniekonzerte. Besonders die klanglich so ergiebige Mischung des Klaviers – als Soloinstrument – mit dem sinfonischen Orchester bildet einen starken Anreiz. An zweiter Stelle steht wohl das Violinkonzert, an dritter das Cellokonzert, für das es leider kein so ausgedehntes Repertoire gibt wie für die beiden anderen. Seltener sind Konzerte anderer Soloinstrumente wie Bratsche oder Flöte, oder gar Horn oder Fagott, obwohl es gerade auf diesen Gebieten reizende Stücke vergangener Musikzeiten auszugraben gibt. Formal ist das »Konzert«, das der Solist mit Begleitung des Orchesters gibt, eine Sonate oder eine Sinfonie. Allerdings mit kleinen Abweichungen, die sich aus der Mitwirkung des Solisten ergeben: Die Themen werden nicht nur einmal gebracht, wie in der Sinfonie, sondern zumeist zweimal, einmal vom Solisten und einmal vom Orchester; und kurz vor dem Ende jedes Satzes kann eine sogenannte »Kadenz« eingelegt sein, eine bravouröse Passage des Solisten, während derer das Orchester schweigt, um hernach, oftmals (in der Klassik und Romantik) auf einem langen Triller des Solisten, von neuem einzusetzen und den Satz zum Abschluß zu bringen. Konzerte sind oft dreisätzig, nicht alle schließen ein Menuett oder ein Scherzo ein; sie kehren also zum alten Schema schnell-langsam-schnell zurück, das wir anläßlich der italienischen Ouvertüre bald besprechen werden.

Die Variationen

Die Variation ist schnell erklärt. Den Rohstoff für ein Werk mit Variationen liefert ein »Thema«. Hier wäre es allerdings sinngemäßer, von Melodie zu sprechen. Denn ein Thema für Variationen ist lang, so melodisch wie möglich und in sich abgerundet. Für gewöhnlich stellt es der Komponist am Anfang des Stückes vor. Es gibt kurioserweise auch Werke, bei denen das nicht der Fall ist: Werke, in denen der Komponist mit Variationen beginnt und erst nach und nach das Thema in seiner Urgestalt herauskristallisiert. Doch das sind Ausnahmen. Beinahe immer steht am Anfang das Thema. Ist es abgeschlossen, dann beginnt die erste Variation; sie kann noch recht einfach sein, ohne das Thema nennenswert zu verändern. Und je weiter der Komponist dann fortschreitet, je mehr Variationen er von seinem Thema entwirft, desto tiefergehend verändert er es. Dabei kann es sich um ein eigenes Thema handeln, etwa wie in Mozarts wunderschönen A-Dur-Variationen, mit denen eine seiner Klaviersonaten (Köchel-Verzeichnis 331) beginnt – ganz gegen die Regel übrigens. Der Komponist kann aber auch ein fremdes Thema variieren, wie es Brahms in seinen kaum minder berühmten »Haydn-Variationen« tat: Man kann Variationen für ein Instrument, für Kammermusik (Schuberts »Forellenquintett«) wie für ein ganzes Orchester schreiben; auch die Zahl der Variationen bleibt dem Komponisten ganz überlassen.

Die Ouvertüre

Die Ouvertüre ist eine Orchesterform, die ursprünglich die Einleitung zu einer Schaustellung irgendwelcher Art bedeutete. Nicht nur musikalische Bühnenwerke wurden mit Ouvertüren eingeleitet, auch Wasserspiele, Feuerwerke, Ritterturniere, Tanzfeste und natürlich Theatervorstellungen. Denken wir an eine der berühmtesten Ouvertüren, die Beethoven für Goethes »Egmont« schrieb.

In den frühesten Opern sprach man übrigens noch nicht von Ouvertüren; die italienischen Komponisten jener Zeit nennen das Vorspiel SINFONIA, gelegentlich auch INTRATA oder TOCCATA. Bis zu Verdi bleiben sie sogar beim Namen »Sinfonie«, als dieses Wort eigentlich schon längst etwas anderes bedeutete. Ursprung der Ouvertüre war einfach der Wunsch, das Publikum zu sammeln und auf den Beginn des Schauspiels aufmerksam zu machen. Dazu genügten im Anfang einige Fanfarenstöße. Doch bald wurde aus diesem kurzen Signal ein kunstvolleres Musikstück. Vielleicht war der in Italien geborene, an den französischen Hof ausgewanderte und dort zu höchsten Ehren gekommene Lully der Mann, der eine Norm für solche Vorspiele – besonders zu den am Hof des Sonnenkönigs Ludwig XIV. († 1715) blühenden tänzerischen und dramatischen Vorführungen – festlegte. Er begann feierlich, pompös, was dem Hofzeremoniell durchaus entsprach, legte dann einen raschen Teil ein, um das Publikum in eine frohe, aufnahmebereite Stimmung zu versetzen, kehrte aber zuletzt nochmals zu den gemessenen Klängen des Beginns zurück.

Hier trifft man also wieder eine dreiteilige Form: langsam-schnell-langsam. Diese wurde dann zum Schema der sogenannten »Französischen Ouvertüre«. In Italien schuf wahrscheinlich Alessandro Scarlatti wenig später das Gegenstück dazu, nämlich die italienische Ouvertüre: schnell-langsam-schnell. Die Melodien, bzw. Themen, die in den Ouvertüren vorkommen, können in einem Zusammenhang zu dem darauf folgenden Schauspiel stehen, aber auch völlig unabhängig davon sein.

In Mozarts »Entführung aus dem Serail« gibt es einen solchen Zusammenhang: Der zweite, langsame Teil der Ouvertüre ist aus der Melodie gemacht, die hernach, als Arie Belmontes, das Stück einleitet. Die düstere D-Moll-Ouvertüre zum »Don Giovanni« gibt Mozart zwar Gelegenheit, die tragische Atmosphäre des Dramas vorzubereiten, aber ein direkter thematischer Zusammenhang besteht nicht. So ist es auch in »Figaros Hochzeit«: Der »tolle Tag« (wie das Werk im Untertitel heißt) ist in einem dahinwirbelnden Musikstück prächtig ausgedrückt, eine direkte Verbindung aber besteht ebenfalls nicht. In der »Zauberflöte« dagegen gibt es sie, nämlich in den dreimal wiederholten Bläserakkorden. Bei Rossini freuen wir uns über die witzige, spritzige Ouvertüre zum »Barbier von Sevilla«, die so gut zur ausgelassenen Stimmung der Oper zu passen scheint. Doch ist hier Vorsicht angebracht: Das gleiche Musikstück hatte der Komponist schon als Ouvertüre zu zwei anderen Opern verwendet, und noch dazu bei so gänzlich andersgearteten wie »Elisabeth von England« und »Aureliano in Palmira«!

Später legte Rossini jedoch mehr Gewicht auf seine Opernvorspiele. Dies ist vor allem zu spüren bei »Wilhelm Tell«, seinem letzten Bühnenwerk. Da ist die Ouvertüre beinahe ein kleines sinfonisches Gedicht geworden, mit Alphornklang, Kuhreigen und aufrührerischer Stimmung. Die Tendenz jener ersten Jahrzehnte im romantischen Jahrhundert geht überhaupt zu einer immer stärkeren Charakterisierung über. Wie hat Beethoven mit seiner »Fidelio-Ouvertüre« gekämpft! Die erste Fassung – die sogenannten »Leonoren-Ouvertüren« Nr. 1, 2 und 3 – verwarf er, obwohl sie die Dramatik des Stoffs großartig einfingen und mit dem erlösenden Trompetensignal sogar eine direkte Verbindung zum Spiel hatten.

Sein damals allerdings wesentlich volkstümlicherer Nachfolger Carl Maria von Weber machte aus dem Vorspiel zu seinem »Freischütz« ein Potpourri einiger der eingängigsten Melodien des Werkes. Er ist zum entgegengesetzten Extrem gelangt, indem er wichtige Themen der Oper vorwegnimmt. Diese Art der Ouvertüre fand dann zahllose Vertreter, zu denen hie und da auch Verdi gehört. Oft allerdings geht dieser große Italiener mit seinem Rivalen Wagner einig: Das Vorspiel wird immer mehr zu einer stimmungsgeladenen Vorbereitung des unmittelbar anschließenden Aktes. Bei Wagner gibt es die verschiedenartigsten Formen von Vorspielen, vom »Potpourri« (Rienzi, Tannhäuser, Meistersinger) bis zur dramatischen Synthese (Lohengrin, Tristan und Isolde) und der stimmungsmächtigen Einleitung zur Anfangsszene (Rheingold, Walküre).

Richard Strauss schafft in seiner naturalistischen – oder expressionistischen – Periode die Ouvertüre überhaupt ab. Bei der »Salome« und »Elektra« erhebt sich der Vorhang nach wenigen Noten des Orchesters; bezeichnenderweise kommt gleichzeitig sein italienischer Kollege Puccini zum gleichen Ergebnis: Auch »Bohéme« und »Tosca« haben kein Vorspiel mehr.

Sind nun Opern-Ouvertüren im Konzertprogramm vertretbar? Das heutige Musikleben ist in manchen Bräuchen sehr streng geworden. Wenn Mozart auf kurzen Erdenurlaub käme und der Aufführung einer seiner Sinfonien oder Opern beiwohnen wollte, so bräche er, nach dem ersten Satz der Sinfonie, sicherlich glänzend gespielt von einem unserer Spitzenorchester, in Applaus aus. Doch seine freudige Erregung würde sofort einen eiskalten

Dämpfer erleben, denn alle Umsitzenden würden ihn wütend niederzischen! Erschrocken müßte er sicherlich glauben, das Werk habe nicht gefallen, dabei zischte man nur, weil »man an einer solchen Stelle nicht klatscht«. Man unterbricht nicht die Einheitlichkeit eines zyklischen Werks durch störenden Applaus. Mozart und Haydn aber haben mehr als einmal Sätze von Sinfonien untereinander ausgetauscht, ohne sich um die sogenannte Einheit viel zu kümmern. Und noch zu Beethovens Zeiten war nicht nur die Aufführung einzelner Sätze aus Sinfonien gang und gäbe, sondern man legte zwischen die Sätze einer Sinfonie oder eines Konzerts Instrumentalsoli und sogar Arien. Unseren so ernsten Bestrebungen um »stilistische Reinheit« fällt auch immer mehr die Opern-Ouvertüre im Konzert zum Opfer; nur in »Unterhaltungskonzerten« findet sie sich noch, sonst sehr selten. Anders ist das natürlich mit Ouvertüren, die nur so heißen, aber gar keine Einleitungsstücke zu Opern sind. Es sind Konzert-Ouvertüren also, deren es sehr viele gibt. Beethoven hat mehrere geschrieben, bei denen der Zusammenhang mit einem darauffolgenden Schauspiel entweder längst vergessen ist oder nie bestanden hat: »Die Namensfeier«, »Die Weihe des Hauses«. Mendelssohns »Hebriden« (»Die Fingalshöhle«, »Meeresstille und glückliche Fahrt« und »Die schöne Melusine«) heißen zwar »Ouvertüren«, stellen aber völlig selbständige Musikstücke dar, die eine spätere Zeit wohl als kleine »sinfonische Dichtungen« bezeichnet hätte. Auch Brahms' »Tragische Ouvertüre« und »Akademische Fest-Ouvertüre« rechtfertigen diese Gattungsbezeichnung nicht mehr. Von einer eigentlichen Ouvertürenform kann unter all den aufgeführten Umständen nicht recht gesprochen werden; am ehesten noch bei den älteren Werken, die der Dreiteilung folgen. Aber auch die kann auf zwei entgegengesetzte Arten angewendet werden: schnell-langsam-schnell, wie die Italiener es vorzogen, oder langsam-schnell-langsam, nach Art der Franzosen.

Die Serenade und das Divertimento spielen vor allem in der klassischen Epoche eine Rolle, und hier am meisten bei Mozart. Die berühmtesten seiner Serenaden sind »Eine kleine Nachtmusik« und die »Haffnerserenade«, und schon an diesen beiden Beispielen wird klar, wie verschiedenartig solche Stücke gebaut sein können. Im Prinzip ist die Serenade eine Sommerabend-Freiluftmusik, ein frohes, unproblematisches, stimmungsvolles Stück Musik. Die »Kleine Nachtmusik«, nur für Streicher komponiert, ist der Form nach eine kleine, knappe Sinfonie, genau nach den uns bekannten Regeln aufgebaut. Die »Haffnerserenade« dagegen hat die doppelte Zahl von Sätzen, nämlich acht, und verwendet neben den Streichern Oboen, Fagotte, Hörner, Trompeten; sie ist eine typische Gelegenheitskomposition: Unterhaltungsmusik zu einem Fest beim Bürgermeister von Salzburg. Ferner gibt es bei Mozart eine Serenade für vier Orchester, mit deren Hilfe bezaubernde Echowirkungen bewirkt werden, dazu mehrere Bläserserenaden. Alle Stücke sind verschieden gebaut, verschieden gestaltet, verschieden besetzt. Größtenteils sind es Auftragswerke, Gelegenheitsarbeiten; doch dies waren zu jener Zeit die Mehrzahl aller Musikstücke.

Mitunter kann man nicht verstehen, wie ein Komponist – oder irgend ein anderer Künstler – bei solchen Werken die gleiche Höhe erreichen kann wie bei frei geschaffenen Stücken. Aber das ist vermutlich noch ein übriggebliebenes Vorurteil aus dem 19., dem romantischen Jahrhundert, demzufolge der schaffende Künstler die »begnadete Stunde« erwarten mußte, die Inspiration. Deren fundamentale Wichtigkeit ist keineswegs in Zweifel zu ziehen. Aber das Schaffen ist, wie so vieles im Leben, auch eine Frage der Disziplin, der harten Arbeit. Ich glaube, daß die Inspiration zu wahrhaft großen, bedeutenden Werken aus unbekannten Räumen stammt; gläubige Künstler nennen sie »göttlich«, und es ist um sie etwas Geheimnisvolles wie um das Göttliche. Doch so wie der gläubige Mensch sich im Gebet darauf vorbereitet, das Göttliche zu empfangen, so kann auch der schöpferische Mensch sich durch Konzentration und geistig-

seelische Anspannung auf die Inspiration vorbereiten oder ihr näherkommen. Viele der inspiriertesten Musiker der Geschichte waren unermüdliche Arbeiter. Davon ein kleines Beispiel: Richard Strauss saß jeden Morgen um 8 Uhr an seinem Schreibtisch und komponierte bis Mittag. Damit soll nicht gesagt sein, daß Konzentration auf ein bestimmtes Werk die Inspiration herbeizwinge – es gehört doch auch geniale Veranlagung dazu – aber was nützt Genie, wenn die nicht durch unermüdlichen Fleiß geschulte Gestaltungskraft den Dienst versagt?
Mozart konnte komponieren wann er wollte, und es wurden immer Meisterwerke daraus. Bei Schubert war es ebenso. So besteht ein guter Teil der Musikwerke (wie auch bei den bildenden Künsten) aus Auftragswerken. Und diese passen sich dem Auftrag an, wie man es deutlich bei den Serenaden sehen kann. Das gleiche könnte man auch bei den Divertimenti sagen.
Divertimento bedeutet einfach »Unterhaltung«. Aber welches Niveau hatten diese Unterhaltungsstücke bei Mozart! Sie sind von Sinfonien oder Konzerten nicht zu unterscheiden, ja übertreffen diese manchmal sogar an besonderem Charme. Auch das Wort »Kassation« kommt für ähnliche Kompositionen vor, auch dies Stücke, die in erster Linie für Sommerabende im Freien gedacht waren. Dafür gibt es eine lange Tradition. Schon im Mittelalter wurden Serenaden oder Ständchen gebracht; nicht immer tat das der junge Mann selbst, der Musik vor den Fenstern seiner Angebeteten erklingen lassen wollte, immer häufiger engagierte er zu diesem Zweck Musikanten, die davon lebten. Zu den festlichen Empfängen, die das Bürgertum, später die Stadtverwaltung, einem hohen Gast zuteil werden lassen wollte, stellte sie solche Musiker fest in den Dienst: die »Stadtmusikanten«. Sie bliesen außerdem vom Turm des Münsters oder des Doms »den Tag an«, sie spielten am Sonntag vor dem Tor zum Tanz und sie verabschiedeten den Tag mit geruhsamen Melodien.

Die Fuge

Die Fuge gehört zu den wichtigsten und strengsten Formen der Musik. Sie kann vokal wie instrumental sein. Sie bildet den Höhepunkt mittelalterlicher kontrapunktischer Künste und stellt eine Form der mehrstimmigen Musik dar, die in Bach ihren größten Meister gefunden hat. Allerdings verschwindet sie auch in den kommenden Jahrhunderten nicht ganz; immer wieder gibt es Komponisten, die sich an ihrem großartigen Aufbau begeistern und vielleicht sogar versuchen, ihre überströmende Phantasie in diese harte Form zu gießen, um sie von allem überflüssigen Beiwerk zu reinigen: Beethoven liebt sie, dann César Franck und mit ihm alle, die der Orgel verbunden sind, denn die Orgel ist das ideale Instrument für die Fuge. Auf ihr können sich gleichzeitig mehrere Melodielinien entfalten. Kein anderer Klangkörper – das große Orchester ausgenommen – kann diese Melodien so rein und plastisch nachzeichnen wie die Orgel, dank ihrer verschiedenen Manuale und ihres Pedals, die mit unterschiedlichen Klangfarben (Registern) ausgestattet sind. Die Fuge muß man sich als Fortbildung des Kanons vorstellen.
Das Thema wird in einer Stimme gebracht – gleichgültig, ob in einer hohen oder tiefen – und kaum ist es beendet, setzt eine zweite Stimme ein. Ist die Fuge dreistimmig, so kommt es zu einem neuerlichen Themeneinsatz in einer dritten Stimme, bei einer vierstimmigen Fuge auch noch zu einem vierten Einsatz. Stimmeneinsatz bedeutet keineswegs nur den Eintritt einer wirklichen, menschlichen Stimme: es kann sich ebensogut um instrumentale »Stimmen« handeln. Am einfachsten vorstellbar ist die Vokalfuge, sie können wir uns als einen weiter ausgebauten Kanon denken. Haben die Themeneinsätze alle vorhandenen Stimmen durchlaufen, so ist im Kanon das Stück zu Ende; nicht so in der Fuge, wo auf diesen ersten Teil (er heißt »Exposition«, ebenso wie bei der Sonate) der zweite, die »Durchführung« folgt, für den es keine Regeln gibt. Hier »arbeitet« der Komponist möglichst intensiv mit dem Thema, er wendet alle ihm zur Verfügung stehenden Kompositionskünste an. Hernach tritt die »Reprise« ein, das Thema durchläuft in seiner Originalgestalt – die während der

»Durchführung« wesentlich verändert werden konnte – wiederum alle vorhandenen »Stimmen« und beendet das Stück mit einer kurzen »Coda«. Neben diesen einfachen Fugen – so genannt, weil sie nur ein einziges Thema besitzen – gibt es auch Doppelfugen: hier sind zwei Themen miteinander gekoppelt, und zwar müssen sie gleichzeitig auftauchen und durchgeführt werden. Sogar Tripelfugen gibt es, also Stücke mit drei gleichzeitig erklingenden Themen. Die Fuge ist die zerebralste Musikform der alten Musik, in ihr spielt die Technik des Komponisten eine bedeutende Rolle; mit ihrer Hilfe unterwirft er sein Thema allen möglichen Veränderungen, er läßt es »in Umkehrung« abrollen (vom Ende zum Anfang wie ein umgekehrt laufendes Tonband), was »Krebs« heißt, er verwandelt die steigenden Intervalle in fallende und umgekehrt, was »Spiegel« genannt wird usw. Trotz so vieler technischer Kunststücke und handwerklicher Arbeit darf die Inspiration in der Fugenkomposition keineswegs unterschätzt werden. An ihr liegt es gerade, die Fuge, die in der Hand unbedeutender Musiker zu einer »Arbeit« werden kann, mit pulsierendem, ja dramatischem Leben zu erfüllen.

Die sinfonische Dichtung

Die Fuge ist eine sogenannte »strenge Form«, genau genommen eine der strengsten. Die sinfonische Dichtung dagegen geht ins andere Extrem, sie ist – so weit bei ihr von »Form« im regelrechten, theoretischen Sinne noch die Rede sein kann – die liberalste, freieste. Im sinfonischen Gedicht, wie bei jeder Art der Programmusik auf ihrem Höhepunkt, richtet sich die Form weitgehend, wenn nicht restlos, nach dem Inhalt. Die klassische Periode kennt diese Kompositionsart daher nicht. Eines der Stilmerkmale der Klassik – in allen Künsten, versteht sich – ist die starke Einhaltung der Form, ist das Gleichgewicht zwischen Inhalt und Form, zwischen Aussage und Bau. Das sinfonische Gedicht ist ein typisches Produkt der Romantik, mit ihrer starken Neigung zum Malerischen, zum Unterstreichen von Stimmung und Ausdruck. Die Musik hat bereits in vorklassischen

Epochen »schildernde« Perioden durchgemacht. Da lebte zum Beispiel um 1500 ein Komponist flandrischer oder burgundischer, vielleicht auch französischer Abstammung mit Namen Clément Jannequin, der ganz realistisch Schlachtengetöse, Straßenszenen, Naturbilder mit Chören schilderte, und es ist anzunehmen, daß er keineswegs allein stand, sondern daß es solche Strömungen in seinem beginnenden 16. Jahrhundert an vielen Orten gab.

Von Jannequin aus können wir genau um drei Jahrhunderte springen, um zu einer neuen, schildernden Musikepoche zu gelangen. Zu Beethoven oder, wenn wir ganz gerecht sein wollen, zu Haydn und zwar zu seinen Spätwerken wie der »Schöpfung«, in denen sich verblüffend tonmalerische Elemente finden. Beethoven baut sie vor allem in seiner »Pastoral«-Sinfonie aus. Dennoch kann man sie nicht zu den sinfonischen Gedichten rechnen, da sie formal noch als Sinfonie gebaut ist. Beethoven kennt den Begriff des sinfonischen Gedichts noch nicht. Aber schon die Untertitel der einzelnen Sätze deuten auf den tonmalerischen Umschwung hin:

»Erwachen heiterer Empfindungen bei der Ankunft auf dem Lande« – das ist kein musikalisches Kriterium mehr. »Szene am Bach«, »Lustiges Beisammen der Landleute«, »Gewitter, Sturm«, »Hirtengesang, frohe und dankbare Gefühle nach dem Sturm«: man spürt, daß da außermusikalische Elemente im Vordergrund stehen und den Ablauf der Musik weitgehend beeinflussen.

»Mehr Ausdruck der Empfindung als Malerei«, rechtfertigt Beethoven sich zwar dem Vorwurf der Programmusik gegenüber, aber er kann es nicht vermeiden, daß die Klangmalerei nun immer weiter um sich greift, daß kurz nach seinem Tod der Franzose Héctor Berlioz in seiner »Symphonie fantastique« noch viel weiter geht und nicht wie Beethoven ein »Natur-Programm«, ein natürliches Programm seiner Musik zugrundelegt (Naturschilderungen waren seit altersher bei den Komponisten beliebt), sondern ein recht unnatürliches: die Opiumträume und -visionen eines vom Leben zutiefst enttäuschten Musikers. Ein genaues »Programm«, das der Kompo-

nist zwar wieder strich, das aber eine minuziöse Erklärung seiner Musik gibt.
Die sinfonischen Dichtungen wären ohne diese Vorgänger nicht denkbar, nicht erklärlich. Denn die Auflösung der Form zugunsten des geschilderten Inhalts erfolgt schrittweise. Wann ist es dann so weit, daß man vom fertig gewachsenen sinfonischen Gedicht sprechen kann? Bei Mendelssohn etwa: »Meeresstille und glückliche Fahrt«? »Die Fingalsgrotte«? Bei Liszt bestimmt: »Tasso«, »Prometheus«, »Die Ideale«, »Les Préludes«, »Hunnenschlacht«, »Mazeppa«. Oft setzt der Komponist Verse, die ihn inspirierten, gewissermaßen als Motto über die Partitur. Ein wundervoller Tonmaler ist dann Friedrich Smetana: Sein Zyklus »Mein Vaterland«, vor allem dessen zweites Stück »Die Moldau« ist ein Musterbeispiel für das sinfonische Gedicht. Da gibt es keinen formalen Aufbau mehr, der nicht durch die dichterische Schilderung bestimmt wäre, eine Schilderung, die es nur in Tönen, nicht in Worten gibt – daher der Name des sinfonischen Gedichts oder der sinfonischen Dichtung.
Richard Strauss setzt diese Linie mit einigen Meisterwerken fort, die heute zum festen Bestand aller großen Orchester gehören: »Till Eulenspiegel«, »Don Juan«, »Tod und Verklärung«. Vielleicht sind diese Werke noch typischere Beispiele als »Die Moldau«. Denn die Natur hat ja dem Musiker seit eh und je einen Ansporn gegeben: Der Donner ist ein akustisches Phänomen, der Vogelgesang nicht minder. Hier aber handelt es sich um Schilderung von Menschen und seelischen Zuständen: ein echt romantisches Thema.
Übrigens: die Art, wie Naturschilderungen mit musikalischen Klängen imitiert werden, wandelt sich und liefert uns ein anschauliches Bild von Komponist und Zeit!
Denken Sie an Beethovens gewissermaßen noch »klassische« Vögel im zweiten Satz der Pastorale! Dann an Wagners romantisches »Waldvögelein« im »Siegfried« – mit der schönen Idee, daß es zuerst rein instrumental erklingt, dann aber, als Siegfried durch die Berührung mit dem Drachenblut die Stimmen der Natur versteht, von einer Singstimme wiedergegeben wird. Ohne die Beispiele auch nur im mindesten erschöpfen zu kön-

nen, sei an ein modernes Werk erinnert: In Respighis »Pinien von Rom« singt eine Nachtigall. Der italienische Komponist ließ den Gesang einer echten Nachtigall auf eine Schallplatte aufnehmen. Immer, wenn nun dieses Werk ertönt, singt die gleiche, die »echte« römische Nachtigall. Hierbei taucht die Frage auf, ob dies nicht die Grenzen der Kunst überschreitet. Wäre das nicht, als würde ein Stück Fotografie in ein Gemälde eingefügt?

Nun, die Malerei war wenige Jahre nach Respighi wirklich so weit gekommen: Wieder einmal beobachteten wir die Gleichheit der Erscheinungen auf allen Gebieten und ihre Gleichzeitigkeit, die uns beweist, daß hier ein enger Zusammenhang mit dem Zeitgeist walten muß.

Das Laboratorium der Klänge

Theoretisch kann jeder beliebige Stoff zum Thema eines sinfonischen Gedichts werden.

Im Ausklang der Romantik, bereits tief in unserem Jahrhundert, komponierte Arthur Honegger ein sinfonisches Gedicht, das die Fahrt einer gewaltigen Lokomotive zum Vorwurf hatte: »Pacific 231«. Musik und Technik – ein hochinteressantes Kapitel. Natürlich singt jede Epoche von dem, was sie entdeckt. Verallgemeinert gesprochen: Die Romantik entdeckt die Natur – das trifft natürlich auf Malerei und Dichtung gerade so zu wie auf die Musik –, das 20. Jahrhundert entdeckt die Technik. Sie durchdringt auf vielfache Weise die Künste. Elektronische Klangquellen kommen auf, zuerst in einzelnen Instrumenten (ich erinnere an Neo-Bechstein, an Trautonium, an die Martenot-Wellen) und führen schließlich zu einer Art völlig neuer Klangerzeugung und damit zum Ausgangspunkt einer radikalrevolutionären Entwicklung, deren Ausmaß wir noch nicht absehen können. Aber zum Kapitel Maschine–Musik gehört auch die Schilderung, ja manchmal Verherrlichung der ersteren durch die letztere.

Eine Zeitlang erregte ein in den Zwanzigerjahren komponiertes kurzes Orchesterstück Aufsehen: »Eisengießerei« des Russen Alexander Mossolow. Es bildete gewissermaßen eine Endstation: hundert Musiker eines Sinfonieorchesters imitieren in vollendeter Weise die Geräusche, das Tosen einer gewaltigen Eisengießerei. Ist das noch Musik? Eine schwer zu beantwortende Frage, denn die Grenzen der Musik haben sich ja sehr weit hinausgeschoben und sind in den späteren Jahren sogar völlig aufgehoben oder zumindest unkenntlich gemacht worden. Mossolows Werk verblüfft durch einen Realismus, den die Musik vorher in diesem Ausmaß nicht kannte. So würde ein Gemälde verblüffen, wenn es den Arbeitsvorgang einer Fabrik in so detaillierter Form wiedergäbe, daß buchstäblich jeder Millimeter der Wirklichkeit abgeschaut wäre – und ohne künstlerische Interpretation.

Die künstlerische Interpretation – wäre das nicht überhaupt das Stichwort? Beginnt Kunst nicht bei und mit ihr? Hätte Mossolow eine persönliche Interpretation versucht anstatt der objektiven Wiedergabe, dann wäre sein Stück eben noch Musik, also Kunst? Dazu eine andere Frage: Wird Photographie zur Kunst, wenn persönliche Interpretation zur technischen Materialbeherrschung kommt? Diese Frage ist leichter mit »ja« zu beantworten. Der Mexikaner Carlos Chavez hat ein Ballett komponiert, das er »HP« nannte, auf deutsch: PS – »Pferdestärken«. Ein Maschinenstück natürlich, aber mit weitem Raum für echte künstlerische Interpretation. Hier gehört wohl auch Strawinskys »Pas d'acier« her und Hunderte, wenn nicht Tausende von Kompositionen der letzten Jahrzehnte, in denen irgendein Aspekt unseres Maschinenzeitalters in den Vordergrund gestellt wird.

Der Weltraumflug wäre ein herrliches Thema für sinfonische Gedichte, aber der musikalische Stil unserer Tage widerspricht eindeutig jeder bildhaften Darstellung. Wir befinden uns auf dem Rückweg zur »absoluten« Musik, lassen schildernde Elemente nur in historischen Werken zu, kaum in heutigen Schöpfungen. Die Fahrt des Kolumbus etwa konnte mit klassisch-romantischen Musikmitteln beschrieben, poetisch verklärt werden. Aber die Weltraumfahrt? Sie müßte Klänge heranziehen, ebenso neu wie das Element, das Mond- und Venusfahrer durchrasen. Ich denke dabei an die elektronische Musik und gestehe sogar, daß ich hier das vielleicht wichtigste Argument für diese neuen Klänge sehe. Die Verbindung dieser innerlich von Anbeginn verwandten Dinge ist auch bereits vollzogen, z. B. dann – unter anderem – in der Weltraumoper »Aniara« des Schweden Karl-Birger Blomdahl. Sie verwendet elektronische Klänge dort, wo das gigantische Raumschiff auf dem Weg zu fremden Planeten die unendlichen Sphären durcheilt.

Die sinfonische Dichtung ist kaum noch als »Form« anzusprechen. Eher als Kompositionsart. Die strengen Formen von Kanon, Fuge, Sonate und anderen haben für sie keine Gültigkeit mehr, da sie als oberstes Gesetz die musikalische Durchdringung eines außermusikalischen Vorwands gesetzt hat. Trotzdem wäre es falsch, hier eine »Formlosigkeit« annehmen zu wollen. Eine Formlosigkeit ist mit künstlerischen Prinzipien kaum vereinbar. Eine gewisse Struktur ist selbst dort vorhanden, wo sie nicht auf den ersten Blick erkennbar wird. Wesentlich ist die Erkenntnis, daß die Entwicklung der Musik, wie aller Künste, zwischen den ewigen Polen der absoluten Form und des absoluten Inhalts pendelt. Ein Pendel weicht von seiner Bahn nicht ab, durchläuft seinen Weg bis zum Endpunkt und kehrt dort um, um den gleichen Weg nun in entgegengesetzter Bahn zurückzukehren, bis zum Endpunkt. Sogar die Geschwindigkeit des Pendels schien durch lange Zeit hindurch annähernd die gleiche zu sein. Unübersichtlich wird die Sache erst in unserer eigenen Zeit, aber das kann ebensowohl an den Phänomenen wie an uns selbst liegen. Der Beginn unseres Jahrhunderts ist der Endpunkt in der Richtung auf »schildernde« Musik, auf Programmusik. Nun geht es zurück, hin zur absoluten Musik, zu einer neuen Suche nach Form, nach neuer Form selbstverständlich. Auf diesem Weg scheint das Publikum allerdings die heutigen Künstler nicht begleiten zu wollen.

Bis zu einem gewissen Grade war das immer so. Aber es wäre falsch, leugnen zu wollen, daß diese Nicht-Gefolgschaft heute ein wesentlich größeres Ausmaß angenommen hat. Im letzten Jahrhundert folgte das Verständnis des »Publikums« der »neuen« Musik in einem Abstand von etwa zehn bis dreißig Jahren nach. Doch das Wesentliche war, daß es eben nachfolgte, unleugbar und ausnahmslos, wenn auch manchmal mit schwereren Kämpfen –, man denke an den »Fall Wagner«. Heute dagegen ist in vielen Fällen die Zeitspanne größer (obwohl unsere Zeit viel »schneller« geworden ist), in anderen ist von der Nachfolge überhaupt nichts zu spüren. Das mag seinen Grund darin haben, daß wir uns eben in dem vorher erwähnten Richtungswechsel des Pendels befinden. Solange das Pendel in gleicher Richtung fortschreitet, entsteht kein anderes Problem als das der Zeitspanne zwischen dem Entstehen der Kunstwerke und ihrem Verständnis durch das Publikum. Ist das Pendel aber an einem der beiden Endpunkte angelangt, so ist die daraus entstehende Verwirrung – schon rein graphisch – zu erklären: Die schaffenden Kräfte haben die Richtung gewechselt, die Masse des Publikums aber, schwerer beweglich, treibt noch in der alten Richtung weiter. Sie kreuzen einander, stoßen zusammen, verstehen einander nicht, denn nun besteht kein Zeitproblem mehr, sondern ein Richtungswechsel.

Das Publikum steht zum Teil gewissermaßen in der Romantik. Doch die mangelhafte Anteilnahme des Publikums an zeitgenössischer Kunst hat noch andere, übrigens hochinteressante Erscheinungen hervorgebracht, z. B. die Flucht in die Vergangenheit. Man denke an die Wiedererweckung vergangener Musikepochen, des Barocks vor allem, der Renaissance, der Mehrstimmigkeit. Die negative Einstellung gegenüber zeitgenössischer Produktion hat zu einer positiven Bereicherung des Musiklebens in anderer Richtung geführt. Ob das ein vollwertiger Ersatz ist, ergäbe eine interessante Rundfrage, ein Arbeitsthema für einen Musikerkongreß. Im Grunde genommen: natürlich nicht. Denn eine Zeit mit gestörtem Verhältnis zu ihrer eigenen Kunst ist eine kranke Epoche – darüber dürfte es kaum einen Zweifel geben. Doch gibt es in unserer Zeit nicht nur eine einzige Richtung in Kunst und Musik, es gibt ihrer sehr viele, beinahe unzählbar viele (weil jeder schaffende Künstler seine durchaus eigenen Ideen vertritt); und manche davon kann als Fortsetzung einer Tradition verstanden werden, nicht als Bruch mit ihr.

Die Auflösung in Gruppen und Individuen in unseren Tagen – anstelle eines breiten Stroms, wie er etwa zur Zeit der Romantik beobachtet werden konnte – bedingt, daß der Wendepunkt der Pendelbewegung nicht von allen gleichzeitig eingehalten werden kann, es mag vorkommen, daß einzelne künstlerische Strömungen innehalten, statt eine scharfe Kehrtwendung oder Bewegung in die entgegengesetzte Richtung zu vollziehen oder aus

jahrhundertelang aufgespeicherter Substanz noch Werke gestalten, die einer Fortsetzung früherer Linien ähnelten oder deren letzte Auflösung bedeuten können. Alban Berg, das musikdramatische Genie der sogenannten »Zweiten Wiener Schule« – des Schönbergkreises – galt bei seinem Auftreten als umstürzlerischer Revolutionär. Heute erkennen wir, daß sein »Wozzek« eine Enderscheinung ist, kein Ausgangspunkt für revolutionären Neubeginn. Und so hat ihn das Publikum, nach etwa einem Vierteljahrhundert »Wartezeit«, auch überall akzeptiert. Das heißt, die stets beobachtete, von uns früher erwähnte Erscheinung des späteren, aber sicheren Publikumsverständnisses hat sich hier erfüllt.
Eine ganz ähnliche Erscheinung gibt es bei Hindemith, bei Bartók, bei dem jungen und mittleren Strawinsky. Es gibt aber sogar Komponisten unserer Tage, deren Werke unmittelbare Wirkung ausüben z. B. Orff, dessen »Carmina Burana« den vielleicht weltweitesten Beweis dafür liefert, aber auch Benjamin Britten, Frank Martin, Gershwin.

Die atonale Zeit

Unter den eben genannten Komponisten ist allerdings kein einziger Zwölftöner, das heißt, keiner, der Schönbergs Dodekaphonie zur Grundlage seines Schaffens gemacht hat. Allenfalls Alban Berg wäre – von den eben erwähnten – als »zwölftöniger« Komponist anzusprechen, mit der wichtigen Einschränkung allerdings, daß er keineswegs orthodox dieser Lehre seines Freundes und Meisters anhing und die Inspiration stets höher stellte als die errechnete Form oder Gestaltung.
Vielleicht sollten wir doch einige Worte über die Dodekaphonie oder die Zwölftonreihe sagen. Die Mehrzahl der Musikliebhaber kennt zwar diesen Begriff, versteht ihn aber nicht ganz.
Zu Beginn unseres Jahrhunderts war das »tonale Prinzip« – wie das herrschende »liberale« Gesellschaftssystem – weitgehend in Auflösung begriffen. Man komponierte kaum noch innerhalb bestimmter Tonarten. Die feste Grundlage der Tonalität – das

heißt die Zugehörigkeit einer Melodie und, mehr noch, einer Harmonie zu einer bestimmten Tonart – war in Frage gestellt und wurde schon nicht mehr befolgt, nachdem dieses Prinzip während mehrerer Jahrhunderte den festen Rahmen der Musik gebildet hatte. Alle unsere »klassischen« und »romantischen« Tonwerke beruhen auf diesem tonalen Fundament, das dem abendländischen Ohr vertraut ist. Andere Völker haben andere Musiksysteme und kennen unsere Tonstufen, also die Einteilung in Halbtöne, oft nicht. Die Tonarteneinteilung und das harmonische System der Dreiklänge, der Konsonanzen und Dissonanzen ist für uns eine Grundlage, an der während Jahrhunderten nicht gerüttelt wurde. Die Häufung der Dissonanzen zu Ende der Romantik, ihre Eigenständigkeit – das heißt, daß sie nicht mehr oder immer weniger von Konsonanzen abhingen, sondern mit eigenen Rechten, ausgestattet wurden – führten zu einer Lockerung dieses tonalen Gefühls in unserem Bewußtsein. Es war ein Weg zu neuen, weiter entfernt liegenden Ufern.
Nach dem Ersten Weltkrieg brach über Europa eine neue Epoche herein, in der zuerst alles geleugnet wurde, was bis dahin Gesetz gewesen war: Reaktion einer enttäuschten Generation auf allen Gebieten. In der Musik wurde die totale Auflösung der Tonalität versucht, experimentiert, verkündet.
Die sogenannte »atonale« Zeit brach an. Auch damals war es nicht so, daß auf einmal alle Komponisten »atonal« geschrieben hätten, es war lediglich ein Teil von ihnen, jener Teil, der auf Musikfesten zu Wort kam, da er neue Parolen besaß, der es zu viel beachteten Aufführungen brachte, da Fachleute, Presse, Unternehmer begierig waren, »Neues« zu hören und zu propagieren.
Die Verneinung, Auflösung der Tonalität gab zwar den Komponisten das Gefühl unbeschränkter Freiheit, aber auch hier – wie auf allen menschlichen Gebieten – zeigte es sich, daß eine schrankenlose Freiheit undurchführbar ist. Sie führte in ein musikalisches Chaos. Wenn es keine Regeln mehr gibt, so kann eben jeder komponieren. Die Grenzen zwischen Können und Nichtkönnen, zwischen Idee und Bluff geriet ins Wanken. Natürlich dürfen wir auch der Absage an die Tonalität, ja nicht

einmal dem Chaos ausschließlich negative Wirkungen zuschreiben. Das Niederreißen früherer Schranken, von denen manche wirklich veraltet sein mochte, weitete den Blick, schuf neue, kaum geahnte Möglichkeiten. Wie von allen, selbst den auf Mißverständnissen beruhenden Bewegungen, konnte hier etwas Positives übrigbleiben.

Das Experiment mit der Zwölfton-Technik

Mehrere Musiker jener Zeit bemühten sich, in das Chaos der Atonalität eine neue Ordnung zu bringen. Einige zerbrachen sich den Kopf über eine andere als die bisherige Art, Akkorde zu bilden, anstatt mit Terzen wollten sie Harmonien mit Hilfe von Quarten formen. Das ist nur einer der damals in die Welt gesetzten Gedanken. Zwar hätte dies einen Triumph der härtesten Dissonanzen gebracht – wie sie damals von vielen Seiten gefordert wurde – jedoch das tonale Gesetz und Gefühl nicht gänzlich aufgehoben. Andere hingegen gingen weiter oder gingen von ganz anderen Gesichtspunkten aus. So der Österreicher Matthias Hauer und gleichzeitig sein Landsmann Arnold Schönberg. Sie rivalisierten eine Zeitlang, doch Schönbergs Gedankengänge behielten die Oberhand.

Schönberg verkündete, daß die bis dahin »freie« Melodiebildung in Zukunft nach strengen mathematischen Regeln erfolgen sollte, und ebenso sollte das gleiche mathematische Prinzip auch das vertikale, also harmonische Zusammenklingen der Töne regieren. Das Prinzip war äußerst einfach, nämlich die völlige Gleichberechtigung aller existierenden zwölf Töne. Der Komponist muß, bevor er an die eigentliche Komposition geht, die für das beabsichtigte Werk geltende »Reihe« aufstellen. In ihr müssen alle zwölf Töne vorkommen. Daher der Name Zwölftonprinzip oder griechisch Dodekaphonie.

Bis dahin waren die zwölf Töne unseres Systems nicht »gleichberechtigt« gewesen. Es bestand unter ihnen vielmehr eine Hierarchie, wie in menschlichen Institutionen. Der wichtigste Ton war die TONIKA, der Grundton jeder Tonart. In einer C-Dur-

Sonate etwa war das C der weitaus wichtigste Ton. Er war Mittelpunkt, sowohl melodisch wie harmonisch. Alles tendierte zu ihm hin, »sein« Akkord, der C-Dur-Akkord, stand an den wichtigsten Augenblicken des Werks. Nächstwichtige Töne waren die fünfte Stufe, genannt DOMINANTE – also der Ton G in unserem Beispiel eines C-Dur-Stücks – sowie die Vierte, genannt SUBDOMINANTE. Doch lassen wir uns nicht auf zu theoretische Erörterungen ein: Mit einem Wort, es gab »Wichtigkeitsgrade«. In der Zwölftontheorie sollten diese verschwinden – wie im revolutionären Denken die Klassen in der menschlichen Gesellschaft.

Doch mehr noch: Auch eine klassenlose Gesellschaft müßte wohl eine »Regierung« besitzen, was immer wir darunter verstehen wollen; Menschen, die Funktionen ausüben. In Schönbergs Zwölftontheorie aber gibt es nicht einmal solche Unterschiede. Angestrebt wurde die völlige Gleichheit. Alle nach diesem Prinzip der »Reihe« geformten Melodien müssen eine grundlegende Forderung erfüllen: alle zwölf Töne unseres Systems umfassen, keinen auslassen und keinen durch Wiederholung bevorzugen. Natürlich wohnt einer solchen »Reihe« kein »tonales« Gefühl mehr inne, sie gehört zu keiner Tonart mehr.

Mathematik statt Gefühl

Kann so konstruierter Musik »Gefühl« innewohnen?

Darin liegt eines der Hauptargumente gegen diese Theorie. Sie entstammt dem mathematischen Bereich, nicht dem gefühlsmäßigen. Der Verstand ersinnt die »Reihe«, die an die Stelle früherer Melodien und Harmonien tritt. Theoretisch wäre es zwar denkbar, daß ein äußerst versierter Komponist, der Hunderte von Zwölftonreihen aufgestellt hat, diese Konstruktion restlos beherrscht und so einer Gefühlskomponente Raum geben könnte. Bei Alban Berg gibt es ein interessantes Beispiel dafür: die »Reihe«, auf der sein Violinkonzert aufgebaut ist. Aber diese Reihe enthält dadurch, daß sie mehrere Terzen-Intervalle umspannt und so stark an »tonale« Bildungen erinnert, Elemente, die der strengen Dodekaphonie zuwiderlaufen. Wir kommen um die Feststellung kaum herum, daß die Zwölftontechnik etwas Zerebrales ist, eine das Gefühl ausschließende Kompositionsmethode. Beethovens Wort, das er über die Partitur seiner »Missa solemnis« setzte, ist da nicht mehr anwendbar: »Von Herzen kommend, möge es wieder zu Herzen gehen«.

Wir stehen hier an einem Kreuzweg: Ist Musik tongewordenes Gefühl oder ist sie Ausfluß des Kunstverstandes? Wenn wir sie als Niederschlag menschlicher Gefühle betrachten, wie es die uns vorangegangenen Generationen taten und wie es im »romantischen« 19. Jahrhundert seinen Höhepunkt gefunden hatte, dann können wir mit Theorien nach Art der Dodekaphonie wenig oder nichts anfangen. Wenn wir uns jedoch der Musik und der Kunst im allgemeinen vom Verstand ausgehend nähern, so bedeutet Schönbergs Lehre einen gangbaren Weg zu neuen Ufern. Sie war in »atonaler« Zeit, das heißt in einer Epoche des hereinbrechenden Chaos, als Ordnungsfaktor gedacht, als Mittel zu einer neuen, sogar sehr strengen, mathematischen Ordnung.

Ist die Dodekaphonie ein »Komponieren ohne Inspiration«? Kann die Inspiration durch technische Arbeit ersetzt werden? Der jüngere Strawinsky sagte einmal, er konstruiere seine Werke wie ein Ingenieur eine Brücke baue. Das bedeutet: mit eiskalter Berechnung. Aber die Brücke, so sehr sie auch Zweckbau ist, kann doch ästhetische Element enthalten, und zu deren Gestaltung kann und muß künstlerische Phantasie herangezogen werden – also das Gefühl.

Verstand plus Gefühl, Logik plus Phantasie: vielleicht wären das Formeln zur Erklärung von Kunstwerken, wobei von Epoche zu Epoche, von Künstler zu Künstler der Prozentsatz der beiden Bestandteile wechselt. Aber beide sind notwendig, glaube ich. Ohne das Gefühl, ohne die Phantasie ist Kunst nicht denkbar. Und für Gefühl und Phantasie läßt die Zwölftontheorie wenig oder keinen Spielraum. Doch vergessen wir nicht, daß zwischen Theorie und Praxis oft ein großer Abstand klafft. Schönberg selbst hat seine Dodekaphonie keineswegs als »alleinseligmachend« betrachtet; er hat – besonders in seiner späten, amerikanischen Zeit – Werke komponiert, die jugendlichem oder ungebildetem Publikum zuge-

dacht waren, und in diesen Musikstücken ist er zur alten Tonalität zurückgekehrt. Ob das aber seine Theorie nicht ad absurdum führt? Denn dann gäbe es ja zwei Arten von Musik, eine für »Kenner« und eine für »Laien«? Ein gefährlicher Standpunkt, zweifellos, denn er spaltet die Gemeinde der Musikliebhaber in zwei heterogene Gruppen, er vertieft die Unterschiede, anstatt sie, wie es wünschenswert wäre, auszugleichen.
Auch die Zwölftontheorie – wie jede andere – schliff sich im Laufe der Zeit ab, verlor an Strenge und Konsequenz. Altes und Neues näherten sich einander, vermischten sich teilweise. Es entstanden Werke, die teilweise dodekaphonisch konstruiert, teilweise frei erfunden sind. Reine Zwölftonwerke sind dem großen Publikum fremd geblieben. Sie nehmen sich auf dem Papier sehr gelehrt und für den Fachmann eindrucksvoll aus, aber im Gehör des Musikliebhabers bleibt nichts haften. Eine »Reihe« kann nicht im Gehör festgehalten, nicht wiedererkannt werden wie eine Melodie. In der Musikgeschichte unseres Jahrhunderts bildet die Dodekaphonie eine wichtige Etappe. Überraschend viele Musiker haben sich zu ihr bekannt. »Populär« ist sie nie geworden, aber das bedeutet kein Werturteil. Sie ist ein Symptom der Zeit und der Umgestaltungen, die die Kunstauffassung in ihr durchgemacht hat.

Die neuesten Tonsysteme

Seit der Zwölftontechnik Schönbergs sind noch viele andere neue Theorien aufgetaucht.
Einige sind eminent technischer Natur. Da gibt es solche, bei denen unser Tonsystem als solches in Frage gestellt wird. Das heißt, unsere zwölf Töne (die sieben weißen und fünf schwarzen Tasten des Klaviers, um es ganz einfach zu sagen) werden als ungenügend für weitere Entwicklungen erklärt. Vergleichsweise genügen die alten Landstraßen aus der Zeit der Postkutsche dem modernen Autoverkehr nicht mehr. Dies ist ein möglicher Standpunkt. Wenn auch Musik seit Jahrhunderten, ja seit bald einem Jahrtausend mit Hilfe von zwölf Tönen gemacht wurde, ist der Gedanke an eine Erweiterung dieses Ton-

bereichs keineswegs von der Hand zu weisen. Das Argument, das von den betreffenden Reformern oft gebraucht wurde, ist allerdings unschwer zu widerlegen: Sie behaupteten, unser System sei »erschöpft«, es wären kaum noch neue Melodien und Harmonien mit ihm zu bilden. Davon kann allerdings keine Rede sein, praktisch ist es unerschöpflich. Gegner dieser Bestrebungen wenden vielleicht ein, man brauche keine neuen Farben – ja, man könne gar keine erfinden oder herstellen –, um die Malerei vorwärts zu bringen. Aber nehmen wir an, die Reformer hätten recht. Übrigens sind nicht wir es, die ihnen recht oder unrecht geben können, sondern nur das Gehör. Akzeptiert unser Gehör die Unterteilung des bisher kleinsten Intervalls, des »Halbtons« (C-CIS oder AS-A), so sind die Reformer gerechtfertigt. Es hat bereits viele Versuche gegeben.

Vom Tschechen Haba über den Mexikaner Carrillo gab es zahllose Verfechter neuer Tonsysteme, die durch Unterteilungen des bisher kleinsten Intervalls gewonnen werden sollten. Und es wäre zu sagen, daß unser Ohr Teilungen in »Vierteltöne« durchaus erfassen kann, wenn auch in vielen Fällen erst nach einiger Übung. Das bedeutet, daß zwischen C und Cis ein neuer Ton eingeschoben wird, in gleichem Abstand von beiden und unser Tonraum dann eben 24 statt 12 Töne umspannt.

Man führte Vierteltöne ein, was auf den Streichinstrumenten ja nicht schwer ist, jede beliebige Tonhöhe durch die Fingerstellung der linken Hand hervorgebracht werden kann. Aber man konstruierte sogar Viertelton-Klaviere. Doch manche Reformatoren begnügten sich mit dieser Ausweitung nicht; sie operierten mit Achteltönen, Sechzehnteltönen und noch viel kleineren Intervallen (Carrillo mit 64steltönen, sogar in Kompositionen, nicht nur in der Theorie!), ja sie komplizierten die Teilung durch Einführung von Dritteltönen . . .

Die Grenze dieser Unterteilungen wird natürlich von der Aufnahmefähigkeit des Gehörs gesteckt. Es wäre denkbar, daß eine entsprechende Schulung in frühem Alter diese Grenze wesentlich hinausschieben könnte, daß also Viertel – und wohl auch Achteltöne unserer Musikpraxis einverleibt werden könnten. Vorläufig spielen diese Kleinst-Intervalle nur in experimentellen Werken der jüngsten Jahre eine Rolle. Ob und wann sie in Theorie und Unterricht Eingang finden werden, ist schwer zu sagen.

Die elektronische Musik

Doch dann kam eine so umwälzende Neuerung, daß diese Unterteilungen daneben unbedeutend scheinen; die elektronische Musik. Sie ist neuen Datums, um 1950 ist ihre Geburtsstunde anzusetzen. Darum ist eine Wertung noch kaum am Platz; nur ein Aufzeigen ihrer phantastischen Möglichkeiten soll hier erlaubt sein.

Schon mehrere Jahrzehnte lang hatte es bereits elektronische Instrumente gegeben. Aber da handelte es sich vor allem um Verstärkung schon bekannter Tongebungen oder um begrenzte neue Klangquellen, wie etwa bei den Martenot-Wellen, die sich der Rückkoppelungsgeräusche des Radios bedienten und manchen Komponisten jener Zeit anregten. Der Name kommt von Maurice Martenot, geb. 1898, einem französischen Reformmusiker. Honegger verwendete diese »Ondes Martenot« in seiner »Johanna auf dem Scheiterhaufen«: Etwa wenn die Jungfrau von Orleans überirdische Stimmen hört, ertönt aus dem Orchesterraum ein zauberhafter, entmaterialisierter Klang – eben das Martenot. Es waren Vorläufer jener Entwicklung, die nach dem Zweiten Weltkrieg einsetzte und ihren Ausgang aus dem Studio des Westdeutschen Rundfunks in Köln nahm. Hier war von Instrumenten üblicher Provenienz keine Rede mehr. In der Elektronenröhre wurden Klänge erzeugt und unmittelbar von der Klangquelle aus auf ein Tonband gespielt, sogenannte Sinustöne, das heißt Klänge, wie sie in dieser physikalischen Reinheit von keiner bisherigen irdischen Klangquelle hervorgebracht werden konnten.

Noch etwas kam hinzu: Diese Klänge kannten keinerlei Begrenzung mehr – außer dem menschlichen Gehör. Sie konnten zwischen C und Cis etwa nicht nur einen »Viertelton« legen oder einen »Achtelton«, sondern eine unbegrenzte Reihe von Zwischentönen! Sie konnte dynamische Schattierungen vorneh-

men, die vom nahezu unhörbaren Säuseln bis zum trommelfellzerreißenden Dröhnen gingen – auch dies wieder in praktisch unbegrenzter Schattierung. Alles das war nicht mehr vom Menschen und seiner relativen Unvollkommenheit abhängig. Ein Apparat besorgte das alles, man schaltete – und eine neue Klangwelt gehorchte. Es muß ein berauschendes Gefühl gewesen sein, als die ersten Experimentatoren in diese Welt eindrangen. Ob sie sofort merkten, daß sie eine neue Klangwelt entdeckt hatten? Daß Intervalle, Akkorde, Stärkegrade, instrumentale und vokale Klangfarben, ja die Notenschrift der bisherigen Musik überflüssig und überwunden wurden? Was kann die elektronische Musik bedeuten? Keinesfalls einen Ersatz der bisherigen »traditionellen«. Aber sicherlich eine hochinteressante Bereicherung, eine ungeahnte Ausweitung der Klangmöglichkeiten. Man experimentiert heute viel an dieser Kombination zwischen »traditionellen« und elektronischen Klängen. Die traditionelle Musik bedarf des Mittlers, des Interpreten; sie ist also stets subjektiv gefärbt durch dessen Persönlichkeit. In der elektronischen Musik hingegen gibt es keinen Interpreten: sie wird – vom Komponisten selbst – auf Tonband eingespielt, und eine andere Wiedergabe als durch dieses Tonband existiert nicht. So bildet sie also – in der Verbindung mit »traditioneller« Musik – ein starres Element, das Kombinationen nicht leicht zugänglich ist.
Die Notierung elektronischer Musik kann natürlich ebenfalls nicht mehr auf traditionelle Weise erfolgen: unsere Notenschrift reicht dafür nicht aus. Die »Partitur« eines elektronischen Werkes mutet nicht mehr wie etwas Musikalisches an: es sind Ziffern, Linien, schraffierte Felder, die dem elektronischen Klangbild entsprechen. Denn es gibt kein A mehr, kein Cis – nur noch Zahlen, die die Schwingungen des gewünschten Tones ausdrücken. Es gibt keinen Takt mehr, alle zeitlichen Abläufe werden in Sekunden gemessen. Kein Laie kann mit einer elektronischen Partitur etwas anfangen, und selbst der beste »traditionelle« Musiker muß völlig umlernen, um sie zu verstehen.
Noch ist der Aufgabenkreis für die elektronische Musik nicht gefunden. Ja, es ist fraglich, ob man hier wirklich schon von »Musik« sprechen kann oder ob es sich um eine große neue Geräuschwelt

handelt. Wird künftige Geschichtsforschung einen Zusammenhang zwischen den ersten Weltraumflügen und der Entdeckung der elektronischen Klangwelt suchen und feststellen können? Sind hier »Sphärenklänge« erstmals hörbar geworden? Die elektronische Musik soll keinesfalls die »traditionelle« nachahmen, das kann ihr Sinn nicht sein. Ihre Vertreter suchen Neuland zu erobern. Noch sind es Experimente, wie so vieles in der Kunst unserer Tage, die nach allen Richtungen hin in neue Gebiete vorstoßen will. Die Lösungen werden in den kommenden Generationen gefunden werden.

Wie die Würfel fallen

Auch bei der »aleatorischen« Musik – der Name taucht heute des öfteren auf – handelt es sich um einen Versuch, in Neuland vorzustoßen, wenn auch in ganz anderer Weise. Bezeichnend für unsere Zeit ist an dieser Musik der Wunsch, ein Musikstück nicht in allen Einzelheiten festzulegen, sondern bei der Aufführung gewisse Freiheiten walten zu lassen. Das Wort »Aleatorik« kommt von »alea«, lateinisch: der Würfel. So wie dieser jedes Mal anders fallen kann – innerhalb einer bestimmten Zahl möglicher Varianten, versteht sich – so kann auch ein Musikstück jedes Mal anders klingen. Das wird auf verschiedene Art erreicht, etwa dadurch, daß jedem Spieler oder jeder Orchestergruppe ein Part gegeben wird, der von den anderen weitgehend unabhängig ist. Nun bestehen die aleatorischen Möglichkeiten darin, z. B. einmal Gruppe 1 und Gruppe 4 zu kombinieren, dann die Gruppen 2 und 3 oder 5 und 1, dann drei zusammen, schließlich alle. Doch ist dies nur eine – und die einfachste, regelgebundenste – Möglichkeit für Aleatorik. Die Improvisation kann viel weiter gehen, kann für ein Musikstück kaum mehr als eine allgemeine, ungefähre Richtlinie festlegen; jeder Musiker, jede Gruppe eines Ensembles kann den oft nur vage vorgeschriebenen Part in beliebigem Tempo absolvieren, wodurch dann stets neue, unmöglich vorherzusehende Zusammenklänge entstehen. Hat das noch einen musikalischen Sinn? Genauso müßten wir die Frage stellen, ob »absurdes« Theater einen Sinn hat oder ob hier einfach »Antitheater« versucht wird. Noch hat, soweit ich weiß, niemand von »Antimusik« gesprochen (was keineswegs mit »schlechter Musik« identisch ist); aber viele heutige Experimente müßten so bezeichnet werden, da sie auf ihrem Gebiet eine auffallend genaue Analogie zum »Antitheater« darstellen und zu allen verwandten Strömungen auf künstlerischen Gebieten, wie wir sie heute – an allen Ecken der Welt gleichzeitig – beobachten können.

Sicherlich ist kaum jemals so viel experimentiert worden auf dem Gebiet der Kunst wie heute. Durch die Zulässigkeit aller dieser Experimente – da wir in einer Umbruchzeit leben – hat es wohl auch noch nie so viel Absurdes gegeben wie jetzt. Alles scheint erlaubt, und nur selten ist auf den ersten Blick, beim ersten Hören zu erkennen, wo ein Experiment einen ernsten Kern hat und wo es reiner Sensationslust entspringt.

Kürzlich hörte ich in Südamerika in einem »Konzert zeitgenössischer Musik« ein »Stück für 10 Transistorradios«. Auf dem Podium saßen zehn »Spieler«, jeder einen Transistor-Radioapparat vor sich, zudem eine »Partitur«, in der eingetragen war, wieviel Sekunden leise gespielt werden sollten, wann ein »crescendo«, ein Fortissimo einzuschalten wäre usw. Die Apparate wurden auf Wink eines »Dirigenten« eingeschaltet, jeder auf einen anderen Sender. Und nun ertönten Musik – jeder erdenklichen Art –, gesprochenes Wort, das wiederum Theater sein konnte oder, nach amerikanischer Art, emphatisch gesprochene Reklame – alles durcheinander, wobei abwechselnd einer oder zwei Sender in den Vordergrund traten und die anderen nur Geräuschkulisse bildeten. Das Ganze etwa zwei Minuten lang ...

Ein Musikstück? Irgendetwas, das mit Kunst noch etwas zu tun hat? Ein Experiment? Bluff?

Wir fühlen: Es wird an den Grundfesten der Kunst gerüttelt. (Gerade so wie an den Grundfesten der Sozialstruktur etwa, an denen der Wissenschaften, an denen der Religion). Unser Zeitalter will alles neu überdenken, will alles in Zweifel ziehen – auch das »Klassische«. Ja, vielleicht gerade das, weil es für Zeiten, die heute »keine Gültigkeit mehr haben«, feststand. Alle Regeln sollen aufgehoben sein, bis die spezifischen Regeln unserer Zeit und der Zukunft gefunden sind. Ein Absturz in Chaos und Anarchie? Vielleicht als notwendiger Durchgang zu neuen, positiven Zielen ...

Der erstarrte Rhythmus

Wenn von den modernen Tendenzen in der Kunst die Rede ist, zitiere ich gerne zwei Fälle, in denen das Grundprinzip der Musik und das der Malerei in Frage gestellt wird. Bis vor kurzem standen diese beiden Künste, was immer ihre augenblickliche »Richtung« gewesen sein mochte, unter entgegengesetzten Vorzeichen: Malerei war statisch, Musik bewegt. Malerei eine »ruhende« Kunst, die Musik hingegen eine »energische«, wie Riemann, Lehrer mehrerer Generationen, es nannte, das heißt eine von ihrer eigenen Energie in Bewegung gehaltene, in der Zeit abrollende Kunst. Nun aber sind wir heute so weit, daß Musik innegehalten, Malerei hingegen bewegt wird. Schon bei Anton von Webern, der 1945 starb, ist in manchen seiner Stücke ein Minimum an Bewegung zu finden. Es sind einige wenige, sehr wenige Zusammenklänge von wenigen Sekunden Dauer: der Eindruck ist der von intensiver Statik, wie ich es nennen möchte. Heute sind verschiedene Musiker so weit, daß sie Musikstücke schaffen, in denen praktisch nur ein einziger Klang vorkommt, durch eine Art Oszillieren ändert er seine »Farbe«, aber es gibt kein Fortschreiten, keine Entwicklung, die Musik ist statisch geworden. Und umgekehrt: Lichteffekte, die über Malerei abstrakter Art hinhuschen, ergeben das Bild von Bewegung, von dauernder Veränderung, von Entwicklung. Die Malerei ist zur »energischen« Kunst geworden.
Dies ist eine Umwertung aller Werte, wie wir sie heute auf allen Gebieten finden. Dabei ist es nur natürlich, daß auch die Kunst davon betroffen wird. Alles in allem haben wir ein hochinteressantes Zeitalter für Musikliebhaber. Wer Neuem zustrebt, findet es heute überall, findet Experimente unglaublichster Art, findet überraschende »Happenings« neben seriösen Theorien, findet Polemiken, in denen Grundfragen neu erörtert werden. Und wer das Alte liebt, genießt heute ebenfalls ein Musikleben von

bewundernswerter Vielfältigkeit. Wann gab es das, daß dreihundert, vierhundert Jahre Musikgeschichte gleichzeitig lebendig waren? Daß im Opernhaus unserer Stadt »Tristan und Isolde« gespielt wird oder »Pelleas und Melisande«, während im Konzertsaal ein Werk Monteverdis erklingt oder verschollen geglaubte Komponisten der Barockzeit? Daß gleichzeitig unser kleiner Rundfunkempfänger uns eine wahre Flut bester Musik ins Zimmer zaubert, aller Epochen, aller Arten, aller Stile, daß auf dem Fernsehschirm ein weltberühmter Künstler, tausende von Kilometern entfernt, uns an seinem überwältigenden Können teilhaben läßt, näher und daher intensiver als es früheren Generationen selbst bei persönlicher Anwesenheit möglich war? Und daß wir jederzeit zu einer erlesenen – von uns erlesenen – Diskothek im eigenen Heim greifen können und einer Vollendung der Wiedergabe gegenüberstehen, von der frühere Generationen kaum zu träumen wagten?

Der Mensch ist musikalisch

Was der Mensch in der Musik sucht

Das Hauptverdienst des heute so intensiven Musiklebens liegt wahrscheinlich in der Bewahrung der großen Werte musikalischer Vergangenheit. Man hat den Leitern unserer Operntheater und Konzertsäle oft den Vorwurf gemacht, sie verwandelten sie in »tönende Museen«, ließen sie also versteinern. Ich glaube, das ist ungerecht. Erstens geben sie der Mehrheit des Publikums das, was es hören will – das ist wohl ihre Pflicht, zumindest wo es sich um Institute handelt, die von der öffentlichen Hand erhalten werden. Aber darüber hinaus versuchen nahezu alle, dem Hörer Neues vorzusetzen. Der Mißerfolg vieler solcher Versuche entmutigt sie allerdings oft. Trotzdem ist es heute jedem Musikinteressierten möglich, sich auch mit den Strömungen der heutigen Zeit auseinanderzusetzen. Diese haben sich vielfach ihr eigenes Forum geschaffen: Musikfeste, Tagungen, Diskussionsabende. Ich glaube sogar, daß selten oder nie das Neueste soviel Gelegenheit besaß, sich bekannt zu machen, wie heute.

So fände also jeder im heutigen Musikbetrieb das, was er sucht?

Ich glaube es. So verschieden auch die Wünsche sein mögen. Es wäre schwer oder gar unmöglich, festzustellen, was die Mehrzahl der Musikliebhaber heute sucht. Es wäre auch schwer, es mit einer kurzen Definition zu umreißen: Menschlichkeit, Gefühl, Geist, Anregung, Spannung. In erster Linie vielleicht Schönheit, das uralte Menschheitsideal.

Kann der Mensch sie erkennen? Woran? Wie?

Somerset Maugham, der englische Autor, sagt einmal: »Wie sollte man annehmen, daß Schönheit, das Kostbarste auf dieser Erde, wie ein Stein am Strande liege, damit der gleichgültig Vorübergehende so nebenbei danach greife? Schönheit ist etwas Wunderbares und Fremdes, das der Künstler in der Qual seiner Seele aus dem Chaos der Welt formt. Und wenn er es geschaffen hat, so ist es nicht allen vergönnt, es zu erkennen. Um es zu erkennen, muß man das Abenteuer des Künstlers wiederholen. Es ist eine Melodie, die er dir singt, und um sie in deinem eigenen Herzen zu hören, bedarfst du des Wissens, der Empfindsamkeit und der Phantasie.« Das läßt er einen Maler sagen, so wie Bernard Shaw einen Maler in einem Theaterstück den Satz aussprechen läßt: »Ich glaube an die Erlösung von allen Übeln durch die ewige Schönheit ...« Aber es hätten auch Musiker sein können, die das sagen. Der Künstler schafft Schönheit – wie Somerset Maugham es ausdrückt – in der Qual seiner Seele. Und um sie zu fühlen, muß man, wie er meint, Wissen, Empfindsamkeit und Phantasie besitzen. Drei Eigenschaften, die jeder Mensch sein eigen nennen sollte. Gewiß, unsere heutige Erziehung zielt leider nur auf das erste: auf das Wissen. Sie bevorzugt es – wie ein amerikanischer Philosoph gesagt hat – auf Kosten der Phantasie. Doch ich hoffe, daß der künftigen Menschheit der Weg zurück zu Empfindsamkeit und Phantasie gewiesen werden wird – ohne daß darum das Wissen eine Einbuße erleiden müßte. Dann wird es allen möglich sein, Schönheit zu erkennen. Und so an der Kunst teilzunehmen, die kein Privileg kleiner Kreise bleiben darf.

Sie glauben demnach, daß Freude an der Musik, ja Musikverständnis allen Menschen zugänglich ist?

Ganz fest glaube ich daran.

Gehört da nicht Musikalität dazu?

Sie ist ein allen Menschen in die Wiege gelegtes Geschenk. Allen, ohne Ausnahme. Es gibt allerdings sehr verschiedene Arten oder sagen wir: Grade der Musikalität. Sehr oft sind Versuche zu ihrer Definition gemacht worden. Der berufene Musikwissenschafter Ernst Bücken sagt: »Musikalität bezeichnet keineswegs die Fähigkeit, Musik auszuüben, sondern das vielseitig abgestufte Aufnahmevermögen für jede, auch primitivste musikalische Äußerung jeder Art. Diese Definition umschließt die Empfänglichkeit für jede irgendwie geartete geistige Ordnung von Tönen und verweist den wirklich ›unmusikalischen‹ Menschen in das Gebiet der Pathologie.« Höhere Anforderungen an diesen Begriff stellt der Musikpsychologe Geza Revesz: »Die geistige Eroberung der Musik als Kunst kennzeichnet den musikalischen Menschen.« Ob das nicht zuviel verlangt ist? Eine solche Musikalität würde ich schon als »höhere« bezeichnen.

Es gibt also eine niedere und eine höhere Musikalität?

Eine gewöhnliche und eine außergewöhnliche, könnte man auch sagen. Über die gewöhnliche verfügen alle Menschen. Oder besser gesagt: könnten alle Menschen verfügen, wenn diese Fähigkeit nicht in so vielen Fällen im Frühstadium vernachlässigt würde. Sie besteht aus dem rein sinnlichen Genuß an der Musik, aus der Freude am Hören und am Wiedergeben, wohl auch in der Fähigkeit, von Musik ergriffen, ja vielleicht sogar erschüttert zu werden. Von welcher Musik – das ist Sache jedes einzelnen. Die außergewöhnliche Musikalität hingegen ist eine Gabe, die wie jede Gabe nur Auserwählten zuteil wird. Sie kann bis zu hohen Graden entwickelt werden: bis zu einer annähernd kongenialen Interpretation von Meisterwerken oder – im höchsten Falle – zur Schaffung bedeutender Werke. Die Musikalität, wie ich sie als gewöhnlich oder normal verstanden wissen will, ist die angeborene Fähigkeit des Menschen, Melodien, Harmonien, Rhythmen, Klangfarben aufzunehmen, zu unterscheiden. Es ist die Fähigkeit, Gehörtes mit der Stimme, eventuell auf einem einfachen Instrument wiederzugeben. Und schließlich die Fähigkeit, durch Musik hervorgebrachte oder vertiefte Gefühle zu entwickeln. Mit dem Begriff der Musikalität wird viel Mißbrauch getrieben. Es handelt sich um eine völlig normale, angeborene menschliche Eigenschaft, deren Ausbildung aber oftmals so vernachlässigt wird, daß es beinahe zu ihrem Verlust oder zu ihrem Verkümmern kommen kann. Nennen wir einen Menschen, der mit normalem Sehvermögen ausgestattet ist, einen »sehenden« Menschen? Nein, diese Eigenschaft versteht sich von selbst und nur ihre Verminderung oder ihr Fehlen werden bemerkt. Ebenso wäre es unsinnig, einen Menschen, der von seinen Beinen den naturgegebenen Gebrauch macht, einen »gehenden« zu nennen. Ebenso ist die Musikalität angeboren und selbstverständlich und sollte in der frühesten Erziehung berücksichtigt werden. Wie viele Kleinkinder mit deutlich sichtbarer Musikalität lassen sich beobachten! Mag es sich um Freude am Hören, um Wunsch nach rhythmischer Betätigung oder um frühe Singversuche handeln, das ist einerlei. Einen völlig unmusikalischen Menschen gibt es nicht, außer in den glücklicherweise seltenen Fällen eines körperlichen Defekts. Übrigens ist nicht einmal Taubheit ein unüberwindliches Hindernis, Musik zu erleben, wie Versuche neuerer Zeit gelehrt haben. Und Fälle geistiger Minderbemittlung bilden auf keinen Fall eine Schranke; gerade hier ist manchmal eine gesteigerte Musikalität zu verzeichnen, und kluge Ärzte erkennen in der Musiktherapie oft den einzigen Weg in diese »abnormale« Gefühls- und Sinneswelt.

Würden Sie einen Unterschied zwischen »aktiver« und »passiver« Musikalität gelten lassen? Also: Freude am Hören und andererseits Freude am Selbstausüben?

Das sind wohl nur zwei verschiedene Aspekte der gleichen Eigenschaften und ich glaube nicht, daß eine ohne die andere bestehen kann. Die erstere, das Musikhören, ist in den letzten Jahrzehnten durch den Einsatz der Massenmedien in nie geahnter Weise gesteigert worden. Da ist die andere, die aktive Seite nicht mitgekommen – eine Verschiebung, die hoffentlich in absehbarer Zeit ausgeglichen werden wird. Daß übrigens die maßlose Steigerung der »passiven« Musikalität, des Musikhörens, nicht gefahrlos ist und zu mancher Irreleitung führt, sei nicht verschwiegen. Musikhören sollte das sein, was sein Name sagt: Musik hören.

Die Geräuschkulisse

Musikhören muß ein bewußter Vorgang sein, dem wir unsere Aufmerksamkeit im gleichen Maße zuwenden wie einem Theaterstück, dessen Aufführung wir beiwohnen. Leider ist das nicht immer der Fall. So entsteht eine Art des Musikhörens, mit der wir uns nicht einverstanden erklären und die wir sofort ablehnen wollen: die Verwendung der Musik zu außermusikalischen Zwecken, ihre Erniedrigung zur Geräuschkulisse. Hierher gehört der Student, der sich während des häuslichen Studiums der Architektur, Chemie oder Anatomie von Musik »berieseln« läßt, die mehr oder weniger leise aus einem Radioapparat oder Plattenspieler tönt; die Leistungssteigerung in Fabriken durch Einwirkung besonders ausgewählter Musikstücke; das angenehmere »Arbeitsklima«, das durch leise Musik in Büros, Kaufläden, Wartesälen geschaffen wird. Musik in fahrenden Zügen, in Flugzeugen, selbstverständlich im Auto. »Funktionelle Musik« nennt man das oftmals – welch schreckliches Wort! Hat das noch mit den entzückenden Handwerkerliedern des Mittelalters zu tun, bei deren fröhlichem Singen Schuster und Tischler, Bäcker und Schneider ihre Arbeit verrichteten? Die psychische Triebfeder mag noch die gleiche sein. Aber hier tritt die gefährliche Mechanisierung, die Vermassung unserer heutigen Welt besonders kraß in den Vordergrund.

Je besser die Musik, desto schlimmer ist es. Denn gerade gute Musik erfordert gespannte Aufmerksamkeit. Hören ist an sich ein außerordentlich komplizierter Vorgang. Ich meine nicht den physiologischen Prozeß – obwohl es auch an ihm noch vielerlei zu klären, zu entdecken gibt –, sondern die psychologische Wirkung der Musik auf den Menschen. Hier gibt es noch eine Fülle

geheimnisvoller Zusammenhänge. Wie Musik empfangen, empfunden, verstanden wird, das gehört noch weitgehend zu den unerforschten Gebieten des Lebens. Daß aber Kunstmusik – wenn nicht überhaupt jede Musik – konzentriertes Zuhören verlangt, um in vollem Maße wirksam zu werden, darüber dürfte kein Zweifel bestehen. Infolgedessen ist Musik als Geräuschkulisse zwar ein Stimulans für die Aktivität, die im Vordergrund steht – gleichgültig ob es sich dabei um Studienvorgänge handelt, um Büroarbeiten, Fabriktätigkeit oder um die Steigerung der Milchproduktion durch musikalische »Berieselung« der Kühe im Stall – aber kein Dienst an der Musik. Musik ist nicht dazu da – ich spreche von Kunstmusik – Schrittmacher für irgendwelche »praktische« Zwecke zu sein.
In solchen Fällen steht die Musik dann auf der gleichen Ebene mit anderen stimulierenden Mitteln – und dagegen wehre ich mich entschieden. Die heute vielfach geübte Überschwemmung des Menschen mit Klängen ist schädlich, denn sie stumpft seine Sinne ab, wenn sie nicht mit konzentrierter Aufmerksamkeit erlebt wird. Wirkliches Musikhören erfordert unter allen Umständen wirkliche Anteilnahme, ehrliche Beschäftigung.

Musizieren heißt erleben

Eltern, die ihr Kind wirklich anzuleiten, nicht nur zu unterrichten verstehen, können dessen Erlebnisfähigkeit entwickeln. Jeder wahrhaft gute Pädagoge weiß das und wird darauf mehr Wert legen als auf die bloße Anhäufung von Wissen. Denn was nützt alles Wissen der Welt, wenn dem Menschen die Erlebnisfähigkeit verloren geht? Aktive Musikausübung ist sicherlich einer der besten und zugleich einfachsten Wege zum Erlebnis.
Was gäbe es Einfacheres und Schöneres, als seinem musikalischen Gefühl durch das Medium der Stimme oder eines Instrumentes Ausdruck zu verleihen? Die einfachste musikalische Betätigung besteht im Singen. Wir wollen nicht untersuchen, ob heute mehr oder weniger gesungen wird als zur Zeit unserer Großeltern. Ich glaube, daß, nachdem nach dem ersten Weltkrieg ein Tief-

punkt im Laienmusizieren eingetreten war, nunmehr ein kräftiger neuer Aufschwung eingesetzt hat.
Überall auf der ganzen Welt sind Chöre entstanden und entstehen immer neue; der Gebrauch einfacher und doch nicht kunstloser Instrumente wie der Gitarre hat sich verzehnfacht, die Erschließung des bis vor nicht langer Zeit vergessenen Barockrepertoires hat Laienspielern und Musikgruppen ein dankbares Feld eröffnet. Richtiges Singen ist dem Menschen angeboren. Wer heute Kinder- oder Jugendgruppen singen und musizieren sieht und hört – sei es nach der Methode Carl Orffs, der die Klangphantasie des jungen Menschen anzuregen weiß wie kaum jemand vor ihm, sei es in Befolgung der Grundsätze des nicht minder genialen Zoltan Kodaly – empfindet helle Freude. Neue Wege tun sich auf und führen in das Reich der Musik. Aber auch denen, die heute nicht mehr ganz jung sind, ist der Zugang nicht verwehrt. Ein moderner Chorleiter wird niemanden abweisen, der mit dem Wunsch, Musik zu erleben, zu ihm kommt. Und der moderne Chor, die heutige Musikgruppe ist viel mehr als eine letzte Zufluchtsstätte des Amateurs im zeitgenössischen Musikbetrieb.

Sie halten so viel von Laienmusik?

Ja. Und nicht nur aus den Gründen, die stets zu ihren Gunsten angeführt werden. Ich denke auch daran, daß für die schaffenden Künstler, für die Komponisten hier die breite Basis geschaffen werden kann, die sie eines Tages von den Experimenten weg auf eine neue gesunde Bahn bringen kann. War es doch stets so: eine weitgestreute soziologische Grundlage ermöglichte Blütezeiten der Künste. Ein Bach, ein Mozart, ein Verdi – sie wären undenkbar ohne die breiten Schichten der musikalischen Laien, die zu ihren Zeiten das Musikleben prägten. Ohne das Vorhandensein dieser Massen würde die Musik in den Händen der Professionals sich zu nicht mehr verständlichen Extremen entwickeln und den Boden unter den Füßen verlieren. Würde zur »l'art pour l'art«, zu ästhetisierender Weltentrücktheit ...

... die doch auch Schönes hervorbringen kann?

Gewiß. Herrliches sogar. Aber diesen Luxus können sich nur Zeiten leisten, die ruhig auf ererbter Kunstmasse ruhen. Zeiten, die für neue Menschen aufbauen müssen, dürfen den »Elfenbeinturm« der Weltabgewandten nicht zur Norm erheben.

Volksnahe Kunst also?

Nicht als dekretiertes Postulat, das übrigens politisch abgewertet ist. Wohl aber als Faktor einer Gesundung. Und als Streben, vielen Menschen wertvolles Erleben zu bieten. Erziehung zur Kunst, Erziehung durch die Kunst. Erziehung zur Phantasie, zur Menschlichkeit, zum Geist – das sind voll zu bejahende Postulate, bei deren Verwirklichung uns die Musik entscheidend helfen kann.

Humanistische Ideale ... im 20. Jahrhundert?

Gewiß. Nennen wir sie Neo-Humanismus. Ewige Menschheitsideale, in modernster Form: Aufbruch ins dritte Jahrtausend.
Was täte die Musik ohne den Laien, den Liebhaber, den Amateur? Sie würde zurücktreten in die Kreise der Berufsmusiker, in das Laboratorium sozusagen, Entwicklungen zum Extrem zuspitzen und den Boden der Realität unter den Füßen verlieren. »L'art pour l'art«, ästhetisierende Weltentrücktheit.
Doch Erziehung durch die Kunst, Erziehung zur Phantasie, Erziehung zur Menschlichkeit, Erziehung zum Geist, das ist voll zu bejahen. Man kann dies auch humanistische Ideale im 20. Jahrhundert nennen, warum nicht? Neo-Humanismus, wenn Sie so wollen. Ewige Menschheitsideale, in modernster Form: Aufbruch ins dritte Jahrtausend.

Wir leben in einer bipolaren Welt. Zwischen zwei extremen Punkten schwingt unser Leben: das »materielle« und das »geistige« Element, das »Gute« und das »Böse«, Sinnlichkeit und Seele. Weibliches und Männliches. Licht und Finsternis. Und so wohl auch Form und Inhalt. Der Idealzustand ist wohl das Gleichgewicht zwischen diesen beiden Faktoren des Kunstwerkes: wertvoller Inhalt in tadelloser Form. Für Zeiten und Werke, denen das gelingt, wurde das Wort »klassisch« geprägt. Vom wundervollen Ebenmaß hellenischer Kunst bis zu Mozart: »klassisch.«

Was kann den Inhalt des Kunstwerks bilden? Darüber gibt es keinerlei Gesetz. Haben wir es mit absoluter Musik zu tun, so besteht der Inhalt aus Thema, Melodie, Rhythmus, Harmonie, Klangfarbe. Ein rein musikalischer Inhalt also. Betreten wir das Gebiet der Programmusik, dann haben wir mit einem außermusikalischen Inhalt zu tun. Und dann sind ihm keine Grenzen gesetzt.

Wie immer der Inhalt aber beschaffen sein mag, er muß in eine Form gebracht werden. Wir haben auch über die verschiedenen musikalischen Formen gesprochen, über die strengeren und die freieren. Wir haben gesehen wie Melodien aneinandergereiht, wie Themen »gegeneinander« geführt werden können, wie ein wahrer Bau entsteht, dem des Architekten durchaus ähnlich und vergleichbar. Im Schaffen des Inhalts zeigt sich das Genie, in der Bändigung des Inhalts durch die Form offenbart sich der Meister, denn Genie und Meister sind nicht identisch.

Meisterschaft ist erlernbar, Genie angeboren. Aus Genie plus Meisterschaft entsteht das wahre, das seltene, das höchste Kunstwerk. Mit dem Wort »Genie«, dem höchsten in der Bewertung menschlicher Persönlichkeit, soll man nicht leichtfertig umgehen. Trotzdem wage ich zu behaupten, daß es wahrscheinlich mehr Menschen mit genialen Zügen gegeben hat und gibt als unsere Schulweisheit sich träumen läßt. Teil-Genies gewissermaßen, die auf irgendeinem Gebiet mit hohem Schöpfergeist ausgerüstet sind, deren Kraft aber nicht zur Erreichung von Meisterschaft ausreicht. Vergessene Genies, die im Lebenskampf möglicherweise niemals eine sonnenbeglänzte Höhe des Ruhmes erklommen (die im übrigen keinen Maßstab für ein Genie bilden), verkannte Genies, untergegangene Genies, eine tragische Galerie, deren Geschichte geschrieben werden müßte, wenn man sie schreiben könnte.

Mozart war in früher Jugend beides, Genie und Meister. Es gab – und gibt wohl auch – musikalische »Wunderkinder« wie es mathematische Wunderkinder oder Schach-Wunderkinder gibt. Das sind Kinder mit den Leistungen reifer, ja meisterlicher Erwachsener. Mozart war ein solches Wunderkind, Mendelssohn gehört in diese Reihe, Liszt ebenfalls, und noch viele andere, die später größte Meister wurden, aber mindestens ebenso viele, deren Entwicklung abriß. Das sind eben »Wunder« und das Merkmal eines echten Wunders . . .

Sie glauben an Wunder?

In dem Erdteil, in dem ich lebe, legt man einem »aufgeklärten« Gaucho, also einem einfachen Mann vom Lande, diesen netten Satz in den Mund: »Ich glaube natürlich nicht an Hexen . . . aber geben tut es sie . . .« Ich weiß keine Erklärung dafür, daß etwa Mozart in einem Alter, in dem andere Kinder sich langsam in die Welt hineintasten, geniale und meisterliche Leistungen zugleich vollbrachte. Ein indischer Kollege meiner Universitätsjahre versuchte eine Erklärung mit dem Hinweis auf die Seelenwanderung: Er meinte, daß in diesem Falle eine Seele, die nach dem Tode ihres Leibes alle Kenntnisse zu vergessen verpflichtet sei, doch noch – heimlich etwa oder irrtümlich – etwas besonders stark Ausgeprägtes in die nächste Existenz hinübergerettet habe. So wäre Mozart vielleicht ein wiedergeborener Orlando di Lasso . . .

Ein reizvoller Gedanke, der zudem dadurch, daß er dem Weltgeist kleine Fehlleistungen zumutet, dem Menschengeist gewissen Trost gewährt ...

Das Merkmal des echten Wunders ist, daß es sich höchst selten ereignet, nicht vorausberechnet werden kann und keine rationale Erklärung zuläßt. So gesehen dürfen wir das Auftauchen musikalischer Wunderkinder, besonders wenn es sich um schöpferische handelt wie in den angeführten Fällen, eben wirklich als Wunder betrachten und das bedeutet, sie aus unserer Theorie ausklammern. Die schöpferischen, genialen Meister der Musikgeschichte stehen auf doppeltem Grund: als Genies auf dem des Unbewußten, des aus unbekannten Räumen stammenden »Geschenks« (um ein Wort Manuel de Fallas anzuwenden) der höchsten Inspiration, als Meister auf dem des Könnens, des Lernens, der Tradition.

Damit will ich die Summe der in einem Zeitpunkt vorhandenen, gewachsenen Zivilisation bezeichnen. Der Mensch, der Neues schafft, stützt sich auf eine doppelte Grundlage: seine eigene Schöpferkraft, die auf geheimnisvolle Weise in ihn gelegt wurde – und auf das Werk seiner Vorgänger. Jeder schöpferische Mensch steht, bildlich gesprochen, auf den Schultern anderer, vorangegangener. Der Komponist knüpft an frühere Komponisten an, der Maler an vorausgegangene Maler, der Dichter an Dichter der vorigen Generation. So sehr er sie vielleicht ablehnen will, so sehr er sich von ihnen – der »Tradition« – freizumachen sucht, er baut doch auf ihnen auf, bewußt oder unbewußt, er geht ihren Schritten nach und sei es auch nur bis zu einer bestimmten Wegkreuzung, von der aus er dann allein seinen Pfad suchen und in Neuland fortschreiten muß. Vielleicht macht ihn erst dieses Allein-Weiterschreiten endgültig zum schöpferischen Menschen, vielleicht wird er erst durch die selbständige, frei-erfinderische Tat zum Genie.

Wäre z. B. ein im Jahre 1800 verstorbener Beethoven den meisterlichen Genies der Musikgeschichte zuzuzählen? Wahrscheinlich nicht, denn die vorher von ihm geschaffenen Werke reichten zu diesem höchsten Ruhmestitel kaum aus. Und doch muß das

Genie lange vor diesem Datum – seinem 30. Lebensjahr – in ihm »geschlummert« haben. Vielleicht tritt Genie erst dann ans Tageslicht, wenn ein menschlicher, ein seelischer Wendepunkt erreicht ist, an dem das möglich wird. Auf jeden Fall ist auch Genie ein der Entwicklung unterworfenes Phänomen. Vielleicht ist es nur als Keim im Menschen vorhanden und bedarf der Entwicklung, um zur vollen Größe zu kommen. Genie ist und bleibt ein Geheimnis, eines der wunderbarsten der Natur oder Gottes. Und letzten Endes ist es wohl nur der geniale Mensch, der die Menschheit vorwärtsbringt. Die Musikgeschichte ist eine ununterbrochene Kette schöpferischer und meisterlicher Genies, bekannter und vergessener, berühmter und ungenannter, siegreicher und untergegangener.

Die Inspiration des Genies schafft den Inhalt seiner Werke. Um ihn gestalten zu können, ihm Form zu geben, bedarf es der Meisterschaft. Sind beide Faktoren in gleichem Maße am Werk beteiligt, so tritt ein Idealfall ein. Doch meistens trifft dies nicht zu. Es gab geniale Musiker – Mussorgski, um nur diesen zu nennen – deren überwältigender Fülle von Eingebungen nur ein beschränktes, begrenztes Maß von technischem Können gegenüberstand. Und es hat sicher viele, viele gegeben, denen die gestaltende Kraft so weitgehend fehlte, daß sie wirklich bedeutende Werke nicht fertigbringen konnten. Denn Inhalt allein genügt nicht für ein Kunstwerk. Man muß die Inspiration auch meistern.

Aber auch aus Meisterschaft allein entsteht kein wahres Kunstwerk. Je vollendeter die Form ist, die technische Meisterschaft, desto schwerer ist sie für den Laien im Kunstwerk zu erkennen. Vielleicht spürt man sie, so wie man bei einem wunderbaren Bauwerk das Ebenmaß spürt, ohne nachmessen zu müssen oder zu können. Meisterschaft ist ja letzten Endes nur dazu da, einen reichen Inhalt in selbstverständlichster Form gestalten zu können. Der Fachmann freilich erkennt die Meisterschaft und bewundert sie. Für den Laien bleibt sie Ahnung. Denn die restlose Beherrschung der Form erzeugt Wohlgefühl, angenehmes Empfinden, Ruhe. Sie erlaubt den Eindruck von Sicherheit, von Beherrschung der Materie durch den Geist.

Für den empfindsamen Menschen spielt dabei auch das Gefühl eine Rolle. Er ist der ideale Musikhörer. Für ihn schufen Generationen von Meistern. Doch ist auch eine verstandesgemäßere Annäherung an die Kunst denkbar. Gerade heute gibt es vieles, auf allen Gebieten der Kunst, das sich ausschließlich an den Verstand wendet, der möglichst nicht durch das Gefühl getrübt werden soll. Es ist wie bei den modernen Konzertsälen: Betonte Nüchternheit, denn der Zuhörer, Zuschauer ist – laut Bertolt Brecht – nicht berufen worden um zu genießen, sondern um mitzudenken, ein Werk gemeinsam mit den Ausführenden mitzuerarbeiten, im Gegensatz zu früheren Zeiten.
Hier ist wieder der Bruch, der durch unsere Zeit geht und sie in Gegensatz zu den vergangenen Jahrhunderten bringt. Wir sollen diese Tatsachen nicht als etwas von vorneherein Negatives ansehen. Gewiß, eine Welt stürzt zusammen in der rasenden Erneuerung, die heute alle Gebiete umfaßt. Aber die Werte jener Welt gehen nicht unter. Stärker als je sind unsere Mittel entwickelt, sie lebendig zu erhalten.
Natürlich kann niemand sagen, ob alles, was wir heute als Meisterwerk der Musik verehren, dem Menschen des Jahres 2000 oder gar des Jahres 3000 noch etwas bedeuten wird. Ob es dann noch Bach-, Mozart-, Beethoven-, Schubert-, Brahmsverehrer geben wird wie heute. Werden die Menschen die höchste Stufe des Individualismus erreicht haben oder eine roboterähnliche Existenz führen? Wird Menschlichkeit noch ein Begriff sein? Wird es zwischen Weltraumbahnhöfen und mechanisch-normiertem Alltag noch eine Seele geben? Ich persönlich glaube daran. So wird es auch Musik geben. Sicherlich eine gänzlich andere, von uns ungeahnte. Aber so wie wir heute ergriffen sein können, wenn wir ein Kunstwerk aus dem Altertum betrachten, gerade so könnten sich zukünftige Menschen von unseren musikalischen Meisterwerken ergreifen lassen. Denn die Menschen der Zukunft werden viel mehr über uns und unsere Zeit wissen, als wir über irgendeine Epoche der Vergangenheit erforschen konnten.
Ich glaube, daß das zum Verständnis der Kunst, der Musik wichtig ist. Wenn ich einem Konzertbesucher, einem Opernliebhaber, einem Schallplattenfreund einen Rat in einem einzigen

Satz geben sollte, so würde ich vielleicht sagen: Versetze dich in die Epoche, aus der das Kunstwerk stammt! Das bedeutet: Erkenne die soziale, die politische, die philosophische Lage der Gesellschaft, aus der und für die der Komponist sein Werk schuf.
Wer imstande ist, sich geistig in die Zeit zu versetzen, aus der ein Kunstwerk stammt, wird erkennen, daß dieses Werk nur Teil einer Gesamtkultur ist, die, vom Baustil und der Mode angefangen, über Wissen, Glauben und Denken bis zur Kunst hin eine völlige, unteilbare Einheit bildet.

Stil und Zeitgeist

Der Zeitgeist bedingt die Einheit aller nebeneinander herlaufenden Zeitströmungen innerhalb einer oder weniger Generationen. Er beeinflußt auch die Kunstwerke in entscheidender Weise. Aber dadurch, daß er sie nicht selbst gestalten kann, sondern zu ihrer Materialisierung des Menschen bedarf, kommt eine zweite Komponente in das Kunstwerk, nämlich die persönliche des Schöpfers. Zeitgeist plus Persönlichkeit gestalten zusammen das Kunstwerk. In der Barockmusik gibt es eine Fülle von Werken, die beim ersten Anhören selbst dem Kenner nicht eindeutig den Namen des Komponisten verraten – es könnte sowohl Händel wie Bach sein oder Telemann, ja manchmal sogar vielleicht Vivaldi. Aber die Epoche erkennt man. Niemand, der mit Musik ein wenig vertraut ist, würde ein Werk dieser Epoche und dieser Autoren mit einer Komposition der Romantik verwechseln.
Ebenso gibt es natürlich deutliche Ähnlichkeiten zwischen Werken von Schumann und Mendelssohn sowie von deren Zeitgenossen Spohr, Gade, Marschner. Und wer hat nicht schon manchmal, etwa beim Anschalten des Radiogerätes, das gerade eine »klassische« Komposition wiedergibt, zwischen Haydn und Mozart geschwankt? Es ist also in jedem dieser Fälle ein gemeinsamer Faktor da, der so gänzlich verschiedene Individualitäten wie Bach und Händel, wie Mozart und Haydn, wie Schumann und Mendelssohn einen ähnlichen, ja gleichen »Stil« schreiben läßt, gar nicht zu reden von Dutzenden oder Hunderten anderer

Komponisten in der jeweils gleichen Zeit. Der Zeitgeist oder die Zeitströmung ist eine äußerst komplizierte Erscheinung; zu ihrer Bildung spielen zahllose Faktoren zusammen, die mit Kunst nichts zu tun haben.
Kunst wird zum Abbild der Gesellschaft. Der herrschenden Gesellschaftsschicht zumeist, denn für sie wird ja Kunst in den meisten Zeitläufen gemacht. Ihre Sitten und Manieren, ihre Kleidung, ihre Umgangsformen, ihre Stellung zu philosophischen, religiösen Fragen, ihre Art der Machtausübung: alles das steckt im Kunstwerk, bildet seinen Stil, der eben der Stil der Epoche ist und mit »Gotik«, »Renaissance«, »Barock«, »Rokoko«, »Biedermeier«, »Romantik« und so fort ungefähr umschrieben ist.
Unser Begriff »Stil« ist mehrdeutig. Wir sprechen natürlich auch vom Stil eines Künstlers und meinen damit seine persönliche Handschrift gewissermaßen. Zeitstil und Persönlichkeitsstil prägen das Werk. Aber der Persönlichkeitsstil kann nie dem Zeitstil zuwiderlaufen – nie, wenn das Werk Gültigkeit haben soll. Erinnern Sie sich noch, daß wir über diesen Punkt gesprochen haben, als von »unzeitgemäßen« Künstlern die Rede war, die ihre Produktion, um ihr Beachtung zu verschaffen, als Werke anderer Epochen ausgaben. Könnte ein solches Werk – unzeitgemäß in seiner eigenen Epoche – nicht in späteren Zeiten Geltung erlangen, wenn sein Zeitstil wiederum »modern« würde?
Wahrscheinlich nicht. Vermutlich muß ein Werk in seiner eigenen Zeit Gültigkeit besitzen (oder zumindest: besitzen können, auch wenn es ihn durch Erfolglosigkeit nicht besitzt), um die Zeiten zu überdauern.

Was wird bleiben?

Was könnte aus unserer Zeit übrig bleiben? Welches der zahllosen Werke entspricht dem Stil unserer Epoche?
Selten ist sich eine Epoche über sich selbst im Klaren. Die unsere macht da keine Ausnahme. Ganz im Gegenteil, ich glaube kaum, daß jemals so entgegengesetzte Meinungen über eine Zeit vorhanden waren wie heute. Wie soll man da beurteilen können, welcher Kunststil dieser Epoche am ehesten entspricht? Denken

Sie an Bartók, an den jungen Strawinsky, an Manuel de Falla, an Janáček: Musik in enger Anlehnung an Folklore und nationale Eigentümlichkeiten; an Schönbergs, Bergs, Weberns Weg von der letzten Spätromantik über die Atonalität in den Zwölfton; an einen scheinbaren Einzelgänger wie den elementaren Carl Orff, dessen Stil am ehesten als mittelalterlich primitiv zu bezeichnen wäre, der aber die wohl stärkste dramatische Ader besitzt; an den Mystiker Messiaen; an den Musikanten Hindemith; an die Elektroniker; an die in neue Klanggebiete vorgestoßenen Polen Lutoslawski und Penderecki; an die traditionsgebundenen Frank Martin, Gottfried von Einem, Benjamin Britten; an Dutzende von anderen, die beinahe ebensoviele »Stile« oder sagen wir besser: Kompositionsmethoden repräsentieren. Wer hat den Stil unserer Zeit? Oder sollte es keinen einheitlichen Stil mehr geben, wie es manchmal in »Endzeitaltern« üblich war, in Epochen, in denen Reste aus vorangegangenen Epochen noch fortexistieren und daneben eine Fülle von Versuchen Neuland entdecken will?
Ob die schöpferische Potenz in unserer Zeit ebenso stark ist wie die der großen Vergangenheit, läßt sich nicht beantworten. Trotz des ungeahnten Aufschwungs unseres Nachrichtenwesens, das aus der ganzen Welt wirklich eine nahe zusammengerückte Gemeinschaft gemacht hat, ist die wahre Überfülle der künstlerischen Erscheinungen nicht zu überblicken. Doch, warum soll künstlerische Schaffenskraft in unserer Zeit im Abnehmen begriffen sein? Krieg, Wirren, Umsturz waren noch niemals ein Grund dafür. Die »ruhigen«, ausgeglichenen Epochen sind keineswegs schöpferischer als die bewegten Zeiten.
Vielleicht suchen gerade zerrissene, gewaltsam ins Materielle gepreßte Zeiten doppelt stark den Weg ins Geistige. Ist nicht unsere so ungläubige Welt gerade heute ein Tummelplatz für unzählige Glaubenssekten und Reformbestrebungen der großen Kirchen, die durchweg in tiefer Gläubigkeit wurzeln? Solcher Gegensätze, die typisch für unsere Epoche sind, könnte man noch viele aufzählen. Wie sollte also eine solche Zeit eine »ruhige« Kunst hervorbringen, eine einheitliche Strömung, einen bereits heute deutlich geprägten Stil?

Stimmen der Meister

Sollen wir unsere Plaudereien mit einem Fragezeichen ausklingen lassen, mit Gegenwartsproblemen, für die es noch keine Lösung gibt?

Sie haben recht. Begeben wir uns noch einmal auf den festen Boden der Vergangenheit zurück – der übrigens keineswegs so fest war, als er noch Gegenwart bedeutete. Haben die großen Meister einander immer verstanden, auch wenn das Publikum das vielleicht nicht tat? Stellen wir ein paar Äußerungen zusammen, die sie taten im Angesicht von Werken, die für uns Heutige etwas Unwidersprochenes besitzen.

Über J. S. Bach

Von Bachs bedeutenden Zeitgenossen ist nicht viel über den Thomas-Kantor gesagt worden. Einmal, weil das damals nicht üblich war, zweitens aber, weil Bachs Position keineswegs als »führend« galt. TELEMANN rühmt ihn immerhin als Organisten: »Niemand kann Händel im Orgelspiel übertreffen, es sei denn Bach.« Aber über den Komponisten Bach sagt er nichts. BEETHOVEN aber nennt ihn bereits – und da ist er erst ein halbes Jahrhundert tot – »Urvater der Harmonie« und seine Kunst »hoch« und »groß«. Ja, Beethoven soll das schöne Wortspiel geprägt haben: »Er sollte nicht Bach heißen, sondern Meer ...« SCHUMANN befaßte sich viel mit ihm: »Aus einem wäre immer von neuem zu schöpfen: aus Johann Sebastian Bach.« Doch er fand auch: »Zur Würdigung Bachs gehören Erfahrungen, die die Jugend nicht haben kann ...«

Sollte die heutige Jugend reifer sein als jene zu Schumanns Zeiten? Heute gehört doch Bach von allen »klassischen« Komponisten zu den bei der Jugend am meisten beliebten.

Sein strenger kontrapunktistischer, fast mathematischer, antiromantischer Stil entspricht weitgehend den Vorstellungen der heutigen jungen Menschen. Und doch geht von manchem seiner Werke stärkste Erschütterung aus. BRAHMS sagt: »Die Chaconne ist mir eines der wunderbarsten, unbegreiflichsten Musikstücke. Auf einem einzigen Notensystem, für ein kleines Instrument schreibt der Mann eine ganze Welt von tiefsten Gedanken und gewaltigsten Empfindungen. Wollte ich mir vorstellen, ich hätte das Stück gemacht, ich weiß sicher, die übergroße Aufregung und Erschütterung hätten mich verrückt gemacht.« BERLIOZ, als er 1843 einer Aufführung der »Matthäus-Passion« in Berlin beiwohnt: »Man lauscht dem Gesang wie dem Evangelium, man wohnt schweigend nicht einem Konzert, sondern einem Gottesdienst bei. Und so muß diese Musik auch wirklich gehört werden. Man betet Bach an, man glaubt an ihn, ohne auch nur einen Augenblick lang zu denken, daß seine Göttlichkeit je in Zweifel gezogen werden könnte ... Bach ist Bach, wie Gott eben Gott ist...«

Aber von einem der Bach-Söhne stammt der Ausspruch, sein Vater sei ein »alter Zopf«.

Ja, und er ist typisch für das Generationsproblem, das in allen Epochen auftritt. Den Söhnen erscheint das, was der Vater tut und denkt, altmodisch – bis sie, nach langen Jahren oft, die Dinge ins wahre Licht gerückt sehen.

Über Mozart

Einmütig ist die Bewunderung aller Musiker auch für Mozart. HAYDN, Zeitgenosse und Freund, spricht – als viel Älterer – vom »großen Mozart, der schwerlich jemand anderen zur Seite haben kann«, um danach zu klagen: »Könnte ich jedem Musikfreund, besonders aber den Großen, die unnachahmlichen Arbeiten Mozarts so tief und mit einem solchen musikalischen Verstand, mit einer so großen Empfindung in die Seele prägen, als ich sie begreife: so würden die Nationen wetteifern, ein solches Kleinod in ihren Mauern zu besitzen ... Mich zürnt es, daß dieser einzige Mozart noch nicht bei einem kaiserlichen oder königlichen Hof engagiert ist ...« SCHUMANN spricht von »Mozarts Sonnenhöhe, von der Jugend oft zu niedrig geschätzt«, E. T. A. HOFFMANN nennt Mozarts »Requiem« eine »romantisch-heilige Musik«. BERLIOZ: »Die wunderbaren Schönheiten seiner Quartette, Quintette und einiger Sonaten führten mich zur Verehrung dieses engelhaften Genies, dessen Reinheit nur die allzuwohl bekannte häufige Berührung mit den Italienern ... an einigen Stellen zu trüben vermochte ...«

Ist das eine Anspielung auf gewisse Banalitäten der italienischen Oper im 18. Jahrhundert?

Sicherlich, wenngleich ich keine einzige Stelle wüßte, an der bei Mozart eine negative Beeinflussung oder Ansteckung zu konstatieren wäre. GOUNOD bekennt: »Rossini führte mich zum rein musikalischen Entzücken, er bezauberte und fesselte mein Ohr. Mozart tat mehr: Zu dem aus dem rein Musikalischen und Sinnlichen stammenden Genuß fügte er die tiefe und eindringliche Wahrheit des Ausdrucks, verbunden mit vollkommener Schönheit.« GRIEG sagte von Mozart: »Sein Geist ist frei von Philistertum und Einseitigkeit ... sein göttlicher Instinkt ... Anders als bei vielen Meistern bleibt in den Formen, in die er sein Material gießt, keine Spur des Ringens zurück ... Seine höchsten Inspirationen scheinen unberührt von menschlicher Mühe ... Er besitzt die kindliche, glückliche Aladin-Natur, die alle Schwierigkeiten wie spielend überwindet. Er schafft wie ein Gott, ohne Wehen ...«
Besonders nahe steht ihm RICHARD STRAUSS, der zahllose Seiten der Mozartverehrung geschrieben hat: »Die Melodie ... gehört zu den erhabensten Geschenken, die eine unsichtbare Gottheit

der Menschheit gemacht hat. Mozarts Gesangsmelodien, sein g-Moll-Quintett ... sind Symbole, die die edelsten Wahrheiten der Seele künden, die nicht ›erfunden‹, sondern den damit Begnadeten ›im Traum verliehen‹ sind. Woher sie stammen, weiß niemand, auch ihr Schöpfer nicht. Fast unmittelbar auf Bach folgt Mozart mit der Vollendung und absoluten Idealisierung der Melodie der menschlichen Stimme: ich möchte sie die Platonsche Idee und ›Urbilder‹ nennen, nicht zu erkennen mit dem Auge, nicht zu erfassen mit dem Verstand, als Göttlichstes nur vom Gefühl zu ahnen, dem das Ohr sie ›einzuatmen‹ gewährt. Die Mozartsche Melodie ist – losgelöst von jeder irdischen Gestalt – das ›Ding an sich‹, schwebt gleich Platos Eros zwischen Himmel und Erde, zwischen sterblich und unsterblich – befreit vom ›Willen‹ – tiefstes Eindringen der künstlerischen Phantasie, des Unbewußten, in letzte Geheimnisse, ins Reich der ›Urbilder‹...« Auch gegen die viel zu enge Einstufung Mozarts als »Rokoko-Künstler« nimmt er ihn in Schutz. »Es ist Brauch geworden, diesen sublimsten aller Tonmeister als ›Rokokokünstler‹ zu behandeln, seine Werke als Inbegriff des Zierlichen und Spielerischen darzustellen. Ist es gleich richtig, daß er derjenige ist, der gleichsam alle ›Probleme‹ gelöst hat, bevor sie nur aufgestellt werden, daß die Leidenschaft bei ihm alles Irdischen entkleidet ist und gleichsam aus der Vogelperspektive betrachtet erscheint, so enthält sein Werk, wenn auch verklärt, vergeistigt und von aller Realität befreit, alle Phasen des menschlichen Empfindungslebens ...«

Über Beethoven

Es gibt viele Beispiele dafür, daß Genies, die zweifellos schon unter dem Stern des »Neuen« stehen, von Zeitgenossen nicht verstanden werden. Z. B. Beethoven wurde zwar – fast möchte ich sagen: merkwürdigerweise – von dem so ganz anders gearteten, einer vorherigen Zeit angehörigen Haydn verstanden: »Kenner und Nichtkenner müssen aus gegenwärtigen Stücken unparteiisch eingestehen, daß Beethoven mit der Zeit die Stelle eines der größten Tonkünstler in Europa vertreten werde ...«

Jedoch zwei Romantiker, die ihn aus dieser Geisteshaltung heraus erfassen sollten, können dies nicht. SPOHR meint: »Da er aber von nun an, bei immer zunehmender Taubheit, gar keine Musik mehr hören konnte, so mußte dies notwendig lähmend auf seine Phantasie wirken. Sein stetes Streben, originell zu sein und neue Bahnen zu brechen, konnte nicht mehr wie früher durch das Ohr vor Irrwegen bewahrt werden. War es daher zu verwundern, daß seine Arbeiten immer unzusammenhängender und unverständlicher wurden? Ja, schon die vielbewunderte Neunte Sinfonie muß ich dazu rechnen ...« Ähnlich WEBER: »Die feurige, ja beinahe unglaubliche Erfindungsgabe, die ihn beseelt, ist von einer solchen Verwirrung in der Anordnung der Ideen begleitet, daß nur seine früheren Kompositionen mich ansprechen, die letzten hingegen mir nur ein verworrenes Chaos, ein unverständliches Ringen nach Neuheit sind, aus denen einige himmlische Genieblitze hervorleuchten, die zeigen, wie groß er sein könnte, wenn er seine üppige Phantasie zügeln wollte ...« Beethoven hat manchen seiner Zeitgenossen erschreckt, gerade so wie – in anderer, doch verwandter Hinsicht – die französische Revolution viele Menschen erschreckte.
Daß ROSSINI von ihm durch eine Welt getrennt war, versteht sich eher: »Nach Haydn verdarben Cramer und schließlich Beethoven durch ihre Kompositionen, denen es an Einheitlichkeit und natürlichem Fluß mangelt und die statt dessen voll willkürlicher Absonderlichkeiten sind, vollends den Geschmack in der Instrumentalmusik.« Doch sei sofort festgestellt, daß Rossini einige Jahre später Beethovens Größe zu ahnen begann.

Spielt hier nicht auch das nationale Element eine Rolle? Beeinflußt es nicht überhaupt Meinungen wie Werke oft sehr stark?

Vielleicht sollten wir unsere Formel: Kunstwerk = Zeitgeist + Persönlichkeit (die natürlich nur eine äußerste Vereinfachung, eine anfechtbare Schematisierung darstellt) um das nationale Element erweitern. Nicht immer und nicht überall ist es zu spüren. Gewisse Zeiten ziehen es stärker an die Oberfläche. Der Eintritt neuer Völker in die Musikgeschichte erfolgt stets auf der Grundlage des »Nationalen«, um nicht zu sagen der »Folklore«. Aber in gewissem Sinne gehört auch die Stellung zum Nationalen zu den Bestandteilen des Zeitgeistes. Das heutige völlige Verschwinden nationaler Eigentümlichkeiten, das wir in der Mode gerade so beobachten können wie in der Architektur, in der Philosophie genau so wie in allen Künsten – man malt, dichtet und komponiert heute in Deutschland so wie in den USA, in Polen wie in Südamerika, in Italien wie in Japan, in Israel wie in England, in Südafrika wie in Finnland – wäre ein Beweis dafür. Trotzdem wäre es vielleicht angezeigt, das nationale Element in eine hypothetische Formel zur Erklärung von Kunstwerken aufzunehmen. Und manche Spannung in der Musikgeschichte der letzten Jahrhunderte entspringt dem nationalen Gegensatz, dem verschiedenartigen Empfinden der Völker nördlich und südlich der Alpen. Doch zurück zu Beethoven. SCHUMANNS Verehrung für ihn ist bereits tief, aber er stellt fest, daß »zum Verständnis Beethovens bloße musikalische Studien nicht ausreichen«.

Vielleicht könnte man an dieses Wort anknüpfen, um die heutige Situation zu verstehen: Heute ist Beethoven der musikalische Abgott der meisten Musikliebhaber, also jener, die keine musikalischen Studien absolviert haben, die zu ihm nur durch das Gefühl gekommen sind, die von seiner musikalischen Botschaft angerührt wurden. Während unter den musikalisch Geschulten, Gebildeten wahrscheinlich Bach und Mozart stärkere Anhängerschaft besitzen dürften.

Vorsicht vor Verallgemeinerungen!

Bei einer Rundfrage von vielen Tausenden von Musikliebhabern kam folgendes Ergebnis heraus: Beethoven war der erste, Bach der zweite, Mozart der dritte. Parallel dazu wurde eine Gruppe von Musiksachverständigen befragt, die Bach an die erste Stelle setzte, Beethoven an die zweite.

Diese Statistiken und Umfragen mögen interessant sein, besonders für spätere Betrachter. Doch sollen wir ihnen nicht zuviel Bedeutung beilegen. Sicherlich ist richtig, daß von Beethoven gepackt werden kann, auch wer von Musik als Technik nichts versteht. Was keineswegs besagt, daß Musiker nicht ebenfalls zu seinen glühenden Anhängern gehören können. LISZT begrüßt ihn als Pionier der Programmusik, der er selbst ja sein Leben geweiht hat, und setzt hinzu: »Für uns Musiker ist das Werk Beethovens gleich der feurigen Wolkensäule, die die Israeliten durch die Wüste führte ...« BRAHMS findet im Werk Beethovens »... das schöne edle Pathos, das Großartige in Empfindung und Phantasie, das Gewaltige, auch wohl Gewaltsame im Ausdruck ...«.

Ist dieses »Gewaltsame« Ausdruck der Persönlichkeit oder des Zeitgeistes?

Beides. Zuerst Ausdruck der Persönlichkeit. Er wäre aber ein halbes Jahrhundert vorher nicht zum Ausdruck gekommen. Im Jahr 1770 gibt es ein so offenes »Sichgehenlassen« in der Kunst noch nicht, ja, es wäre noch völlig undenkbar. Die Revolution von 1789 mußte erst kommen, um die Gewalt, die Heftigkeit, offen zu Tage tretende Leidenschaften auch in der Kunst freizulegen. Die Frage »Was wäre wenn ...?« ist müßig, aber sie führt gerade in diesem Falle zu anregenden Schlüssen: ein im Rokoko wirkender Beethoven hätte – wenn überhaupt – völlig anders komponiert.
Doch hier noch einige Sätze über Beethoven. BIZET bekennt: »Beethoven stelle ich über die Größten, die Berühmtesten. Die Chorsinfonie (»Neunte«) ist für mich der Gipfelpunkt unserer Kunst. Weder Mozart mit seiner göttlichen Form, noch Weber

mit seiner mächtigen, kolossalen Originalität, noch Meyerbeer mit seinem donnernden dramatischen Genie kann meiner Ansicht nach diesem Titanen, diesem Prometheus der Musik die Krone streitig machen. Er ist überwältigend ... Beethoven ist kein Mensch, er ist ein Gott wie Shakespeare, wie Homer, wie Michelangelo!« Skeptischer ist DEBUSSY: »Man hat Beethovens Neunte Sinfonie in einen Nebel von hochtrabenden Worten und tiefsinnigen Kritiken gehüllt. Und es ist erstaunlich, daß sie unter der Flut der von ihr heraufbeschworenen Auseinandersetzungen nicht längst erstickt ist ... Beethoven muß grausam unter dem glühenden Verlangen gelitten haben, der Menschlichkeit Ausdruck zu verleihen, daher der Ruf dieses tausendstimmigen Genies an die niedrigsten und ärmsten seiner Brüder. Hörten sie ihn? Das ist die Frage ...« Bezeichnend ist die Stellungnahme eines führenden Musikers im 20. Jahrhundert zum »Phänomen Beethoven«, wie wir wohl sagen dürfen: STRAWINSKY urteilt: »Man hatte uns in früher Jugend mit seinen Werken überfüttert und uns unentwegt seinen berühmten ›Weltschmerz‹, seine ›Tragödie‹ vor Augen geführt. Uns wurde gelehrt, ihn als eines der größten Genies zu betrachten, die das Universum hervorgebracht hat, und man verfehlte nicht, uns alle Gemeinplätze aufzutischen, die seit einem Jahrhundert über ihn verbreitet sind. Mir ging es wie vielen jungen Musikern, mich stieß diese rein literarische und sentimentale Auffassung ab, die mit einem ernsthaften musikalischen Urteil nur sehr wenig gemein hat ... Nicht um ihres gedanklichen Inhalts, nein, weil sie so herrlich klingt, ist seine Musik wahrhaft groß ...« Am ergreifendsten finde ich doch, was SCHUBERT, ein Zeitgenosse, zu sagen hatte: »Wer kann nach Beethoven noch etwas machen ...?«

Über Schubert

Wenn ich bei einem Meister das Gefühl des unbewußten, höheren Diktats habe, so bei Schubert. BEETHOVEN selbst scheint es ihm bereits attestiert zu haben, als er bei Durchsicht eines einzigen seiner – 1200! – Manuskripte ausrief: »Der hat den göttlichen Funken!« – »Schubert wird unser Liebling bleiben, jetzt und immerdar«, ruft SCHUMANN aus und setzt hinzu: »Er hat Töne für die feinsten Empfindungen, Gedanken, ja Begebenheiten und Lebenszustände. So tausendgestaltig sich des Menschen Dichten und Trachten bricht, so vielfach ist die Schubert'sche Musik.« LISZT nennt Schubert »... eine Natur von reinstem Klang, voll Mark und Leben; er glühte von göttlichem Feuer ...« Und RICHARD STRAUSS charakterisiert Schuberts Melodie in hymnischen Worten: »... der melodische Einfall, der uns plötzlich, direkt aus dem Äther kommend, überfällt, der auftaucht, ohne daß eine sinnliche Anregung von außen vorliegt oder eine seelische Emotion, erscheint in der Phantasie unmittelbar, unbewußt, ohne Einfluß des Verstandes. Es ist das höchste Geschenk der Gottheit und mit nichts anderem zu vergleichen ...«

Über Berlioz

Der feine, überaus gesittete MENDELSSOHN erschrickt: »Nun solltet ihr aber Berlioz kennenlernen mit seiner Musik! Der macht mich förmlich traurig, weil er ein wirklich gebildeter, angenehmer Mensch ist und so unbegreiflich schlecht komponiert ...« Und nachdem er das »Programm« der »Phantastischen Sinfonie« studiert hat, setzt er hinzu: »Wie unbeschreiblich eklig mir dies ist, brauche ich nicht zu sagen. Aber die Ausführung ist noch viel elender, nirgends ein Funke, nirgends Wärme, kalte Torheiten, kalte Leidenschaftlichkeit, eine gänzliche Dürre und Gleichgültigkeit ...« SCHUMANN ist milder: »Berlioz will gar nicht für artig und elegant gelten. Was er haßt, faßt er grimmig bei den Haaren, was er liebt, möchte er vor Innigkeit zerdrükken ...« GOUNOD, sein Landsmann und Zeitgenosse wie auch die beiden Vorherigen, nennt Berlioz einen armen »kranken Menschen«, der gegen alle gewütet habe, dessen Talent aber »groß und mächtig« genannt werden müsse. HUGO WOLF, mehr als eine Generation später, urteilt: »... ein organisches, nach Form und Inhalt kongruentes Kunstwerk, wie Wagner und Liszt sie schufen, vermochte Berlioz nicht zu schreiben. Sein ›Faust‹ ist ein fragmentarisches Mosaik, ein planloser Bau voll der schönsten Details, aber ohne bewußtes Ziel ...«

Über Wagner

Der Bayreuther Meister, der zu seiner Zeit die Geister schied wie kaum jemand vor ihm, der das Schaffen zweier Generationen entscheidend – positiv wie negativ – beeinflußte, ist sogar heute noch nicht völlig dem Streit und der Polemik entrückt. Immer noch hat er begeisterte, ja fanatische Anhänger und ebenso radikale Gegner.

Wollten wir die Urteile der großen Meister über Wagner auch nur auszugsweise wiedergeben, brauchten wir mehrere Bände dazu. Er war die große Gestalt, an der niemand vorbeigehen konnte, weder Freund noch Feind. BIZET hört »Rienzi«: »... ein schlechtgebautes Stück, ein unbeschreiblicher Lärm, ein Wirrwarr von italienischen Motiven, ein bizarrer und schlechter Stil, eher Musik der Dekadenz als der Zukunft! Erbärmliche Stücke! Bewundernswerte Stücke! Alles in allem ein erstaunliches Werk, grauenhaft, lebendig! Eine Größe, ein olympischer Atem! Genie, unbescheiden, unordentlich, aber Genie!« TSCHAIKOWSKY: »Welch ein Quijote dieser Wagner ist! Er verschwendet seine ganze Kraft daran, Unmögliches zu verfolgen ... mit Genialität begabt ... keine Frage, daß Wagner ein wunderbarer Sinfoniker ist ...« SCHUMANN las die Partitur des »Tannhäuser« und beurteilte sie sehr negativ; dann aber hörte er das Werk auf dem Theater: »Ich muß manches zurücknehmen ... von der Bühne stellt sich alles ganz anders dar. Ich bin von vielem ganz ergriffen gewesen ...« DEBUSSY, der der übernächsten Generation angehört, pilgert zu den Wagner-Festspielen nach Bayreuth:

»Wagners Kunst kann nie ganz sterben. Sie wird den unvermeidlichen Zerfall erleiden, das grausame Brandmal der Zeit, dem alle schönen Dinge zum Opfer fallen. Doch stattliche Ruinen werden bleiben ... Erhabene musikalische Schönheiten, unvergleichlich, bestürzend, prachtvoll und stark ...« Im 20. Jahrhundert erleidet Wagners »Gesamtkunstwerk« schärfste Attacken von vielen Seiten. STRAWINSKY läßt kein gutes Haar an ihm. Als er Gastvorlesungen an einer USA-Universität hält und eine junge Generation von Musikliebhabern zu seinen Füßen sitzt, um des führenden Komponisten Ansichten über die Musik der Zeit und nächsten Zukunft zu vernehmen, verbringt Strawinsky den Hauptteil seiner Vorträge mit der Kritik, ja Zerfleischung Wagners – der seit mehr als einem halben Jahrhundert tot ist!

Wagner war eine machtvolle, beherrschende Persönlichkeit. Bezwingend selbst dort, wo man ihm nicht zustimmen kann oder will. Ein Visionär von unvorstellbarer Kraft. So ist Kampf und Polemik um ihn verständlich, denn Druck erzeugt Gegendruck.

Über Brahms

Viel überraschender ist das oft negative Urteil, das die Musik von Brahms bei seinen Zeitgenossen hervorgerufen hat. SCHUMANN war sein Prophet gewesen, als er über den Zwanzigjährigen in seiner Musikzeitschrift schrieb: »... ich dachte ... es würde und müsse einmal plötzlich einer erscheinen, der den höchsten Ausdruck der Zeit in idealer Weise auszusprechen berufen wäre, einer der uns die Meisterschaft nicht in stufenweiser Entfaltung brächte, sondern, wie Minerva, gleich vollkommen gepanzert aus dem Haupt des Kronion spränge. Und er ist gekommen ...« Lange Zeit hindurch steht Schumann mit seiner Begeisterung recht allein. TSCHAIKOWSKY: »Gewiß, er ist ein großer Musiker, sogar ein Meister. In seinem Falle erstickt die Meisterschaft jedoch die Inspiration. So viele Vorbereitungen und Umschweife für etwas, das unmittelbar erscheinen und uns unmittelbar bezaubern sollte – aber nichts erscheint als Langeweile. Seine Musik ist nicht durchpulst von ursprünglichem Gefühl. Es fehlt ihr an Poesie und sie erhebt großen Anspruch auf Tiefe, aber diese Tiefen enthalten nichts, sind leer ...« Wenn Hugo Wolf Bruckners Sinfonien »die größten seit Beethoven geschaffenen« nennt, so ist das nicht nur positiv als Bewunderung für den ebenfalls völlig auf Wagner-Kurs ausgerichteten Kollegen Bruckner zu verstehen, sondern auch negativ für den im Wiener Milieu als der Gegenpartei zugerechneten Brahms. Reger analysiert: »Brahms ist jetzt seit Beethoven der größte, aber er hat gewisse Maniriertheiten ... größte Noblesse der Melodie, was man aber als ›Mißachtung des sinnlichen Wohlklangs‹ zu bezeichnen liebt. Man soll sich aber zuerst an die eminente Ausdrucksfähigkeit seiner Melodik versenken; es liegt bei ihm nicht alles offen da, er liebt es, die Schönheit seiner Werke mit einem Schleier zu verdecken ... fürs große Publikum ist freilich diese Musik etwas unverständlich; trotzdem ist Brahms jetzt doch so weit, daß alle wirklich einsichtsvollen guten Musiker ihn als den größten aller jetzt lebenden Komponisten bezeichnen müssen ... seine letzten Sinfonien stellen ihn als Sinfoniker direkt zu Beethoven ...« Zwei bedeutende Männer »anderer Fakultäten«, aber hervorragende Musikkenner, Bernhard Shaw und Romain Rolland, sind große Brahmsgegner gewesen. Auch der eminente Dirigent Felix Weingartner ist es zuerst (wobei er gern den Satz eines französischen Kritikers zitiert: »Brahms arbeitet sehr gut mit Einfällen, die er nicht hat«), aber einige Jahre später bekehrt er sich vollständig und wird bis an sein Lebensende zu einem begeisterten Verfechter der Musik von Brahms.

Dies ist wieder ein Beweis dafür, daß die meisten Kunstwerke, auch die genialen, Zeit brauchen, um sich durchzusetzen. Vielleicht sollte uns darum die Lage der Kunst in heutigen Tagen nicht gar so negativ dünken. Kehren wir doch noch einmal zu ihr zurück.

Das Zeitalter, das alles in Frage stellt

Arthur Honegger, selbst ein führender Komponist unseres Jahrhunderts, hat ein äußerst pessimistisches Buch geschrieben (»Je suis compositeur« deutsch: Ich bin Komponist), in dem der niederschmetternde Satz steht: »Dem Ende unserer Musikkultur, das dem Ende unserer Kultur nur um weniges vorausgeht, muß man mit klarem Auge, wie dem Tod, entgegensehen«. Sein schweizerischer Landsmann Ernest Ansermet, bedeutender Dirigent und hervorragender Mathematiker (was zur Beurteilung einiger musikalischer Strömungen unseres Jahrhunderts grundlegend wichtig ist), schreibt in einem Buch, das sich in analytischer Weise und wissenschaftlicher Akribie mit zeitgenössischen musikalischen Tendenzen auseinandersetzt (»Les fondements de la musique dans la conscience humaine« deutsch: Die Grundlagen der Musik im menschlichen Bewußtsein), den lapidaren Satz: »Man kann dem tonalen Gesetz nicht entgehen, weil es das Gesetz unseres Gehörs ist«. Das aber versuchen Atonalität so gut wie Zwölfton, von der Elektronik ganz zu schweigen. Kann der Mensch die Schwerkraft aufheben? Er kann sie zeitweise überwinden, wie der Raumflug beweist, kann in Regionen vorstoßen, in denen sie nicht mehr gültig ist. Aber er kann sie für das Leben auf der Erde nicht beseitigen. Kann man also die Tonalität aufheben, die – laut Ansermet und seinen mathematischen Erkenntnissen – ein Grundgesetz ist? Vielleicht kann man sie, wie die Schwerkraft, zeitweise überwinden? Aber man wird sie kaum auf der Erde, im Menschenbereich, abschaffen können, wenn sie wirklich dem Menschen angeboren sein sollte. So präsentiert sich das Problem in der Sicht von Berufenen, von Sachverständigen.

Doch wir leben in einer umstürzlerischen Epoche. Vor einem halben oder, mehr noch, vor einem ganzen Jahrhundert wären viele der heutigen künstlerischen Strömungen und Experimente undenkbar gewesen. Aber liegt in der Gleichzeitigkeit des Beginns von Weltraumforschung und elektronischer Musik nicht ein unübersehbarer Zusammenhang? H. H. Stuckenschmidt, ein führender Musikkritiker unserer Zeit, schildert seinen ersten Kontakt mit der elektronischen Klangwelt sehr plastisch: »Es war, als stiegen aus dem Reich des Mineralischen tönende Projektile empor in die Menschenwelt. Metalle schienen zu singen, technische Formen, wie die Spirale, zu Klang zu werden. Eine ganze Kettenreaktion von ineinanderschießenden Sinneseindrükken war entfesselt, eine drohende Über- oder Unterwelt der Assoziationen zog in eiliger panoramischer Vision vorbei«.
Sind diese Eindrücke nicht denen der Atomspaltung oder des Weltraumflugs nahe verwandt? Liegt hier nicht die von uns so oft behauptete Einheit von Kunst und Leben überaus deutlich vor uns? Ist aber, was uns die Elektronik oder die modernsten Klangexperimente avantgardistischer Komponisten heute bieten, noch unter den Begriff »Musik« einzureihen möglich? Wir müssen folglich auch den Begriff »Musik« neu durchdenken, neu fassen.
Im Lauf der Jahrtausende sind schon viele Begriffe umgedacht, umfunktioniert worden. Die Zeit, in der wir leben, rast dahin wie die Verkehrsmittel, die sie hervorgebracht hat. Aber des Menschen Denken und Fühlen kann nicht immer und überall Schritt halten, will es wohl auch nicht in allem. So entsteht die Kluft, die wir heute in und rund um die Kunst bemerken. Auf der einen Seite stehen die, die erkannt haben, daß man sich einer Entwicklung nicht entgegenstemmen kann, ob sie uns nun gefällt und zusagt oder nicht, daß man höchstens versuchen kann und soll, sie nach Möglichkeit zu lenken, zu steuern, vor Exzessen zu bewahren. Auf der anderen sind jene, die, wie Honegger, von der Panik des Endzeitalters ergriffen sind.
Ist das nicht eine begreifliche Panik? Die Welt hat doch seit

Beginn unserer Kultur – der unsrigen, betone ich, denn es hat vor ihr wohl viele andere gegeben – noch nie unter der drohenden Gefahr des totalen Untergangs wie heute gestanden.

Dieser Einwand ist berechtigt. Den grauenhaften Möglichkeiten stehen jedoch in unserer Zeit auch positive Symptome von nie gekanntem Ausmaß gegenüber. Daß die heutige Musik beides widerspiegelt, wen könnte das wundern? Einer der genialen Baumeister unserer Zeit, Walter Gropius, hat folgende Sätze gesagt, in denen wir nur das Wort »Architektur« durch »Musik« ersetzen müssen: »Architektur muß das Leben der Zeit widerspiegeln. Das erfordert intime Kenntnis der biologischen, sozialen, technischen und künstlerischen Fragen ... Die architektonische Bedeutung eines modernen Gebäudes hängt von der überzeugenden Ausdruckskraft seiner organischen Proportionen ab. Wir müssen den klaren organischen Bauleib schaffen, der unsere Welt der Maschinen und Schnellfahrzeuge bejaht, der frei ist von Lügen und Verspieltheiten, die die absolute Gestalt des Baues verschleiern ...«
Die musikalische Bedeutung eines modernen Tonstückes hängt – wenn wir die Aussage Gropius' auf unser Gebiet übertragen – von der überzeugenden Ausdruckskraft seines organischen Baues ab, der klar sein muß, unsere Welt des Raumfluges und der Elektronengehirne bejahen und frei sein soll »von Lüge und Verspieltheiten«. Romantische Melodie, Verzierungen in der Manier des Rokoko waren echt in ihrer Zeit; sie spiegelten die Welt der Postkutsche wider, die am heiteren Sommerabend in die kleine Stadt einfuhr – oder die Welt der prunkvollen Fürstenhöfe – eine unweigerlich vergangene Zeit. Heute angewendet, wären diese Dinge »Lüge und Verspieltheit«.
Wenn wir heute in einem Konzertsaal, einer Rundfunksendung, einem Opernhaus Werken unserer Tage begegnen, die uns zerrissen vorkommen, verzerrt, die von grellsten Dissonanzen erfüllt sind und unserem Ohr den heimlich ersehnten Ruhepunkt verweigern, so dürfen wir gerechterweise nicht die Komponisten dafür verantwortlich machen, sondern unsere Zeit. Der schaffende Künstler ist nur ihr Kind, ihr Deuter. Kind seiner, unserer

Zeit, das vielleicht sogar darunter leidet, zum Künder einer chaotischen, wild bewegten Epoche ausersehen zu sein, der Endgültiges auszusagen wohl nicht bestimmt ist. Übergangszeitalter.

Die Revolution geht weiter

Vielleicht ist die Entwicklung im 20. Jahrhundert zu schnell, zu überstürzt vor sich gegangen. Alle Welt verfolgt staunend und begierig die Phasen der Mondflüge –, aber wieviele Menschen verstehen sie? In wessen Leben haben sie bereits eine Veränderung gebracht? Wieviel Prozent der heutigen Menschheit haben unmittelbar oder mittelbar ihr Leben auf Grund der Elektronik geändert? Der Künstler ist sensibler als seine Umwelt: Er fühlt die großen Dinge, die sich in unserer Welt vorbereiten; er fühlt sie und sie beeinflussen sein Schaffen, oft ohne daß er es weiß oder will. Das Publikum aber steht noch großenteils auf einer früheren Stufe der Entwicklung, hat den schnellen geistigen Umschwung unserer Epoche noch nicht begriffen, geschweige denn realisiert oder in sein Leben eingebaut.

Die Zeitschrift »Der Spiegel« schrieb einmal über unsere Epoche: »Ein Zeitalter, das alles in Frage stellt ... und es ist gut, daß es das tut ...« – Das ist das Symptom eines revolutionären Zeitalters. Also werden auch die Grundfesten der Kunst in Frage gestellt. Musik wird sozusagen neu entdeckt. Die Instrumente werden oft nicht mehr ihrer ursprünglichen Bestimmung nach verwendet, sondern ganz anders. Die menschliche Stimme kann – durch Tonbandtechnik – anders verwertet werden als früher. Überall »Verfremdung«, wie Bertolt Brecht es genannt hat. Die traditionelle Notenschrift ist, wie wir sahen, bei vielen Partituren der Gegenwartsmusik sinnlos und unbrauchbar geworden, denn sie reicht für die »neuen Klänge« von heute nicht mehr aus. Der Musiker muß, schon im Hinblick auf das reine »Handwerk« – ganz abgesehen vom Auditiven, das ihn vor nie geahnte Probleme stellt – umdenken, völlig umlernen. Aber auch das entspricht nur wieder der allgemeinen Entwicklung: Wie anders verläuft z. B. der Unterricht der

Mathematik, der Physik, der Chemie in unseren Tagen, verglichen mit dem Unterricht früherer Generationen! Wie in allen revolutionären Zeiten sind bereits die bisher gültigen Regeln und Gesetze außer Kraft gesetzt, neue aber noch nicht erlassen. In Augenblicken der Revolution scheint alles erlaubt. Das gilt auch für die Kunst von heute, für die ernst strebenden Künstler, aber natürlich auch für ihre Mitläufer, die – wie bei jeder Revolution – nur profitieren wollen. In solchen Zeiten ist es leicht, zu bluffen, nicht vorhandene Werte vorzutäuschen. Wo sind berufene Richter zu finden? Viele Kritiker sind begreiflicherweise unfähig, die kühnsten Experimente zu beurteilen, oder sie fürchten, als rückständig zu gelten. Vielleicht müßte wieder, wie bei Hans-Christian Andersen, ein Kind kommen und in seiner Naivität feststellen, daß so manches von des »Kaisers neuen Kleidern« gar nicht vorhanden ist.

Eines Tages werden die wahren Werte, die es in der Kunst unserer Tage zweifellos gibt, erkannt werden. Es wird wohl nicht mehr so leicht vor sich gehen wie in früheren, »einfacheren« Epochen. Wir erleben eine gigantische Revolution, einen Umsturz, wie er seit Jahrhunderten, vielleicht seit Jahrtausenden nicht da war. Daher sind wir auch ein Zeitalter, das »alles in Frage stellt«. Kann man Meisterwerke, Genietaten früherer Zeiten in Frage stellen? Man kann Werte anderer Epochen überprüfen, von einem neuen Standpunkt aus. Man kann verwerfen, was keine Gültigkeit mehr besitzt. Man kann neue Maßstäbe setzen. Das wahrhaft Große muß aber auch bei anderen, neuen Maßstäben groß bleiben, glaube ich. Eine Menschheit, die die Maßstäbe so verzerrte, daß sie die Erkenntnis des wahrhaft Großen nicht mehr besäße, wäre dem Untergang verfallen, ja, sie verdiente ihn. Doch scheint das mit unserer heutigen Welt nicht so zu sein. Wir erkennen das Große. Mehr Menschen als je lieben es, verehren es. Millionen von Menschen lauschen ergriffen der wahrhaft großen Musik aller Zeiten. Lassen Sie unsere Betrachtungen mit diesem Glaubensbekenntnis an die Welt, an den Menschen, an die bleibenden Werte ausklingen.

Goldmann SACHBÜCHER

Von der unendlichen Vielfalt der Musik. Von Leonard Bernstein. Mit zahlreichen Notenbeispielen und Partiturauszügen (11123)

Der geniale Dirigent, Komponist und Klavierspieler – und Musikpädagoge führt die unendlichen Möglichkeiten der chromatischen Tonleiter vor, er macht hellhörig für die verschiedenen Stilarten großer Musik und gewährt einen Einblick in den künstlerischen Schaffensprozeß des Musikers.

Kunst sehen und verstehen. Eine Einführung in die Welt der Farben und Formen. Von D. Talbot Rice. Mit zahlreichen Abbildungen (11137)

Der berühmte englische Kunsthistoriker erörtert hier höchst anschaulich die Entstehung von Kunstwerken, ihre Zugehörigkeit zu bestimmten Epochen, ihre Wirkung und die Kriterien für künstlerische Qualität sowie den Unterschied zwischen gegenständlicher und abstrakter Kunst.

Lexikon Film. Von Ulrich Kurowski (11136)

Die 120 alphabetisch geordneten Artikel dieses Lexikons bieten eine Einführung in die Geschichte des Films vom Beginn bis 1976. An Hand von zahlreichen Beispielen werden die verschiedenen Filmtypen und Stilrichtungen sowie technische Details anschaulich erläutert.

WILHELM GOLDMANN VERLAG MÜNCHEN